经济周期、经济转型与商业银行系统性风险管理

Economic Cycle, Economic Transition and Bank Systemic Risk Management

李关政 著

图书在版编目（CIP）数据

经济周期、经济转型与商业银行系统性风险管理/李关政著. —北京：经济管理出版社，2013.6

ISBN 978-7-5096-2529-3

Ⅰ. ①经… Ⅱ. ①李… Ⅲ. ①经济周期—影响—商业银行—风险管理—研究—中国 ②经济转型—影响—商业银行—风险管理—研究—中国 Ⅳ. ①F832.33

中国版本图书馆CIP数据核字（2013）第130500号

组稿编辑：宋　娜
责任编辑：宋　娜　刘建军
责任印制：黄　铄
责任校对：陈　颖

出版发行：经济管理出版社
　　　　　（北京市海淀区北蜂窝8号中雅大厦A座11层　100038）
网　　址：www.E-mp.com.cn
电　　话：(010) 51915602
印　　刷：北京银祥印刷厂
经　　销：新华书店
开　　本：720mm×1000mm/16
印　　张：15.5
字　　数：254千字
版　　次：2013年7月第1版　2013年7月第1次印刷
书　　号：ISBN 978-7-5096-2529-3
定　　价：68.00元

·版权所有　翻印必究·

凡购本社图书，如有印装错误，由本社读者服务部负责调换。

联系地址：北京阜外月坛北小街2号
电　话：(010) 68022974　　邮编：100836

编委会及编辑部成员名单

（一）编委会

主　任：李　扬　王晓初
副主任：晋保平　张冠梓　孙建立　夏文峰
秘书长：朝　克　吴剑英　邱春雷　胡　滨（执行）
成　员（按姓氏笔画排序）：

卜宪群　王　巍　王利明　王灵桂　王国刚　王建朗　厉　声
朱光磊　刘　伟　杨　光　杨　忠　李　平　李　林　李　周
李　薇　李汉林　李向阳　李培林　吴玉章　吴振武　吴恩远
张世贤　张宇燕　张伯里　张昌东　张顺洪　陆建德　陈众议
陈泽宪　陈春声　卓新平　罗卫东　金　碚　周　弘　周五一
郑秉文　房　宁　赵天晓　赵剑英　高培勇　黄　平　曹卫东
朝戈金　程恩富　谢地坤　谢红星　谢寿光　谢维和　蔡　昉
蔡文兰　裴长洪　潘家华

（二）编辑部

主　任：张国春　刘连军　薛增朝　李晓琳
副主任：宋　娜　卢小生　高传杰
成　员（按姓氏笔画排序）：

王　宇　吕志成　刘丹华　孙大伟　陈　颖　金　烨　曹　靖
薛万里

本书的研究得到了以下基金项目的资助：中国博士后科学基金会第 48 批面上资助项目《我国商业银行贷款系统性风险管理研究》（项目编号：20100480781），国家留学基金委员会"建设高水平大学"项目（项目编号：[2008]3019）。

序 一

博士后制度是19世纪下半叶首先在若干发达国家逐渐形成的一种培养高级优秀专业人才的制度,至今已有一百多年历史。

20世纪80年代初,由著名物理学家李政道先生积极倡导,在邓小平同志大力支持下,中国开始酝酿实施博士后制度。1985年,首批博士后研究人员进站。

中国的博士后制度最初仅覆盖了自然科学诸领域。经过若干年实践,为了适应国家加快改革开放和建设社会主义市场经济制度的需要,全国博士后管理委员会决定,将设站领域拓展至社会科学。1992年,首批社会科学博士后人员进站,至今已整整20年。

20世纪90年代初期,正是中国经济社会发展和改革开放突飞猛进之时。理论突破和实践跨越的双重需求,使中国的社会科学工作者们获得了前所未有的发展空间。毋庸讳言,与发达国家相比,中国的社会科学在理论体系、研究方法乃至研究手段上均存在较大的差距。正是这种差距,激励中国的社会科学界正视国外,大量引进,兼收并蓄,同时,不忘植根本土,深究国情,开拓创新,从而开创了中国社会科学发展历史上最为繁荣的时期。在短短20余年内,随着学术交流渠道的拓宽、交流方式的创新和交流频率的提高,中国的社会科学不仅基本完成了理论上从传统体制向社会主义市场经济体制的转换,而且在中国丰富实践的基础上展开了自己的伟大创造。中国的社会科学和社会科学工作者们在改革开放和现代化建设事业中发挥了不可替代的重要作用。在这个波澜壮阔的历史进程中，中国社会科学博士后制度功不可没。

值此中国实施社会科学博士后制度20周年之际，为了充分展示中国社会科学博士后的研究成果，推动中国社会科学博士后制度进一步发展，全国博士后管理委员会和中国社会科学院经反复磋商，并征求了多家设站单位的意见，决定推出《中国社会科学博士后文库》（以下简称《文库》）。作为一个集中、系统、全面展示社会科学领域博士后优秀成果的学术平台，《文库》将成为展示中国社会科学博士后学术风采、扩大博士后群体的学术影响力和社会影响力的园地，成为调动广大博士后科研人员的积极性和创造力的加速器，成为培养中国社会科学领域各学科领军人才的孵化器。

创新、影响和规范，是《文库》的基本追求。

我们提倡创新，首先就是要求，入选的著作应能提供经过严密论证的新结论，或者提供有助于对所述论题进一步深入研究的新材料、新方法和新思路。与当前社会上一些机构对学术成果的要求不同，我们不提倡在一部著作中提出多少观点，一般地，我们甚至也不追求观点之"新"。我们需要的是有翔实的资料支撑，经过科学论证，而且能够被证实或证伪的论点。对于那些缺少严格的前提设定，没有充分的资料支撑，缺乏合乎逻辑的推理过程，仅仅凭借少数来路模糊的资料和数据，便一下子导出几个很"强"的结论的论著，我们概不收录。因为，在我们看来，提出一种观点和论证一种观点相比较，后者可能更为重要：观点未经论证，至多只是天才的猜测；经过论证的观点，才能成为科学。

我们提倡创新，还表现在研究方法之新上。这里所说的方法，显然不是指那种在时下的课题论证书中常见的老调重弹，诸如"历史与逻辑并重"、"演绎与归纳统一"之类；也不是我们在很多论文中见到的那种敷衍塞责的表述，诸如"理论研究与实证分析的统一"等等。我们所说的方法,就理论研究而论,指的是在某一研究领域中确定或建立基本事实以及这些事实之间关系的假设、模型、推论及其检验;就应用研究而言,则指的是根据某一理论假设,为了完成一个既定目标,所使用的具体模型、技术、工具或程序。众所周知,在方法上求新如同在理论上创新一样,殊非易事。因此,我们亦不强求提出全新的理论方法,我们的最低要求,是要按照现代社会科学的研究规范来展开研究并构造论著。

我们支持那些有影响力的著述入选。这里说的影响力,既包括学术影响力,也包括社会影响力和国际影响力。就学术影响力而言,入选的成果应达到公认的学科高水平,要在本学科领域得到学术界的普遍认可,还要经得起历史和时间的检验,若干年后仍然能够为学者引用或参考。就社会影响力而言,入选的成果应能向正在进行着的社会经济进程转化。哲学社会科学与自然科学一样,也有一个转化问题。其研究成果要向现实生产力转化,要向现实政策转化,要向和谐社会建设转化,要向文化产业转化,要向人才培养转化。就国际影响力而言,中国哲学社会科学要想发挥巨大影响,就要瞄准国际一流水平,站在学术高峰,为世界文明的发展作出贡献。

我们尊奉严谨治学、实事求是的学风。我们强调恪守学术规范,尊重知识产权,坚决抵制各种学术不端之风,自觉维护哲学社会科学工作者的良好形象。当此学术界世风日下之时,我们希望本《文库》能通过自己良好的学术形象,为整肃不良学风贡献力量。

中国社会科学院副院长

中国社会科学院博士后管理委员会主任

2012 年 9 月

序 二

在21世纪的全球化时代，人才已成为国家的核心竞争力之一。从人才培养和学科发展的历史来看，哲学社会科学的发展水平体现着一个国家或民族的思维能力、精神状况和文明素质。

培养优秀的哲学社会科学人才，是我国可持续发展战略的重要内容之一。哲学社会科学的人才队伍、科研能力和研究成果作为国家的"软实力"，在综合国力体系中占据越来越重要的地位。在全面建设小康社会、加快推进社会主义现代化、实现中华民族伟大复兴的历史进程中，哲学社会科学具有不可替代的重大作用。胡锦涛同志强调，一定要从党和国家事业发展全局的战略高度，把繁荣发展哲学社会科学作为一项重大而紧迫的战略任务切实抓紧抓好，推动我国哲学社会科学新的更大的发展，为中国特色社会主义事业提供强有力的思想保证、精神动力和智力支持。因此，国家与社会要实现可持续健康发展，必须切实重视哲学社会科学，"努力建设具有中国特色、中国风格、中国气派的哲学社会科学"，充分展示当代中国哲学社会科学的本土情怀与世界眼光，力争在当代世界思想与学术的舞台上赢得应有的尊严与地位。

在培养和造就哲学社会科学人才的战略与实践上，博士后制度发挥了重要作用。我国的博士后制度是在世界著名物理学家、诺贝尔奖获得者李政道先生的建议下，由邓小平同志亲自决策，经国务院批准于1985年开始实施的。这也是我国有计划、有目的地培养高层次青年人才的一项重要制度。二十多年来，在党中央、国务院的领导下，经过各方共同努力，我国已建立了科学、完备的博士后制度体系，同时，形成了培养和使用相结合，产学研相结合，政府调控和社会参与相结合，服务物质文明与精神文明建设的鲜明特色。通过实施博士后制度，我国培养了一支优秀的高素质哲学社会科学人才队伍。他们在科研机构或高等院校依托自身优势和兴趣，自主从事开拓性、创新性研究工作，从而具有宽广的学术视野、突出的研究能力和强烈的探索精神。其中，一些出站博士后已成为哲学社会科学领域的科研骨干和学术带头人，在"长江学者"、"新世纪百千万人才工程"等国家重大科研人才梯队中占据越来越大的比重。可以说，博士后制度已成为国家培养哲学社会科学拔尖人才的重要途径，而且为哲学社会科学的发展造就了一支新的生力军。

哲学社会科学领域部分博士后的优秀研究成果不仅具有重要的学术价值，而且具有解决当前社会问题的现实意义，但往往因为一些客观因素，这些成果不能尽快问世，不能发挥其应有的现实作用，着实令人痛惜。

可喜的是，今天我们在支持哲学社会科学领域博士后研究成果出版方面迈出了坚实的一步。全国博士后管理委员会与中国社会科学院共同设立了《中国社会科学博士后文库》，每年在全国范围内择优出版哲学社会科学博士后的科研成果，并为其提供出版资助。这一举措不仅在建立以质量为导向的人才培养机制上具有积极的示范作用，而且有益于提升博士后青年科研人才的学术地位，扩大其学术影响力和社会影响力，更有益于人才强国战略的实施。

今天，借《中国社会科学博士后文库》出版之际，我衷心地希望更多的人、更多的部门与机构能够了解和关心哲学社会科学领域博士后及其研究成果，积极支持博士后工作。可以预见，我国的博士后事业也将取得新的更大的发展。让我们携起手来，共同努力，推动实现社会主义现代化事业的可持续发展与中华民族的伟大复兴。

人力资源和社会保障部副部长
全国博士后管理委员会主任
2012年9月

摘 要

肇起于2007年美国次贷危机的金融动荡一直延续到欧洲债务危机，全球各国经济都受到不同程度的冲击，并传导到银行体系，银行信贷资产的系统性风险也显著上升。系统性风险管理成为了银行信用风险管理的核心任务之一。与此同时，巴塞尔委员会等国际银行监管组织以及各国银行监管部门都认识到原有监管体系对系统性风险监管的不足，开始强调对商业银行的宏观审慎监管。无论是内部风险管理需求还是外部监管要求，都把系统性风险管理在银行信用风险管理中的地位提升到了一个前所未有的高度。

我国商业银行的系统性风险管理基本上仍处于初步探索阶段。学术界虽然对宏观经济的风险因素开展了广泛研究，但往往缺乏实证层面的分析，与商业银行系统性风险管理实践的要求仍有一定差距。我国商业银行在风险管理实务中主要采用定性分析或者简单量化的方法来估计宏观经济因素对信用风险的影响，未能实现较精确的模型化度量。国际上较为成熟的信用风险度量模型如CPV模型、GVAR模型等已经实现了对经济周期风险的细致度量，但是这些模型主要是以市场经济发达、金融市场成熟的国家为研究对象，在模型假设条件等诸多方面都与我国国情不符，不适合在我国商业银行直接应用。特别是我国正处于经济转型的特殊历史阶段，从经济体制、经济结构到企业制度、信用环境都和西方发达国家有很大差异，并一直处在变革当中。这些因素是我国商业银行信用风险的重要根源，需要建立与之相适应的系统性风险理论框架及模型体系。

在此背景下，从经济周期、经济转型两个方面研究我国商业银行系统性风险的根源，对构建符合我国商业银行实际需要的系统性风险管理体系有着重要的现实意义。

本书的研究框架大体如下：

首先从宏观视角出发，分别对我国商业银行系统性风险的两大根源：经济周期和经济转型进行理论解释。已有研究还未能为经济周期以及经济转型对商业银行信用风险的影响提供完整的理论解释，本书首先对这一问题进行更加深入的探讨。经济周期方面，本书将金融脆弱理论和银行风险管理理论结合在一起，构建了一个跨周期模型来分析经济周期对银行信用风险的影响机制。跨周期模型能够充分刻画出银行预期损失和非预期损失的顺经济周期波动规律。经济转型方面，本书着重研究企业产权制度变革、金融体系改革以及对外开放①对商业银行信用风险的影响。一是综合运用实物期权理论和概率论原理，建立了一个两部门风险生成模型，剖析企业产权制度变革对商业银行信用风险的影响机制；二是分析金融体系改革对商业银行的双重硬化效应——预算约束硬化和资本约束硬化，指出双重硬化效应正是金融体系改革影响商业银行信用风险的核心渠道；三是建立一个对外开放三阶段模型，分析对外开放对银行信用风险的双向影响机制：既会通过增加企业收益水平来降低贷款损失分布曲线，又会通过加大企业收益的波动性来提高贷款损失分布曲线。我国经济转型尚未完成，因此经济转型因子是我国商业银行当前及未来信用风险度量都必须考虑的重要参数。本书关于经济周期及经济转型影响商业银行信用风险的理论解释是全书研究的重要基础，也为这一横跨宏微观领域的课题提供了新的研究视角。

其次立足于微观层面的银行风险管理，分两步来建立基于宏观经济因子的信用风险度量模型。第一步，通过建立系统性风险因子测定模型（Systemic Risk Factor Model，SRF 模型），从经济周期和经济转型两方面测定影响我国商业银行信用风险的系统性风险因子。实证分析筛选出了两个经济周期因子和三个经济转型因子：GDP 增长率、通货膨胀率、企业产权多元化指数、金融市场化指数和外贸依存度。SRF 模型的重要价值在于论证了经济转型因素对

---

① 对外开放属于我国涉外经济体制改革的重要内容，见国务院 2010 年 4 月发布的《关于 2010 年深化经济体制改革重点工作的意见》，http://www.gov.cn/。当然涉及金融体系对外开放的内容在本书中则纳入金融体系改革的范畴。

我国商业银行信用风险的重要影响并揭示了具体的作用方向。我国商业银行的信用风险度量模型应该把经济转型因子提升到更加重要的地位。第二步，结合五个系统性风险因子，将广泛用于测算借款企业违约概率的 Logistic 模型扩展为 SR-Logistic 模型，并通过实证分析得到分行业和分地区的 SR-Logistic 拟合模型。实证结果显示：各个 SR-Logistic 拟合模型均具有较好的拟合效果，各个系统性风险因子具有不同程度的显著性。SR-Logistic 模型的信用风险判别能力高于传统的 Logistic 模型，并能量化反映系统性风险因子变化对企业违约概率的影响，能为商业银行更科学的系统性风险度量提供模型基础。

在此基础上，将宏观经济分析和上述两个模型有机结合，进行基于宏观经济预测的商业银行系统性风险度量，计量银行贷款组合在未来不同宏观经济情景下的非预期损失。本书首先分析我国宏观经济的变化趋势，然后根据压力测试方法以及 SRF 模型构建出未来三种不同的宏观经济情景，再运用 SR-Logistic 模型和基于频带划分的 CreditRisk+ 模型计量贷款组合在不同的宏观经济情景下的非预期损失。基于系统性风险因子预测的信用风险度量方法能有效量化未来的宏观经济变化对商业银行信用风险的影响，有助于商业银行改变遵循"摩根规则"的信用风险度量模式，进而缓解经济资本的顺周期性，满足宏观审慎监管的要求。

最后，提出宏观、微观相结合的系统性风险"MM"管理法，即把宏观层面的经济预测与微观层面的经济资本管理有机结合，实现对系统性风险的科学防范和处置。"MM"管理法是以系统性风险因子动态预测为基础，测算银行信贷资产组合在未来不同宏观经济情景下的经济资本要求；并在建立经济资本顺周期缓释机制的基础上，构建起包括经济资本预算、配置和评估的系统性风险经济资本管理体系来实现日常的系统性风险管理；同时开展基于 SR-Logistic 模型的系统性风险压力测试，作为非日常的系统性风险管理的重要工具。

关键词： 系统性风险　经济周期　经济转型　SRF 模型　SR-Logistic 模型

Abstract

The financial turbulence caused by the United States subprime mortgage crisis in 2007 has been extended to the European debt crisis that showed impacts to the global economies in different degrees and transmitted to the banking system, making systemic risk of credit assets of banks also increased significantly. Systemic risk management become one of the core tasks of the bank's credit risk management. At the same time, the Basel Committee and other international bank regulatory organizations as well as banking regulators in every country recognized the deficiencies of the existing regulatory framework for systemic risk and begin to emphasized the macro-prudential supervision of commercial banks. So no matter what internal risk management needs or external regulatory requires, the status of systemic risk management in the bank's credit risk management rise to an unprecedented height.

However, systemic risk managements in Chinese commerical banks are basically still in the preliminary stage. Although academia has carried out extensive research on macroeconomic risk factors, they often lack the empirical analysis and can't satisfy the request of commerical banks' systemic risk management practice commerical banks are mainly using qualitative analysis or simple quantitative method to estimate the impact of macroeconomic factors on credit risk without accurate model measures. Some mature credit risk measurement models such as the CPV model, GVAR model which are based on the developed market economy countries with mature financial markets and the basic assumptions are inconsistent with China's situations so it cannot be directly applied in China's commerical banks. In particular, China is in a special historical stage of economic transition so there are great differences in economic institution, economic structure, enterprise system and the credit environment between the developed countries and China. These factors are important source of credit risk faced by commerical banks in China accordingly so we need to establish suitable theoretical framework and models for systemic risk management.

In this situation, there are important practical significance to study the sources of systemic risk from the two aspects of the economic cycle and economic transition in order to build systemic risk management system in line with China's commerical banks' need.

The author research framework are as follows:

Firstly, make theoretical explain to the two sources of systemic risk in China's commerical banks: the economic cycle and economic transition in a macro-perspective. Current studies failed to provide a complete theoretical explanation for the impact of the economic cycle and the economic transition to credit risk so the book begins with a more in-depth discussion on this issue. About the economic cycle, this book combines the financial fragile theory and banking risk management theory together to build a cross-cycle model and to analyze the impact mechanism of the economic cycle on bank credit risk. Cross-cycle model can fully depicts the regularity of fluctuations of expected loss (EL) and unexpected loss (UL) following the economic cycle. About the economic transition, the author focuses on the impact of the enterprise property right system reform, financial system reform and "Opening Up" on the credit risk of commercial banks. Using of real options theory and probability theory, the author establishes a two-sector risk generation model to explain how the enterprise property right system reform influenced the credit risk of commercial banks. The author analyzes the double hardening effect of

Abstract

the financial system reform to commerical banks—hardening of budget constraints, of the hardening and capital constraints and points out that the double hardening effect are the core channels of financial system reform that affects the credit risk. The author also establishes an "Opening Up" three-stage model to study the bidirectional impact mechanism of the "Opening Up" to credit risk. "Opening Up" will increase the level of corporate earnings to lower loan loss distribution curve, meanwhile it will increase the volatility of corporate earnings and may also increase loan loss distribution curve. China's economic transformation has not been completed so the economic transition factors are important parameters that must be considered by China's commerical banks in the current and future credit risk measurement. The theoretical explains about how the economic cycle and economic transition impact banking credit risk are important foundations of this research and also provide new perspectives for this issue acrossing the macro and micro fields.

Secondly, basing on banking risk management in micro-level, the author takes two steps to establish credit risk measurement model that are based on macroeconomic factors. The first step is to build up a Systemic Risk Factor Model (referred to as the SRF model) that test the systemic risk factor in economic cycle and economic transition aspects. Empirical analysis screened two economic cycle factors and three economic transition factors: the GDP growth rate, inflation rate, Enterprise Property Diversity Index, Financial Liberalization Index and FTD. The value of SRF model is to prove the important impact of economic transition factors on the credit risk of commerical banks in China and reveal the specific action directions from them. China's commerical banks should promote the economic transition factors in the credit risk measurement models to a more important position. The second step is, by using the five systemic risk factors, the author extend the widely used Logistic model in the calculation of the probability of default to a SR-Logistic model and takes the empirical analysis in the industrial and regional level. The empirical analysis shows that SR−Logistic models get good fitted result and all macroeconomic factors shows varying significant degrees of the SR−Logistic model and has better discriminant ability to credit risk than the traditional Logistic model and can quantitative reflect the infection of systemic risk factors to the probability of the default. It can be a foundation for more scientific risk measurement for commerical banks.

Thirdly, with the combination of macroeconomic analysis and the two models, the author takes systemic risk measurement based on macroeconomic forecasts resulting in unexpected losses of banks' loan portfolios under different macroeconomic scenarios in the future. The measurement begins with analysis of macroeconomic trends and then build three different macroeconomic scenarios according to stress testing methods as well as SRF model and then using the SR−Logistic model and CreditRisk + model to calculate the unexpected loss of loan portfolio in the 3 macro economic scenarios. The credit risk measurement methods based on systemic risk factors prediction can be effective to quantify how future changes in the macroeconomic that will impact the credit risk and to help commerical banks change their credit risk measurement mode which follows Morgan Rules in order to alleviate the procyclicality of economic capital and meet the requirements of the macro−prudential supervision.

Finally, the author proposes a "MM" systemic risk Management which means combination of macroeconomic forecasts, micro−level economic capital management, to achieve scientific prevention and disposal of systemic risk. The MM management method is based on the dynamic prediction of systemic risk factors and calculate the economic capital requirements of the banks' credit portfolio in the future under different macroeconomic scenarios; then establish the economic capital procyclical sustained release mechanism as the basis for economic capital budget, configuration and assessment, of daily systemic risk management; carry out stress tests of systemic risk based on the SR-Logistic model as a non-routine important systemic risk management tool.

Key Words: Systemic Risk; Economy Cycle; Economy Transition; SRF Model; SR-Logistic Model

目 录

第一章　导论 ··· 1
   第一节　研究背景及意义 ·· 1
   第二节　总体研究框架 ··· 4
   第三节　各章研究内容 ··· 6
   第四节　研究方法 ·· 7

第二章　商业银行系统性风险管理研究进展 ·························· 9
   第一节　国外的系统性风险管理研究进展 ·························· 9
      一、基于系统性风险因子的信用风险度量模型研究 ········· 9
      二、系统性风险的实证研究 ······································· 12
   第二节　国内的系统性风险管理研究进展 ························· 14
   第三节　研究述评 ··· 15

第三章　商业银行系统性风险管理理论分析 ······················· 17
   第一节　系统性风险的基本内涵 ···································· 17
      一、信用风险的基本要素 ··· 17
      二、信用风险的损失分类 ··· 20
      三、信用风险的组合分散效应 ··································· 21
      四、风险贡献与系统性风险 ······································ 23
   第二节　系统性风险的理论分析 ···································· 25
      一、基于经济周期的系统性风险理论分析 ···················· 25
      二、基于经济转型的系统性风险理论分析 ···················· 27
   第三节　系统性风险度量模型的基本原理 ························ 33

一、单因素模型的基本原理 …………………………………………… 33

二、CPV 模型的基本原理 ……………………………………………… 35

三、多期 CreditRisk+模型的基本原理 ……………………………… 38

第四章 经济周期与我国商业银行系统性风险 ………………………… 41

第一节 系统性风险的跨周期模型 ……………………………………… 41

一、跨周期模型的基本假设 …………………………………………… 41

二、跨周期模型的构建与分析 ………………………………………… 43

三、经济周期风险难以规避的原因辨析 ……………………………… 46

第二节 信用风险基本要素的顺周期波动分析 ………………………… 49

一、违约概率的顺周期波动 …………………………………………… 49

二、违约损失率的顺周期波动 ………………………………………… 50

三、违约风险暴露的顺周期波动 ……………………………………… 52

第三节 商业银行经济资本的顺周期性分析 …………………………… 55

一、经济资本管理的基本原理 ………………………………………… 55

二、经济资本顺周期性的表现及特征 ………………………………… 57

三、经济资本顺周期性的外部影响 …………………………………… 58

第五章 经济转型与我国商业银行系统性风险 ………………………… 61

第一节 企业产权制度变革与商业银行系统性风险 …………………… 62

一、企业产权制度变革的历程分析 …………………………………… 62

二、两部门风险生成模型的构建 ……………………………………… 67

三、基于企业产权制度变革的两部门风险生成模型 ………………… 69

第二节 金融体系改革与商业银行系统性风险 ………………………… 71

一、金融体系改革的历程分析 ………………………………………… 72

二、金融体系改革影响商业银行系统性风险的双重路径 …………… 79

第三节 对外开放与商业银行系统性风险 ……………………………… 84

一、对外开放的历程分析 ……………………………………………… 84

二、对外开放影响商业银行系统性风险的三阶段模型分析 ………… 85

第六章 我国商业银行系统性风险因子测定 …………………………… 89

第一节 测定系统性风险因子的 SRF 模型设计 ………………………… 89

一、SRF 模型的基本假设与基础框架设定 …………………… 89
　　二、系统性风险因子的 AR 结构设计 ………………………… 91
第二节　系统性风险因子的选择 …………………………………… 92
　　一、经济周期因子的选择 ……………………………………… 93
　　二、经济转型因子的选择 ……………………………………… 93
第三节　基于 SRF 模型的系统性风险因子测定 ………………… 96
　　一、实证样本及数据说明 ……………………………………… 96
　　二、样本企业的历史违约概率测算 …………………………… 98
　　三、系统性风险的测定过程 …………………………………… 99
　　四、系统性风险因子测定结果分析 …………………………… 102

第七章　基于系统性风险因子的违约概率测算模型 ………… 105

第一节　基于系统性风险因子的违约概率测算模型设计 ……… 105
　　一、运用 Logistic 模型测算违约概率的基本原理 …………… 106
　　二、SR-Logistic 模型设计 …………………………………… 109
第二节　系统性风险因子影响违约概率的行业和地区差异分析 …………………………………………………………… 117
　　一、系统性风险因子影响违约概率的行业差异 ……………… 117
　　二、系统性风险因子影响违约概率的地区差异 ……………… 120
第三节　分行业 SR-Logistic 模型的实证分析 ………………… 122
　　一、实证样本的行业选择 ……………………………………… 122
　　二、分行业 SR-Logistic 模型的回归过程 …………………… 123
　　三、分行业 SR-Logistic 模型的判别能力检验 ……………… 127
第四节　分地区 SR-Logistic 模型的实证分析 ………………… 129
　　一、实证样本的地区选择 ……………………………………… 129
　　二、分地区 SR-Logistic 模型的回归过程 …………………… 130
　　三、分地区 SR-Logistic 模型的判别能力检验 ……………… 132

第八章　基于宏观经济预测的系统性风险度量 ……………… 135

第一节　我国宏观经济的变化趋势分析 ………………………… 135
　　一、我国经济周期的变化趋势 ………………………………… 135
　　二、我国经济转型的发展趋势 ………………………………… 140

第二节　商业银行系统性风险因子预测 ………………… 147
　　　　一、宏观经济情景预测 ……………………………… 147
　　　　二、基于压力测试方法的系统性风险因子预测 …… 150
　　第三节　系统性风险度量过程 …………………………… 153
　　　　一、基于SR-Logistic模型的违约概率测算 ……… 153
　　　　二、不同宏观经济情景下贷款组合的非预期损失计量 …… 155

第九章　系统性风险"MM"管理法 ………………………… 163
　　第一节　系统性风险因子动态监测 ……………………… 163
　　　　一、系统性风险因子之间的互动关系 …………… 164
　　　　二、系统性风险因子的监测 ……………………… 165
　　第二节　经济资本的顺周期缓释机制 …………………… 167
　　　　一、经济资本计量输入端的顺周期缓释机制 …… 167
　　　　二、经济资本计量输出端的顺周期缓释机制 …… 169
　　第三节　系统性风险经济资本管理体系 ………………… 170
　　　　一、系统性风险经济资本预算 …………………… 170
　　　　二、系统性风险经济资本配置 …………………… 173
　　　　三、系统性风险经济资本绩效评估 ……………… 174
　　第四节　基于SR-Logistic模型的系统性风险压力测试 …… 177
　　　　一、系统性风险压力测试方法 …………………… 177
　　　　二、行业及地区层面的系统性风险压力测试 …… 180

结　论 ……………………………………………………… 183

附　录 ……………………………………………………… 187

参考文献 …………………………………………………… 199

索　引 ……………………………………………………… 209

后　记 ……………………………………………………… 213

Contents

1 Introduction ·· 1

    1.1 Background and Significance of the Research ················· 1
    1.2 Research Framework ··· 4
    1.3 Content of Each Chapter ··· 6
    1.4 Research Methods ··· 7

2 Research Progress of Systemic Risk Management in Banks ······ 9

    2.1 Foreign Research of Systemic Risk Management ············· 9
        2.1.1 Credit Risk Measure Model Research based on Systemic Risk Factors ··· 9
        2.1.2 Empirical Research of Systemic Risk ······················· 12
    2.2 Domestic Research of Systemic Risk Management ········· 14
    2.3 Comments ·· 15

3 Theory Analysis of Systemic Risk Management in Banks ········ 17

    3.1 Connotation of Systemic Risk ··· 17
        3.1.1 Basic Elements of Credit Risk ································ 17
        3.1.2 Loss Classification of Credit Risk ··························· 20
        3.1.3 Portfolio Dispersion Effects of Credit Risk ············· 21
        3.1.4 Risk Contribution and Systemic Risk ······················ 23
    3.2 Theory Analysis of Systemic Risk ·································· 25
        3.2.1 Theory Analysis of Systemic Risk based on Economic Cycle ·· 25

　　　　3.2.2　Theory Analysis of Systemic Risk based on Economic
　　　　　　　Transition ··· 27
　　3.3　Basic Principle of Systemic Risk Measurement Model ······ 33
　　　　3.3.1　Basic Principles of the Single-Factor Model ············· 33
　　　　3.3.2　Basic Principles of the CPV Model ····················· 35
　　　　3.3.3　Basic Principles of the Multi-Phase CreditRisk +
　　　　　　　Model ··· 38

4　Economic Cycle and the Systemic Risk for Chinese Banks ······ 41
　　4.1　Cross-Cycle Model for Systemic Risk ························· 41
　　　　4.1.1　Basic Assumptions of the Cross-Cycle Model ············ 41
　　　　4.1.2　Construction and Analysis of the Cross-Cycle Model ······ 43
　　　　4.1.3　Reason for Difficult to Avoid the Economic
　　　　　　　Cycle Risk ·· 46
　　4.2　Pro-cyclical Fluctuations of the Basic Elements of
　　　　Credit Risk ··· 49
　　　　4.2.1　Pro-cyclical Fluctuations of PD ·························· 49
　　　　4.2.2　Pro-cyclical Fluctuations of LGD ························ 50
　　　　4.2.3　Pro-cyclical Fluctuations of EAD ························ 52
　　4.3　Procyclicality of Commerical Bank's Economic Capital ······ 55
　　　　4.3.1　Basic Principles of the Economic Capital Management ······ 55
　　　　4.3.2　Performance and Characteristics of Economic Capital's
　　　　　　　Pro-cyclicality ·· 57
　　　　4.3.3　External Influence of Economic Capital's
　　　　　　　Pro-cyclicality ·· 58

5　Economic Transition and the Systemic Risk for Chinese
　　Banks ·· 61
　　5.1　Enterprise Property Rights System Reform and
　　　　Systemic Risk ·· 62
　　　　5.1.1　Enterprise Property Right System Reform ················ 62
　　　　5.1.2　Building a Two-Setors Risk Generation Model ············ 67

Contents

   5.1.3 Two-Setors Risk Generation Model based on Enterprise Property Rights System Reform ………… 69
 5.2 Financial System Reform and the Systemic Risk for Chinese Banks ………… 71
   5.2.1 Course of the Financial System Reform ………… 72
   5.2.2 Dual Path for the Impact of Financial System Reform to Systemic Risk ………… 79
 5.3 "Opening up" and the Systemic Risk for Chinese Banks ………… 84
   5.3.1 Course of the "Opening up" ………… 84
   5.3.2 Impact of Opening up to Systemic Risk based a Three-Stage Model ………… 85

6 Measurement of Systemic Risk Factors for Chinese Banks ………… 89

 6.1 Design of Systemic Risk Factor Model ………… 89
   6.1.1 Basic Assumption and Framework of SRF Model ………… 89
   6.1.2 AR Structure of Systemic Risk Factors ………… 91
 6.2 Selection of Systemic Risk Factors ………… 92
   6.2.1 Selection of Economic Cycle Factors ………… 93
   6.2.2 Selection of Economic Transition Factors ………… 93
 6.3 Test of Systemic Risk Factors based SRF Model ………… 96
   6.3.1 Empirical Sample and Data Introduction ………… 96
   6.3.2 Historical PD Estimatation of the Sample Enterprises ………… 98
   6.3.3 The Process of Systemic Risk Measurement ………… 99
   6.3.4 Analysis with the Measurement Results ………… 102

7 PD Measurement Model based on Systemic Risk Factors ………… 105

 7.1 PD Model Design based on Systemic Risk Factors ………… 105
   7.1.1 Basic Principles of PD Estimation Using the Logistic Model ………… 106
   7.1.2 Design of SR-Logistic Model ………… 109

7.2 Differences of the Affection of Systemic Risk Factors on PD …… 117
    7.2.1 Industrial Differences of the Affection of Systemic Risk Factors on PD …… 117
    7.2.2 Regional Differences of the Affection of Systemic Risk Factors on PD …… 120
7.3 Empirical Analysis of SR-Logistic Model in Different Industries …… 122
    7.3.1 Industry Selection of Empirical Samples …… 122
    7.3.2 Regression Process of the Industrial SR-Logistic Model …… 123
    7.3.3 Discriminant Ability Test of Industrial SR-Logistic Model …… 127
7.4 Empirical Analysis of SR-Logistic Model in Different Regions …… 129
    7.4.1 Region Selection of Empirical Samples …… 129
    7.4.2 Regression Process of the Regional SR-Logistic Model …… 130
    7.4.3 Discriminant Ability Test of Regional SR-Logistic Model …… 132

8 Systemic Risk Measure based on Macroeconomic Forecasts --- 135
  8.1 Analysis of Macroeconomic Trends …… 135
    8.1.1 Trends of China's Economic Cycle …… 135
    8.1.2 Trend of China's Economic Transition …… 140
  8.2 Systemic Risk Factors Prediction for Chinese Banks …… 147
    8.2.1 Prediction of Macroeconomic Scenarios …… 147
    8.2.2 Prediction of Systemic Risk Factors based on Stress Testing Method …… 150
  8.3 Systemic Risk Measurement …… 153
    8.3.1 Estimation of PD based on SR-Logistic Model …… 153

| | | 8.3.2 | Measurement of UL in Different Macroeconomic Scenarios ··· 155 |

9	"MM" Management to Systemic Risk ······································ 163

	9.1	Dynamic Monitoring to Systemic Risk Factors ··············· 163
		9.1.1 Interaction Between the Systemic Risk Factors ············ 164
		9.1.2 Monitoring to Systemic Risk Factors ························ 165
	9.2	Buffer Mechanism to Procyclicality of Economic Capital ··· 167
		9.2.1 Buffer Mechanism to Procyclicality of EC in Input Sector ·· 167
		9.2.2 Buffer Mechanism to Procyclicality of EC in Output Sector ·· 169
	9.3	Economic Capital Management System to Systemic Risk ·· 170
		9.3.1 Budget of Economic Capital to Systemic Risk ············ 170
		9.3.2 Allocation of Economic Capital to Systemic Risk ········· 173
		9.3.3 Performance Evaluation of Economic Capital to Systemic Risk ·· 174
	9.4	Stress Test for Systemic Risk based on the SR-Logistic Model ·· 177
		9.4.1 Method of Stress Test for Systemic Risk ··················· 177
		9.4.2 Industrial and Regional Stress Tests for Systemic Risk ··· 180

Conclusions ·· 183

Appendices ·· 187

References ··· 199

Index ··· 209

Acknowledgements ·· 213

第一章 导论

第一节 研究背景及意义

2007年,美国爆发了次贷危机,并在2008年开始演变为波及面更广的金融危机。华尔街多家大型的系统重要性金融机构被接管、收购或者倒闭,股市深度重挫,美国政府出台重大的财政金融救援方案。金融危机还进一步向实体经济和世界各国蔓延,欧债危机就是美国金融危机的深化和延续。欧债危机从2009年底爆发,截至2012年底已经足足持续了3年,并且仍在不断的发酵和演化当中。美国金融危机在2008年引发了全球性的经济衰退,而欧债危机已经把整个欧洲大陆都拖入了经济衰退的泥潭,同时也压制了美国经济的复苏。在经济衰退之下,美国的众多银行不断出现倒闭。据统计,2009年美国至少有115家银行倒闭;从2010年初至2月27日的不足3个月的时间里,银行倒闭的数目已经达到22家。[①] 在冲击如此巨大的危机面前,人们必须从各个角度——特别是信用风险管理角度——思考危机的起因以及应该采取的对策。

金融危机爆发的原因是多方面的,而从信用风险管理的角度来看,一个重要原因是没能充分认识及合理度量宏观经济波动给金融产品带来的风险。首先,美国金融机构在低利率和房地产繁荣的环境下为了追逐利润而大量发放次级贷款,金融机构在过度竞争的环境之下,不惜降低借贷标准,忽视对借款人的信用风险评估而过分依赖于房价的上涨,导致大批信

---

① 数据来源:路透社网站《美国金融焦点》http://cn.rcutcrs.com/。

用水平不足的人也获得按揭贷款。这样的放贷模式导致了贷款过分暴露在房价周期、利率波动等宏观经济风险之下。当利率由下跌转为上涨、房价由上涨转为下跌时，原来的优质贷款就迅速转变为不良贷款。其次，金融机构过分利用风险转移技术来弥补信用风险度量的不足，却没能从真正意义上去防范和抵御系统性风险。商业银行等金融机构在降低信用风险评估标准的情况下，为了降低自身的风险，普遍运用资产证券化工具将风险转移出去。然而，证券化只是将风险传递给金融市场的其他参与者，并没有把风险消除掉。商业银行因为参与证券承销、担保、融资承诺等表内外业务及金融衍生品投资，又把风险重新吸收回到银行体系内。金融创新普遍采用的杠杆化技术还把风险成倍地放大。最后，次贷衍生产品的评级和定价也没能科学及时地反映系统性风险的变化。CDO 等衍生产品的定价方法是盯模（Mark to Model）而不是盯市（Mark to Market）的，使其定价体系过分依赖于模型。美国的评级机构对这些再分层的 CDO 普遍给予 A~AAA 的信用级别，没能及时反映宏观经济波动对次贷衍生品价值的影响，自然无法有效识别和防范宏观经济波动带来的风险。

美国金融危机之后，各国银行监管部门普遍达成了共识，要加强宏观审慎监管，即更加注重防范系统性风险以维护金融体系的稳定。所以，在宏观审慎监管要求之下，我国商业银行要充分认识和科学度量宏观经济对系统性风险的影响。

美国金融危机、欧债危机等也导致了我国的宏观经济波动，给我国商业银行带来风险隐患。金融危机通过外贸、汇率、资本流动、大宗商品价格等渠道对我国经济造成了较大影响。宏观经济的波动向银行体系传导，商业银行所承担的系统性风险也相应增大。我国银行业在经济下行的环境下执行反周期信贷政策，2009 年的人民币新增信贷规模达到了 9.59 万亿元，相比 2008 年的 4.9 万亿元激增 95.7%，同比增多 5.19 万亿元并创下历史新高。① 反周期信贷政策有利于促进经济复苏，但银行在经济下滑阶段发放大量贷款也意味着要承担较高的信用风险，这给银行的信用风险管理带来了较大压力。所以，我国商业银行必须更加重视宏观经济波动带来的系统性风险冲击。

同时，我国银行业的体制改革以及全面开放也要求我国商业银行改进

---

① 数据来源：中国人民银行网站 http://www.pbc.gov.cn/。

信用风险度量方法和提高信用风险度量水平。近年来，我国银行业的体制改革取得了突破性进展，最主要的表现就是产权制度改革基本完成，原来的工、农、中、建四大国有独资商业银行均已通过国家注资、财务重组和股份制改革，全部成为股份制商业银行，其中中国工商银行、中国建设银行和中国银行都引入了国际战略投资者并成功上市。至此，我国主要的银行都已在真正意义上实行了商业化运作。几乎与此同时，银行业的对外开放也进入了全新阶段。从2006年12月开始，中国金融业已经开始了全面对外开放，我国商业银行面临着越来越激烈的竞争局面。我国银行业的体制改革进一步弱化了政府对银行的制度性保护，而对外开放则进一步强化了银行的竞争环境。国内商业银行为了赢得竞争，必须正视自己在经营管理方面特别是在风险管理方面的不足。

国际先进银行经过多年的风险管理实践与研究，而我国商业银行在该领域还处于发展阶段，和国际一流水平存在一定差距。我国商业银行在信用风险度量当中主要是采用定性分析或者简单量化的方法来估计系统性风险因子的影响，未能实现较精确的模型化的度量。国外已经有一些相对较为成熟的基于系统性风险因子的信用风险度量模型，但是主要考察经济周期因子而没有涵盖我国特殊的经济转型因子，并且依赖于较高的数据要求以及市场条件，在我国难以直接应用。因此，我国商业银行基于系统性风险风险度量尚未形成系统的理论、模型和方法。在商业化运作和国际化竞争的背景下，我国商业银行必须尽快提高风险管理水平，增强竞争力。Donald van Denventer，Kenji Imai 和 Mark Mesler（2005）指出："信用风险管理成功的三大支柱之一就是明确宏观风险因子并了解它们对每个交易对手违约的影响。"

因此，从我国的经济大周期整体下行、经济转型加快推进的国情出发，构建科学、实用的系统性风险管理体系，可以有效提高我国商业银行风险管理水平，有助于发挥我国商业银行的比较优势和后发优势，在与国际先进银行的竞争中立于不败之地。

第二节　总体研究框架

本书的研究思路是：首先从理论上分析宏观经济对我国商业银行系统性风险的影响，除了研究经济周期因子之外，还依据我国国情考察经济转型因子；再以理论分析为基础，分两步建立基于系统性风险度量模型；进而将宏观经济分析和信用风险度量模型有机结合，基于对系统性风险因子的预测，计量银行贷款在不同宏观经济情景下的经济资本；最后提出宏微观相结合的系统性风险"MM"管理法。本书的总体研究框架如图1-1所示。

首先，本书从理论层面研究宏观经济对商业银行系统性风险的影响。一方面是分析经济周期对商业银行系统性风险的影响。因为反映经济周期的变量主要是GDP增长率、通货膨胀率等，已经得到众多研究的论证，所以研究重点是分析经济周期对商业银行系统性风险的影响机制。另一方面是分析经济转型对商业银行系统性风险的影响，因为国内外对此尚未有较成熟的研究，所以要对哪些经济转型因子会影响商业银行系统性风险，以及这些经济转型因子对系统性风险的影响机制进行全面的研究。

其次，将理论分析的结论用于建立基于系统性风险因子的信用风险度量模型，第一步是建立SRF模型，从经济周期和经济转型两方面测定对商业银行信用风险有显著影响的系统性风险因子；第二步是将系统性风险因子运用于违约概率测算，把传统的Logistic模型扩展为基于系统性风险因子的SR-Logistic模型。SRF模型和SR-Logistic模型分别吸取了CPV模型和Logistic模型的优点；而它们的有机结合能相互弥补各自的缺陷，实现本书基于系统性风险因子的信用风险度量的目的。

在此基础上，综合运用宏观层面的经济分析方法和微观层面的风险计量技术，进行基于宏观经济预测的系统性风险度量；并提出我国商业银行系统性风险的"MM"管理法。

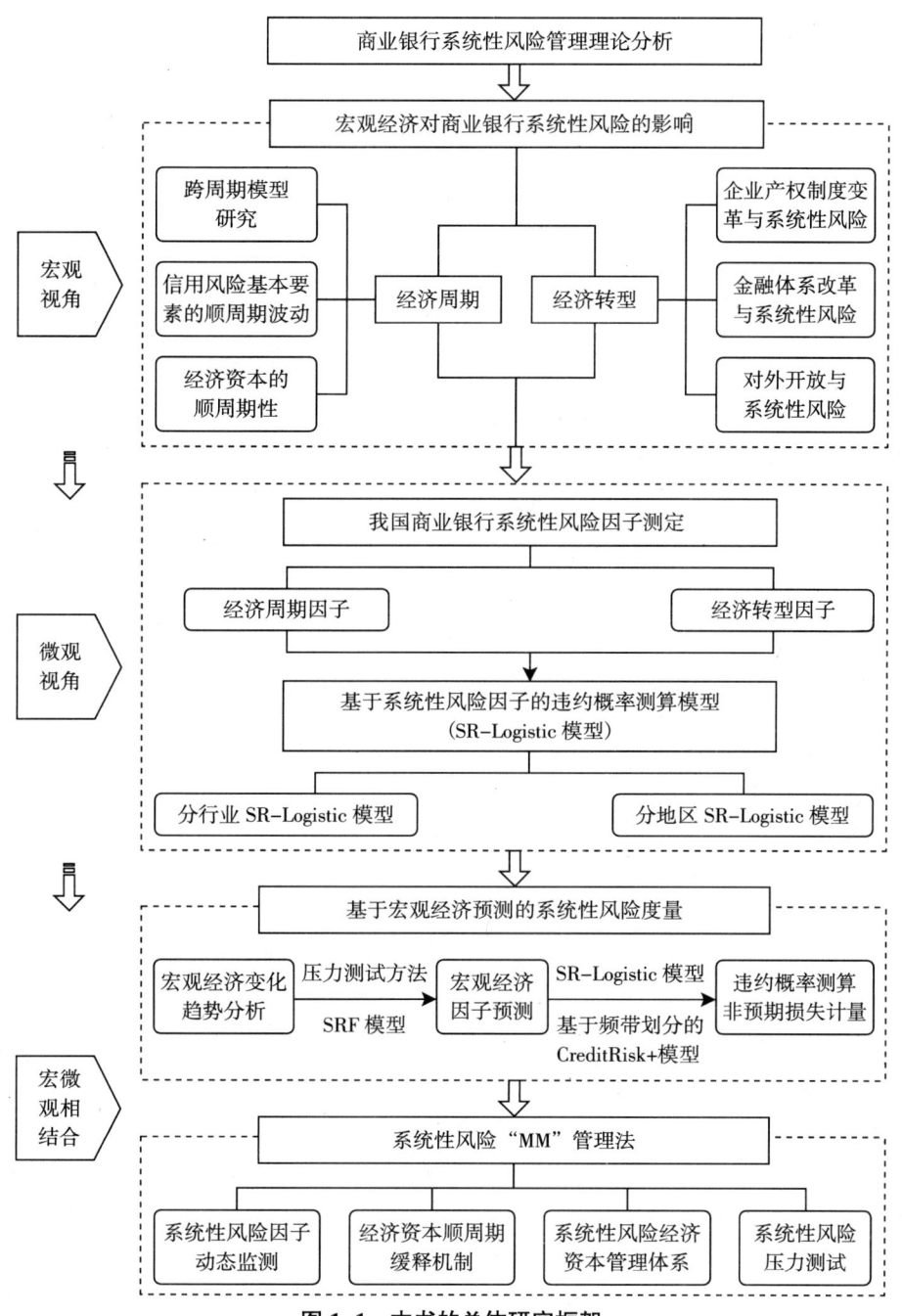

图 1-1 本书的总体研究框架

经济周期、经济转型与商业银行系统性风险管理

第三节　各章研究内容

本书以下各章的研究内容安排如下：

第二章，主要梳理国内外在商业银行系统性风险管理方面的研究进展。

第三章，对系统性风险管理进行基础性的理论分析。阐述和辨析商业银行信用风险度量的基本内涵；从经济周期和经济转型两个角度对商业银行信用风险的宏观经济根源进行理论分析；对单因素模型、CPV 模型以及 CreditRisk+模型运用系统性风险因子来进行信用风险度量的原理和方法进行深入分析，作为进一步研究的基础。

第四章，研究经济周期与商业银行系统性风险的关系。以金融脆弱理论为基础构建跨周期模型，说明经济周期对商业银行信用风险的影响机制；然后分析在经济周期影响下商业银行信用风险的基本参数以及经济资本的顺周期性。

第五章，从企业产权制度变革、金融体系改革以及对外开放三个角度研究经济转型与商业银行系统性风险的关系。本书首先建立一个两部门风险生成模型来分析企业产权制度变革对商业银行系统性风险的影响；其次从预算约束硬化和资本约束硬化两个角度分析金融体系改革对商业银行系统性风险的影响；最后建立一个对外开放三阶段模型说明对外开放对商业银行系统性风险的双向影响机制。

第六章，以 CPV 模型为基础构建系统性风险因子测定模型（SRF 模型），从经济周期与经济转型两方面测定系统性风险因子，并分析系统性风险因子的作用方向以及影响系数。

第七章，构建一个涵盖系统性风险因子的 SR-Logistic 违约概率测算模型。首先在用于违约概率测算的 Logistic 模型中加入系统性风险因子，构成 SR-Logistic 模型；其次分别采用分行业和分地区的数据对模型进行实证分析，得出分行业和分地区的 SR-Logistic 模型。

第八章，基于宏观经济预测进行商业银行系统性风险度量，这是对宏观经济分析方法、压力测试方法、SRF 模型、SR-Logistic 模型以及基于频带划分的 CreditRisk+模型的一次综合运用。首先分析我国宏观经济的变化

趋势；其次根据压力测试方法以及 SRF 模型来预测系统性风险因子，并组成三种未来的宏观经济情景；最后在不同的宏观经济情景下运用 SR-Logistic 模型测算贷款的违约概率，进而采用基于频带划分的 CreditRisk+ 模型计量贷款组合的非预期损失。

第九章，提出我国商业银行系统性风险的"MM"管理法。其核心要素包括对系统性风险实现动态监测，建立经济资本的顺周期缓释机制，构建包括经济资本预算、配置和评估的系统性风险经济资本管理体系，以及运用 SR-Logistic 模型开展系统性风险压力测试等。

第四节 研究方法

本书主要采用了以下几种研究方法：

（1）实证研究和规范研究相结合的方法。实证研究和规范研究是经济学的基本研究方法。实证研究是从事实和数据出发，探寻经济现象背后的客观规律，主要解决经济现象"是什么"的问题；规范研究是以一定的价值判断或理论分析作为研究基础和方法，回答经济现象"应该是什么"的问题。本书一方面运用实证研究的方法测定影响商业银行信用风险的系统性风险因子，建立基于系统性风险因子的违约概率测度模型；另一方面运用规范研究的方法，指出经济转型因子应该是我国商业银行当前及未来信用风险度量都必须考虑的重要参数，对我国未来的经济周期和经济转型进行预测，在建立跨周期模型、两部门风险生成模型、SRF 模型时也采用规范研究方法提出一些基本假设。实证研究和规范研究方法的有机结合，保证研究的科学性和理论性。

（2）比较分析方法。本书大量运用了比较分析方法，如对经济繁荣和经济衰退阶段企业违约概率的比较，经济转型前后的商业银行信用风险比较，不同宏观经济情景下银行贷款组合非预期损失的比较，等等。通过比较分析，揭示系统性风险的特征。

（3）归纳分析和演绎分析相结合的方法。归纳分析和演绎分析都是经济学研究的基本方法，本书将这两种方法有机地结合起来。本书一方面运用归纳分析方法总结我国经济周期和经济转型的基本特征、对商业银行信用风险的影响机制以及商业银行信用风险的变化特征和规律；另一方面运用演绎分析方法，根据宏观经济学理论预测我国经济周期的变化趋势和经济转型的发展趋势。

第二章 商业银行系统性风险管理研究进展

从信用风险的决定因素出发,可以把信用风险分为特异风险和系统性风险。其中,特异风险的起源是借款人自身的各项特殊因素,称为特异因子;而系统性风险则源自于宏观经济因素,称为系统性因子。特异因子对于不同借款人各有不同,十分复杂,所以难以全面考察;而系统性风险因子则有着更多的信息获取手段和更广的信息渠道,现有的知识基础和技术手段也为宏观经济预测提供了较好的条件。所以,有大量的学者致力于研究如何运用系统性风险因子来建立信用风险度量模型以及进行系统性风险管理。

第一节 国外的系统性风险管理研究进展

国外金融机构以及学者在系统性风险管理方面积累了较多的研究成果:一方面是运用系统性风险因子建立信用风险度量模型,另一方面是通过实证研究判断宏观经济波动对信用风险的影响。

一、基于系统性风险因子的信用风险度量模型研究

国外金融机构及学者提出的很多主流信用风险模型都运用各种宏观经济指标等系统性风险因子来测度信用风险。他们考察的宏观经济指标主要集中于经济周期方面,基本思想是在经济周期因子与风险变量(如违约概率)之间建立计量模型,比较具有代表性的模型有单因素模型、CPV 模

型、GVAR 模型以及改进的 CreditRisk+模型等。

1. 单因素模型

单因素模型是由 Vasicek（1987）最早提出的，并经过了诸多学者的完善和发展。单因素模型假设信用资产组合当中特异风险已经得到充分分散而只留存系统风险，而且不同债务人之间的违约相关性受到单一的共同因子驱动。这样债务人的违约概率取决于单一的风险因子。单因素模型一般以经济周期变量如 GDP 增长率作为系统风险因子，或者用离散变量 X = 1、X = 0、X = −1 分别表示经济繁荣、一般和衰退，以此解释宏观经因素对债务人信用风险的贡献，并最终可以得出银行的损失分布（Philippe Jorion，2005）。

单因素模型的一个重要假设是所有债务人的违约风险暴露（EAD）和违约损失率（LGD）都是固定的而非随机的（高鹤，2006）。但实际上 EAD 和 LGD 都可以是随机的。Susanne 和 Dirk（2004）放松 LGD 为确定值的假设，提出了渐进的单因素模型。Paul H. Kupiec（2007，2008）把 EAD 和 LGD 都设为随机变量，将单因素模型扩展为"单一共同因子模型"（Single Common Factor Model，SCFM）。Kupiec 没有对 EAD 和 LGD 的分布施加约束性的假设，但是利用高斯公共因子对 EAD 和 LGD 之间的相关性进行了建模。SCFM 模型可以为信用资产的条件损失分布提供闭合解。Paul H. Kupiec（2009）还发现 EAD 和 LGD 之间的相关性增加了信用资产的系统风险，导致损失分布有更显著的偏峰特性，而且增加了信用资产的非预期损失；还进一步构建了一个 Vasicek-Basel IRB（VAIRB）信用风险模型。这些研究结果都对银行资本配置产生了重要影响。

单因素模型因为其简单、实用的特性而在金融业界得到广泛使用，如《巴塞尔新资本协议》的核心内容——内部评级法（Internal Rating-Based Approach，IRB）就是以单因素模型作为理论基础，确定最低监管资本要求。除此之外，单因素模型也在金融机构的资本配置、结构化金融工具的定价和潜在损失分布预测等方面得到广泛使用。但是，单因素模型忽略了一些重要的系统性风险因子，这些因子对信用资产组合的潜在损失分布的特征起到决定性作用。所以，也有学者致力于建立能涵盖多个系统性风险因子的风险度量模型，CPV 模型和 GVAR 模型就是其中的代表。

2. CPV 模型和 GVAR 模型

CPV 模型的全称是 Credit Portfolio View，由麦肯锡公司（Mckinsey 和

Company）的 Wilson（1997）提出，是较为成熟的信用风险度量模型之一。CPV模型是应用计量经济学和蒙特卡罗模拟方法来得出违约的联合条件概率分布，以及每个国家不同行业中各种信用等级群体的信用等级转移概率，直接将转移概率与系统性风险因子之间的关系模型化。该模型认为违约概率可以表达为Logit概率分布函数，其中独立变量的条件违约概率仅由宏观经济变量指数值决定。当前宏观经济变量指数值又由当前具体宏观经济变量值（如失业率、GDP增长率、长期的利率水平、政府支出增长率及总储蓄率等）决定。同时，模型假定每一个具体宏观经济变量满足一个单变量自回归模型，即由宏观经济变量的滞后值和冲击因素所决定。使用蒙特卡罗模拟可以生成未来多期的以上两个关键变量，从而模拟未来各个时期条件违约概率P的情景值。CPV模型和CreditMetrics、KMV、CreditRisk+模型被并称为四大信用风险商用模型。

GVAR模型的全称是全球自回归模型，由Pesaran等（2006）建立。Pesaran等以Black F和Scholes（1973）和Merton（1974）的期权理论为基本框架，并以经济全球化为背景，运用涵盖25个国家、样本期为1979～1999年的季度数据来建立GVAR模型，考察国内系统性风险因子（包括GDP、通货膨胀率、短期利率水平、汇率、股指、实际货币供求）以及全球经济冲击因子（如石油价格等）对资产组合信用风险的影响。GVAR模型表明银行的坏账损失与国内外系统性风险因子的变化之间具有密切的相关关系。

3. 改进的CreditRisk+模型

CreditRisk+模型是由瑞士信贷第一波士顿银行（CSFB）开发的信用风险模型，其基本原理是在保险精算的理论框架内推导贷款组合的损失分布。CreditRisk+基本模型对违约的原因不做考虑，假设每一笔贷款的违约概率都是很小、在一定时期内固定不变而且相互独立的，这样的假设导致了对风险的低估。但是，CreditRisk+基本模型可以在期限等方面进行扩展。在多期的CreditRisk+模型中，违约概率是波动的，而且其波动性是由宏观经济因素引起的。根据这一假设，可以得出债务人间的违约相关系数以及贷款组合的违约损失概率生成函数，然后通过Panjer递归算法就可以计算出组合的损失分布。

多期CreditRisk+模型还从多个角度得到了改进。Michael B.Gordy（2000）提出用鞍点逼近法来改进CreditRisk+模型的计算。Giese（2003）

提出了复合 Gamma CreditRisk+模型，并证明了复合 Gamma CreditRisk+模型能有效减少 CreditRisk+模型的计算误差。但是，复合 Gamma CreditRisk+模型要求各个行业风险因子之间的协方差相等，这不符合现实情况，所以 Amogh Deshpande 和 Srikanth K. lyer（2009）提出了两阶段 CreditRisk+模型，放宽了复合 Gamma CreditRisk+模型的假设，引入了一个系统性风险因子，而将各个行业的风险因子都表示为这个系统风险因子的线性组合，然后就可以对信贷资产组合的损失分布进行测算。两阶段 CreditRisk+模型虽然放宽了复合 Gamma CreditRisk+模型的假设，但是其行业因子就是由系统性风险因子唯一决定的，因此忽略了各个行业内部的特性。Vandendorpe（2008）对多期 CreditRisk+模型中系统风险因子系数的估计提出了改进的方法。

二、系统性风险的实证研究

国外也有大量的学者致力于通过实证分析探索宏观经济波动对信用风险的影响，即开展系统性风险的实证研究。

Wilson（1997）较早对商业银行信用风险和经济周期的关系进行研究，发现信用风险受到经济周期的显著影响，特别是违约率呈现出显著的周期性变化的特征。Frye（2000），Andre Lucas 等（2003），Carey 和 Gordy（2004），Edward Altman（2005）等学者的研究也都证明了经济收缩期与经济扩张期的违约率存在明显不同。Grouhy、Galai 和 Mark（2001）的研究进一步揭示了经济周期对 PD 的影响具有一定程度上的非对称性，即 PD 在经济下行阶段会出现明显的上升，但是在经济下行阶段并不会显著下降。这说明经济衰退可以使许多处于违约边缘的企业最终出现违约，导致 PD 显著上升；但是在经济繁荣并不会给企业的信用质量带来普遍的提升，还需要企业自身因素的改善，因此经济繁荣不能降低这些企业的 PD。

不少学者侧重于从信用等级迁移的角度转移研究经济周期对信用风险的影响。Pamela Nickell 等（2000）把经济周期被分为顶峰、正常和低谷三种情景，然后度量了债券信用等级在不同的经济阶段的迁移概率。研究发现：①债券信用等级向下迁移的概率总体上受经济周期的影响，当经济处于低谷时债券信用等级下降的概率要大于经济处于顶峰的情形。例如，AAA 级债券降为 AA 级的概率在经济顶峰阶段为 7.4%，但是在经济低谷阶段则攀升至10%。其他等级的债券也有同样的规律。②债券的信用等级越高，其稳定性就越好，受经济周期的影响相对较小，如在经济衰退时出现向下迁移的概率总体上小于较低信用等级的债券；信用等级较低的债券受经济周期的影响则较为明显。Dimitrios Kavvathas（2001）则是以持续期模型（Duration Model）为基础，利用宏观经济指标来计量债务人在经济周期不同阶段的信用等级迁移概率。研究结果发现债务人信用等级迁移概率在经济周期的不同阶段有较明显的差异。Anil Bangia 等（2002）依据KMV模型基本原理，对美国1959~1998年的宏观经济周期与债券发行人信用等级变化之间的关系进行实证研究，也得到相似的结论。实证结果证明债券发行人的信用等级下降或者违约的比率跟经济周期有密切的关系，其中在经济衰退阶段债券发行人出现信用等级下降或者违约的比率明显高于在经济繁荣阶段。这一规律对于信用等级较低的债券发行人更为明显，说明信用等级低的债务人抵御宏观经济冲击的能力相对更弱。

也有学者从信用周期的角度来研究商业银行信用风险的周期性变化（Siem Jan Koopman、Andre Lucas 和 Pieter Klaassen，2002）。因为信用周期是跟随经济周期的波动而波动的，所以Siem等实质上是把信用周期作为经济周期与商业银行信用风险的周期性变化之间的桥梁，勾勒出宏观经济影响商业银行信用风险的轨迹。他们还进一步研究了银行在经济周期不同阶段的资本需求，因为商业银行的信用风险是随经济周期变化的，所以资本要求也相应地呈现周期性变化。

此次全球金融危机让学者对监管资本顺周期性问题有了更深刻的认识。监管资本的顺周期性会加大宏观经济的周期性波动，引起理论和实务界的高度关注（IMF，2009；FSA，2009）。资本监管的顺周期性与风险敏感度高度相关，《巴塞尔新资本协议》下的监管资本具有更高的敏感度，所以也就有更强的顺周期性（Saurina 和 Trucharte，2006；Panetta 等，2009；FSF，2009）。在此次金融危机当中，监管资本的顺周期性成为经济周期波动的重要因素（Jean-charles Rochet，2008；BCBS，2008，2009；Brunnermeier，2009，Emilios，2009）。所以，在监管资本顺周期性的作用下，经济周期和银行信用风险之间的关系不再是单向的，而是形成一种循环的作用关系。

第二节 国内的系统性风险管理研究进展

在我国,商业银行的系统性风险管理研究正处于学习、发展阶段。梁世栋(2002),管七海、冯宗宪(2004),曹道胜、何明升(2006),章政等(2006),谢赤、徐国叚(2006)等介绍和比较了国外较为成熟的信用风险度量模型如单因素模型、CreditMetrics 模型和 CPV 模型等,并分析了这些模型在我国的应用问题。同时,也有不少学者根据我国宏观经济、行业、地区和企业所有制结构的实际情况,对国外的信用风险度量模型进行扩展,或者提出更好的应用方法。

从行业角度考察系统性风险因子对信用风险的影响是一个主要的研究方向。肖北溟(2004)以行业信贷风险指标为中介,构建了宏微观分析相结合的信贷风险预测模型。建模的主要工作包括:首先选择反映行业信贷风险的指标与反映宏观经济变化的指标;其次确定这两个指标之间的关联函数;再次依据关联函数和宏观经济指标预测值,计算行业信贷风险调整系数;最后根据行业信贷风险调整系数预测企业信贷风险。莫易娴、周好文(2006)计算了我国产业集群的违约概率,然后利用麦肯锡公司提出的 CPV 模型进行一系列的运算以校验违约概率,最后分析我国产业集群违约概率值的特点。张宗益、胡纯(2006)进行了基于行业分类的商业银行信用风险度量,通过在信用风险度量模型中加入行业变量,验证了贷款企业处于不同的行业会对其违约概率有显著影响,加入行业变量可以提高模型预测的准确度。靳凤菊(2007)基于 CPV 模型,对房地产信贷风险进行了度量与预测。结果表明,该模型在度量和预测房地产信贷违约率方面具有较好的效果。彭建刚等建立了基于行业特性的多元系统风险因子 CreditRisk+模型,实现了对信用风险的行业相关性的精确度量(彭建刚、吕志华,2009);并根据我国的商业银行的实际情况建立基于加权频带划分的 CreditRisk+模型,在减少工作量的同时提高了模型的计算精度(彭建刚、张丽寒,2008)。

从地区角度研究考察系统性风险因子对信用风险的影响的相关文献相对较少,主要有张文锋(2007)参照 A.M.Best 对国家风险评级的定义,提

第二章 商业银行系统性风险管理研究进展

出了地区评级的概念,分析了在商业银行信贷风险控制中,开展地区评级具有其必要性和重要性。他通过因子分析、层次分析和聚类分析方法确定了地区评级指标体系和各指标权重,构建了地区评级模型。

也有学者综合研究行业、地区和所有制因素对信用风险的影响。管七海(2005)提出了多维度的信用风险模型,设计了包括信用等级违约率、行业违约率、地区违约率、规模违约率、所有制违约率及企业违约频率六个违约率指标的信用风险模型,并利用全国跨银行的贷款企业数据库对该模型进行实证分析,表明我国短期贷款的违约率在不同行业、不同地区、不同规模和不同所有制之间存在显著差异性。贾海涛、邱长溶(2009)研究宏观因素对贷款企业违约率的影响,采用某国有商业银行信贷台账系统的短期贷款企业数据,分析企业贷款违约的行业、地区和所有制性质分布,发现违约率具有较明显的行业特征、地区特征和所有制性质特征。他们进一步选取各地区GDP增长率、失业率、财政支出、消费指数、人力资本、总储蓄率六个指标作为宏观因素变量,对它们与各地区企业违约率之间的相关关系进行实证分析,结果显示GDP增长率、财政支出、失业率与违约率呈负相关关系,居民消费价格指数、人力资本与违约率呈正相关关系,而总储蓄率对违约率并没有产生显著影响。

第三节 研究述评

国内外学者在基于系统性风险因子的商业银行信用风险度量方面已经进行了较长期的研究,并积累了较丰富的研究成果,但还有几个方面需要更深入的研究:

(1)针对商业银行系统性风险的经济学分析还有待加强。大量的研究文献致力于通过实证分析,寻找信用风险基本要素随经济周期波动的统计学或者计量经济学规律,但是理论层面的关于系统性风险因子影响商业银行信用风险的经济学分析则还不够深入。因此,将经济学分析和信用风险度量技术相结合是一个重要的研究方向。

(2)对影响商业银行信用风险的系统性风险因子需要更全面的研究。现有文献主要集中于研究经济周期与商业银行信用风险的关系,更多的是强调经济周期风险。我国正处于经济转型的历史阶段，而经济转型因子也对我国商业银行的信用风险有重要影响。所以，我国商业银行在信用风险度量当中考虑的系统性风险因子除了经济周期之外，还要包括经济转型因子。

（3）虽然现有研究已经普遍认识到宏观经济对商业银行信用风险的影响，但如何运用系统性风险因子来进行信用风险度量，提高对风险的预测能力则还需要更深入的研究。在我国商业银行的信用风险度量当中，更多的是采用定性分析或者较简单的打分的方法来评估宏观经济对信用风险的影响，这可能会带来主观性较强的问题。所以，一个重要的研究方向是更科学地将系统性风险因子引入信用风险度量模型当中，实现更精确的模型化的度量。

第三章　商业银行系统性风险管理理论分析

研究我国商业银行的系统性风险管理问题，首先要从理论层面对系统性风险的定义、特性、管理方法等进行梳理，以及对系统性风险的经济根源问题进行探索，并对比分析国际上主要系统性风险度量模型的基本原理。本章将从最基本的概念入手，构建商业银行系统性风险管理问题的理论框架，作为进一步深入研究的基础。

第一节　系统性风险的基本内涵

系统性风险是一个意义宽泛的名词，无论是市场风险还是信用风险都包含有系统性风险，本书只针对信用风险当中的系统性风险进行研究。贷款的系统性风险并不是一个基础概念，而要以信用风险、风险分散效应和风险贡献等概念为基础，所以本书将通过对这些概念的诠释，逐步深入地剖析贷款系统性风险的真实含义。

一、信用风险的基本要素

信用风险可以定义如下：由于合约另一方未履行合约订立的义务而导致债权人发生经济损失的可能性。其中，"未履行合约订立的义务"又包含有两层含义：一是交易对手出现违约；二是交易对手的信用等级或者履约能力下降，影响合约的履行。本书研究的商业银行信用风险是指由于借款人违约导致信贷资产不能按期收回本息而给银行带来损失的可能性。

信用风险的主要基本要素包括：违约概率（Probability of Default，PD）、违约风险暴露（Exposure at Default，EAD）、违约损失率（Loss Given Default，LGD）和期限、违约相关性等，其中前面三个是最主要的要素。与这三个基本要素有密切关系的一个概念是违约，明确违约的定义对于深刻理解信用风险是十分重要的。

1. 违约

根据《巴塞尔新资本协议》，如果债务人存在以下情况中之一种，就可认为债务人出现违约：

（1）银行如果不采取抵质押物变现等追偿措施，将不能全额追回债务。

（2）债务人的债务出现逾期未还超过90天，其中如果债务超过了规定的透支额度，透支额也被视为逾期。

《巴塞尔新资本协议》还具体列举了可以界定为违约的多种具体情况，包括银行计提了贷款损失拨备、对贷款实施了冲销、将债务人列入破产状态、债务人处于破产保护状态等，较为全面地涵盖了违约的各种情况，也是各国商业银行普遍遵循或者主要参考的标准。

2. 违约概率

在以上分析基础上可以给出违约概率的定义：借款人在未来一定时期内不能按合同要求偿还银行贷款本息或履行相关义务的可能性。违约概率是商业银行量化信用风险的关键参数和指标之一。要把握违约概率的确切含义，还需要区分历史违约概率、条件违约概率和无条件违约概率的差别。

历史违约概率是根据历史的违约数据统计出来的违约概率，如标准普尔公司使用15年的公司评级历史数据，首先统计每个信用等级内债务人在一年当中出现违约的个数，然后用违约个数与债务人总数的百分比来表示年度违约率。

条件违约概率是指在给定情景下债务人的违约概率。例如，一笔贷款的借款人，在经济萧条阶段的违约概率为3%，在经济复苏阶段的违约概率为2%，而在经济繁荣阶段的违约概率为1%，则条件违约概率分别是3%、2%和1%。

无条件违约概率是在所有情景下的条件违约概率的加权平均值。假设上例中经济出现萧条、复苏和繁荣的概率分别是25%、50%和25%，则无条件违约概率 P = 3% × 25% + 2% × 50% + 1% × 25% = 2%。

在银行信用风险度量实务当中，需要根据不同的目的计算不同的违约概率。

3. 违约风险暴露

借款人发生违约仅是银行贷款出现损失的必要条件而不是充分条件，因为银行贷款在经过风险缓释处理之后不一定都暴露在违约风险之中，这就涉及信用风险的另外一个基本要素：违约风险暴露，是指在违约时不考虑回收的情况下的受险金额（Account at Risk）。

银行不同的信贷业务所面临的违约风险暴露是不一样的，而且受风险缓释手段（抵押、质押、保证等）的影响比较大。《巴塞尔新资本协议》对违约风险暴露提出了详细的计算方法，其中公司贷款经过缓释风险后的违约暴露计算公式如下

$$E^* = \max\{0, [E \times (1 + H_e) - C \times (1 - H_c - Hf_x)]\} \quad (3-1)$$

式中，E^* 为风险缓释后的暴露价值；E 为暴露的当前价值；H_e 为适合暴露的折扣率（Haircut）；C 为已收到抵质押品的现值；H_c 为适合抵质押品的折扣率；Hf_x 为抵质押品与暴露不匹配的折扣率。其中，折扣率 H 是考虑到暴露于抵质押品价值的不确定性而由监管当局或银行内部设定的参数，下标的 e 和 c 分别代表暴露和抵押品。

4. 违约损失率

违约损失率是信用风险度量的另一个核心变量。当借款人发生违约时，银行有可能回收部分或者全部资金，不能回收的部分就是银行要承担的损失。这部分损失与违约风险暴露的比率就是违约损失率。银行贷款 LGD 的决定因素一般包括如下四个方面：

第一，LGD 最重要的决定因素是债务的优先等级。例如，优先级和次级债务在破产清算时的还款顺序是不一样的，LGD 肯定不一样。

第二，抵质押品的存在与否，及抵质押品的类型、抵押率等。除了传统抵押品外，国际先进银行还通过金融创新发展更有效的防范或转嫁违约损失的方法，如信用衍生工具等。这些方法被《巴塞尔新资本协议》统称为风险缓释技术，并通过赋予不同的 LGD，将数据纳入到《巴塞尔新资本协议》的监管框架中去。

第三，宏观经济周期。Edward、Brady 和 Sironi（2005）等学者的研究都显示，经济体系中代表经济周期性变化的总体违约率与 LGD 呈显著的负相关关系。穆迪的研究也表明，LGD 在经济低迷时期会显著升高，甚至可以升高 1/3。

第四，行业因素。债务人所属行业对 LGD 有一定影响，在其他因素相同的情况下，不同行业的债务人往往有不同的 LGD 特征，如资本密集型行业的公司的 LGD 往往比服务业公司的 LGD 低。

首先是根据穆迪 2000~2002 年 LGD 研究成果，债务偿还的优先等级、抵质押品以及其他风险缓释手段等因素对 LGD 的影响贡献度最高，占到 35%~40%；其次是系统性风险因素为 25%~30%；再次是行业因素为 20% 左右；最后是公司财务杠杠、信用评级等因素，仅为 10%~15%。①

二、信用风险的损失分类

商业银行信用风险带来的损失可以分为预期损失（Expect Loss，EL）、非预期损失（Unexpected Loss，UL）和极端损失三部分。预期损失是信用风险损失分布的数学期望；非预期损失是指在设定容忍度下，最大损失值超过预期损失的那部分损失，或者说是损失的波动性，用损失的标准差来表示；极端损失则是超过设定容忍度下的最大损失值的那部分损失。根据以上对信用风险要素的分析，可以得到预期损失的表达式：

$$EL = PD \times EAD \times LGD \tag{3-2}$$

而非预期损失的表达式如下

$$UL = EAD \times \sqrt{PD \times \sigma_{LGD}^2 + LGD^2 \times \sigma_{PD}^2} \tag{3-3}$$

式（3-2）和式（3-3）的推导见附录 B。式（3-3）表明非预期损失除了取决于违约概率、违约风险暴露和违约损失率三大参数之外，还取决于违约概率和违约损失率的方差。

预期损失代表大量贷款在统计期内的平均损失，是银行已经预计要承担的损失，因此是银行贷款业务必须考虑的成本，通常通过计提损失准备金或者风险定价来弥补。非预期损失是因宏观经济环境或者市场波动造成的信用风险损失偏离预期损失的幅度，所以对非预期损失的度量和管理比较复杂，是现代信用风险度量研究最关注的对象。非预期损失应该用资本弥补，《巴塞尔新资本协议》所要求计量的监管资本以及在国际银行业普遍应用的经济资本管理都很好地体现了这一思想。

---

① 武剑：《商业银行经济资本配置与管理——全面风险管理之核心工具》，中国金融出版社 2009 年版，第 87 页。

非预期损失和极端损失之间的区别主要是根据设定的容忍度来划分。在零容忍度下，非预期损失就包括了极端损失，所以在理论分析过程中可以把极端损失包括在非预期损失当中（虽然商业银行对非预期损失与极端损失的计量方法和控制手段可以有较大差异）。严重的金融危机或者经济危机（如美国次贷危机）往往会使商业银行出现极端损失。所以，本书为了在一个统一的框架下研究系统性风险因子对商业银行信用风险的影响，在理论分析当中不对非预期损失和极端损失作严格的区分。

三、信用风险的组合分散效应

上面对信用风险的诠释和计算是在单笔贷款层面的，而不是在贷款组合层面。如果把信用风险分为特异风险和系统性风险的话，对于单笔贷款而言，特异风险和系统性风险一般只有风险来源的不同而没有风险度量方面的差异；但是在贷款组合层面，由于风险分散效应的存在，特异风险和系统性风险的度量就产生了较大的差异。也正因如此，才突出了系统性风险在贷款组合风险度量方面的特殊意义。

下面通过数学推导来说明贷款组合的风险分散效应。

假设在分析期 T 内，有一个贷款组合 P，由 $i = 1, 2, \cdots, n$ 笔贷款组成，这两笔贷款的预期损失、非预期损失、违约概率、违约风险暴露、违约损失率分别为 EL_i、UL_i、PD_i、EAD_i、LGD_i，其中 $i = 1, 2, \cdots, n$。很容易可以得到贷款组合的预期损失等于各笔贷款的预期损失之和，即

$$EL_p = EL_1 + EL_2 + \cdots + EL_n \tag{3-4}$$

但是贷款组合的非预期损失 UL_p 的表达式则需要经过数学推导。

由附录 B 可以知道，在分析期末某单笔贷款价值 $V_{iT}(i = 1, 2, \cdots, n)$ 的方差为

$$\begin{aligned} var(V_{iT}) &= E[V_{iT}^2] - E[V_{iT}]^2 \\ &= EAD_i^2 \times (PD_i \times \sigma_{LGD_i}^2 + LGD_i^2 \times \sigma_{PD_i}^2) \end{aligned} \tag{3-5}$$

由此可以得到组合中单笔贷款的非预期损失表达式

$$UL_i = EAD_i \times \sqrt{PD_i \times \sigma_{LGD_i}^2 + LGD_i^2 \times \sigma_{PD_i}^2} \tag{3-6}$$

贷款组合的期末价值为各笔贷款价值的加权平均和 $\sum_{i=1}^{n} \omega_i V_i$（$\omega_i$ 为贷款

在贷款组合中的权重），其方差为

$$\text{Var}\left(\sum_{i=1}^{n}\omega_i V_i\right) = E\left[\left(\sum_{i=1}^{n}\omega_i V_i\right)^2\right] - E^2\left[\sum_{i=1}^{n}\omega_i V_i\right] \tag{3-7}$$

式（3-7）中的期望表达式 E(*)很容易通过累计求和的方式计算出来，这样可得出资产价值变动的标准差，即

$$UL_P = \sqrt{\text{Var}\left(\sum_{i=1}^{n}\omega_i V_i\right)} = \left(\sum_{i=1}^{n}\sum_{j=1}^{n}\omega_i\omega_j\rho_{ij}UL_i UL_j\right)^{\frac{1}{2}} \tag{3-8}$$

其中，$\sum_{i=1}^{n}\omega_i = 1$，并且有

$$\omega_i = \frac{EAD_i}{\sum_{i=1}^{n} EAD_i} = \frac{EAD_i}{EAD_P} \tag{3-9}$$

ρ_{ij} 为贷款 i 和 j 之间的违约相关系数。要注意的是，式（3-7）是通过使用加权平均数进行计算的，而式（3-8）中计算的贷款组合非预期损失 UL_P 是以其占贷款组合调整的风险暴露 EAD_P 的百分比为单位进行度量的，即 UL_P/EAD_P。为了使单位保持一致，实际中使用的公式可以由式（3-8）推出

$$UL_P = \left(\sum_{i=1}^{n}\sum_{j=1}^{n}\rho_{ij}UL_i UL_j\right)^{\frac{1}{2}} \tag{3-10}$$

由方程式（3-10）可知

$$UL_P \neq \sum_i UL_i \tag{3-11}$$

说明贷款组合的非预期损失并不等于组合中单笔贷款非预期损失之和，组合的风险分散化作用就是使得组合的非预期损失小于每个贷款非预期损失之和。下面以一个简单的例子来对组合的风险分散化效应进行说明。假设方程式（3-11）中 i = 1，2；j = 1，2，则有

$$\begin{aligned} UL_P &= \left(\sum_{i=1}^{2}\sum_{j=1}^{2}\rho_{ij}UL_i UL_j\right)^{\frac{1}{2}} \\ &= (UL_1 UL_1 + \rho_{12}UL_1 UL_2 + \rho_{21}UL_2 UL_1 + UL_2 UL_2)^{\frac{1}{2}} \\ &= (UL_1^2 + 2\rho_{12}UL_1 UL_2 + UL_2^2)^{\frac{1}{2}} \leqslant UL_1 + UL_2 \end{aligned} \tag{3-12}$$

只有当 $\rho_{12}=1$ 时，等号才成立。由于违约相关系数 ρ_{ij} 的值通常是小于1，而且当组合当中贷款的笔数越多，分散化效应就越显著，所以组合的非预期损失通常是远小于每个贷款非预期损失之和，这就是组合的风险分散效应。

四、风险贡献与系统性风险

风险分散效应就是把贷款组合中单笔贷款的风险部分地分散掉，而只保留部分风险。这被保留下来的风险就是单笔贷款对贷款组合的风险贡献（Risk Contribution，RC）。在数学上，是把风险贡献定义为贷款组合的非预期损失对贷款 i 的非预期损失的偏微分，表达式如下

$$RC_i = UL_i \frac{\partial UL_P}{\partial UL_i} \tag{3-13}$$

将方程式（3-12）代入式（3-13）得

$$RC_i = UL_i \times \frac{1}{2UL_P}\left(2UL_i + 2\sum_{j\neq 1}\rho_{ij}UL_j\right)$$

$$= \frac{UL_i \cdot \sum_j \rho_{ij}UL_j}{UL_P} \tag{3-14}$$

从式（3-14）可以看到，风险贡献的数学表达式和它的经济学含义是内在一致的。

对于贷款组合中的单笔贷款而言，其非预期损失就可以分为被分散掉的风险和风险贡献两部分，而风险贡献又可以再分为可分散风险和不可分散风险两部分。其中，可分散风险是指可以分散但是因为组合未达到最优而未被分散掉的非预期损失，而不可分散风险则是即使由分类最广泛的贷款组合也无法被分散掉的非预期损失，即本书所研究的系统性风险。它们的关系如图 3-1 所示。

从上文的分析可以看出，对系统性风险的界定是和组合的风险分散效应、风险贡献联系在一起的。单笔贷款的非预期损失可以通过风险分散效应得到其在组合中的风险贡献，而风险贡献又可以通过进一步的细分得到系统性风险。

通过以上对系统性风险的导出过程，可以得到本书研究的系统性风险与各个相关概念的关系如图 3-2 所示。

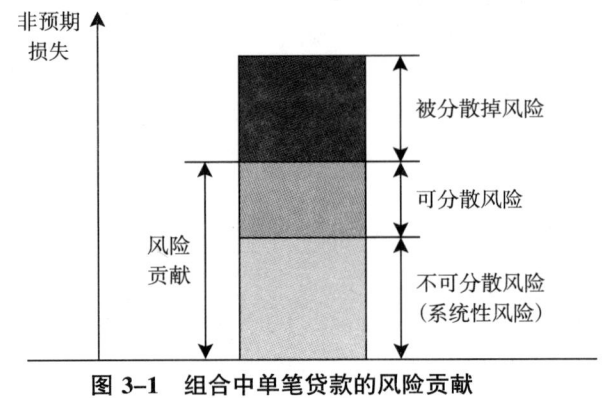

图 3-1 组合中单笔贷款的风险贡献

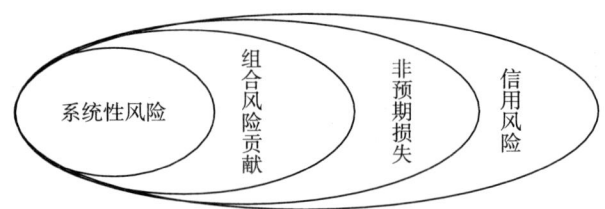

图 3-2 商业银行系统性风险关系

上面是从风险度量的角度对系统性风险的定义，反映的仅仅是系统性风险"不可分散"的特征。从经济学的角度，则是根据风险因素的不同把风险划分为特异风险和系统性风险，其中特异风险是由债务人的自身特殊因素造成的，因为不同债务人的风险因素不一样，所以可以在组合中被分散掉；系统性风险则是由所有债务人共同的因素造成的，如经济增长、国家宏观经济政策、法律法规等，因为这些因素对于所有债务人的风险影响都是一致的，所以无法在组合中被分散掉。根据经济学定义，可以把特异风险、系统性风险和贷款在组合中的风险构成一一对应起来，如图 3-3 所示。当然，这种对应关系只是一般性的对应，不一定满足精确度的要求，只是有助于对系统性风险概念的理解。

根据系统性风险的经济学定义，也可以引申出一个相关概念：系统性风险因子。系统性风险因子就是对组合中所有债务人的信用风险都有影响的系统性因素，是组合中所有贷款的风险来源。系统性风险因子就存在于引起系统性风险的宏观经济因素之中。

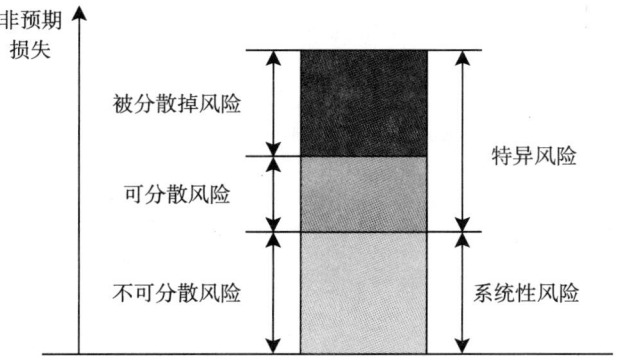

图 3-3 组合中单笔贷款的特异风险与系统性风险

第二节 系统性风险的理论分析

一、基于经济周期的系统性风险理论分析

现代信用风险理论主要是建立在统计学、计量经济学等基础学科以及精算学、期权定价理论等微观金融学理论的基础之上，不能为经济周期因子影响商业银行信用风险的研究提供理论基础。金融脆弱理论是以经济周期为背景来探讨金融脆弱性的根源，分析了在经济周期环境下金融风险的生成机制，因此可以作为研究基于经济周期的商业银行系统性风险理论。

1. 明斯基的"金融脆弱"理论

金融脆弱性（Financial Fragility）可以从狭义和广义两个层面进行定义。狭义的金融脆弱性是指金融业高负债经营的行业特点决定的更易失败的本性，有时也称之为"金融内在脆弱性"；广义的金融脆弱性则是指一种趋于高风险的金融状态，泛指一切融资领域中的风险集聚，包括信贷融资和金融市场融资。本书主要关注信贷融资方面的金融脆弱性。

海曼·明斯基（Hyman P Minsky，1982）较早对金融内在脆弱性问题作了系统阐述，形成了"金融脆弱性"假说。明斯基十分强调经济周期对金融脆弱性的作用，他的分析就是以资本主义繁荣与萧条长波理论（50 年经济周期）为基础的。他首先将借款企业依据风险从低到高分为抵补性企业（Hedge-Financed Firm）、投机性企业（Speculative-Financed Firm）和庞氏企业（Ponzi Firm）三类，然后分析在经济上行阶段，这三类企业如何利用信贷条件的放松进行积极的借款，并导致风险的不断累积。

在经济尚处于低谷或者在一个新的经济增长周期刚开始的时候，投机性企业和庞氏企业的预期收入均不明朗，只有抵补性企业的风险较低，能满足银行信贷的要求，所以银行发放贷款的企业绝大多数都属于抵补性企业。随着经济的进一步复苏，企业预期收入普遍上升，投机性企业和庞氏企业也先后达到银行的信贷门槛，这两类企业也向银行提出贷款申请，所以投机性企业和庞氏企业也逐渐成为银行的借款企业。随着经济的繁荣，银行借款企业中高风险企业的比重越来越大，而低风险企业的比重却越来越小。对于企业整体来说，债务水平不断提高，占收入的比重也越来越大。但是经济的繁荣难以长久持续而必然会出现下滑。通货膨胀、财政赤字、国际收支不平衡等因素或者政府的加息、增税等行为都可能会改变经济繁荣的态势。首先高风险企业就会受到经济波动的影响而出现违约。银行为了应对经济反转和违约概率的上升，会收缩银根和提高利率，减少信贷资金继续流向企业。这又进一步影响企业的生产能力和降低企业的预期收入，迫使更多的企业出现违约。企业违约的增加最终导致银行的破产，如果银行破产进一步蔓延，就会引发金融危机。

明斯基的理论是系统涵盖了银行、企业和经济周期三大因素。明斯基认为银行具有天然的内在脆弱性；不同的企业有不同的负债倾向和风险特性，而经济周期的存在使得高风险类型的企业可以在经济繁荣时期拥有较高的预期收入，从而获得银行贷款，却在经济衰退时期实际收入下降，出现违约，最终使银行内在的脆弱性暴露出来。所以，在明斯基的理论当中经济周期是金融脆弱性的重要现实根源。

2. 克瑞格的"安全边界"理论

克瑞格（Kregal, 1997）则通过引入"安全边界"（Margins of Safety）的概念来提出解释。银行在提供信贷时，为了防止贷款违约给自己造成损失，需要寻求一种保护手段以保证银行在一定范围内不受损失，这个范围就是银行的安全边界。贷款利率就是最重要的保护手段之一。

银行希望安全边界越大越好，而借款企业则刚好相反。因为银行和借款企业之间存在信息不对称，对企业提供的贷款项目预期收入和风险信息并不信任，但同时又不能比别人更好地把握未来市场状况，因此银行的信贷决策往往是遵循摩根规则（JP Morgan Rule），即根据借款企业的信用历史来确定贷款的风险大小。这样贷款的违约概率主要由借款企业过去的信用记录来决定。

在经济扩张阶段，企业的信用状况得到改善，所以有良好信用记录的借款人越来越多。这样，过去不能获得贷款的企业现在也能获得贷款，而银行能接受的安全边界也越来越低。在经济衰退阶段则相反，银行提出的安全边界越来越高。另外，企业也经历相似的投资决策过程。企业只有预期项目能产生足够的多收入来偿还本息，才会向银行贷款来投资项目。在经济衰退和萧条阶段，银行提出的安全边界较高，只有好项目才能得到投资；在经济复苏和繁荣阶段，银行的安全边界逐渐降低，使得差项目也能获得融资。这样商业银行的信用风险就始终跟随经济周期波动。

二、基于经济转型的系统性风险理论分析

关于经济转型对商业银行信用风险的影响，无论是信用风险理论还是经济转型的相关理论都还没有相关的解释，但是我国有不少学者从各个角度深入研究了经济转型与银行不良贷款的关系，本书将以此为基础进行理论分析。

要考察影响商业银行风险的经济转型因子，首先要从理论上解决两个问题：第一，我国已经进行的经济转型是否对商业银行信用风险产生了重要影响；第二，我国经济转型是否会继续深入进行并影响商业银行信用风险。

对于第一个问题，首先要从理论上阐释我国经济转型的内涵，然后分析经济转型对商业银行信用风险的影响。我国从20世纪70年代末开始的经济转型，目标是建立社会主义市场经济体制，即是在坚持社会主义制度的前提下建立现代化的市场经济体制。社会主义市场经济的具体形态在理论上还没有统一的界定标准，但可以明确的是，社会主义市场经济具有两个方面的规定性特征：一是市场经济的一般共性，即市场对资源配置发挥基础性作用；二是社会主义制度本身的特性，在所有制结构上以公有制为主体，多种所有制经济共同发展。

我国经济转型与东欧国家的经济转轨有着重大差别，主要体现在我国

经济转型始终坚持社会主义制度，并且是典型的渐进式改革，即按照先易后难的顺序分阶段地进行。在行业方面，首先是农业，然后是对外贸易产业，接着是工业和投资领域，再到金融及其他领域；在区域方面，也是先在沿海地区进行试点，成立经济特区，然后扩展到沿海经济开发区、沿江经济开发区，再在全国范围内推广。我国在改革开放之初并没有大规模推行国有企业的私有化改革，而是鼓励发展多种所有制经济，让体制外的经济形态得以成长，形成对国有企业的补充，进而对国有经济形成竞争环境，从而促使国有企业改革和提高效率。在不削弱公有制经济地位的前提下，非公有制经济获得了长足发展；非公有制经济的发展又反过来促进公有制经济的改革与发展，从而形成一种良性循环。经过30多年的发展和改革，中国取得了举世瞩目的经济成就，我国的经济转型没有导致国民经济的衰退，反而可以维持较长时间的经济高速增长。我国经济转型与东欧国家经济转轨的重大差别也决定了在研究经济转型对银行信用风险影响时不能照搬东欧国家的研究结论，而要以我国的实际情况为基础，进行实事求是的分析。

在计划经济中，政府负责对整个国民经济的规划、管理与控制，因此政府掌握着对经济的主导力量；在社会主义市场经济中，则主要由市场规律主导经济的运行，政府是发挥宏观调节的作用。从计划经济向社会主义市场经济的转型意味着我国整个社会、经济的运行机制要进行重大的转变。从微观企业的角度，受到的影响包括产品价格形成机制、企业所有制性质、企业治理结构、市场结构、法律政策环境等，这些方面都对企业的经营效益及至信用状况有着深刻影响。

我国主要的商业性银行机构都是在改革开放以来才成立的，所以我国商业银行的信用风险大体上是在经济转型的进程当中逐渐积累的。经济转型一方面表现为对旧有制度的破坏，改革的成本可以表现为落后企业的破产倒闭，风险向银行积累就形成了不良贷款；另一方面表现为新制度的建立，改革的收益就是企业的重生或者新兴企业的发展，对于银行而言则是贷款质量的提高和信用风险的降低。更重要的是，这一转型过程是在短短几十年时间里完成的，而不是长期而缓慢的过程，因此对企业的影响是较为迅速和显著的。所以，对于我国商业银行信用风险管理者来说，经济转型因素就不再是静态变量而应该是动态的，在信用风险度量中必须加以考虑。

从我国经济转型的实践来看，对商业银行信用风险的影响是十分广泛和深刻的，可从以下几个方面进行解释：

第一，我国经济转型过程中，资本市场也正处于发展的初级阶段，整体融资结构以间接融资为主也是商业银行信用风险集聚的基础条件。银行中介是中国实现高储蓄向高投资转化的关键途径，并拉动了GDP的高增长，但是资源配置的低效率导致了大量资金的浪费，高成本低效率的增长使银行系统的不良资产进一步积累起来（吴敬琏，2004）。根据吴敬琏的观点，股票市场、债券市场的发展以及资源配置效率的提高将有助于商业银行信用风险的化解。

第二，国有企业在改革之前普遍存在的预算软约束也是银行出现巨额不良贷款的重要制度基础。国有企业因为政策性负担而导致预算软约束，而银行贷款就是政府向国有企业提供补贴的重要形式（林毅夫、李志赟，2004）。中国的绝大多数国有企业在20世纪80年代都面临着资金严重不足的问题，都是依靠信贷资金维持运营的。这实际上是银行承担了财政部的角色，为国有企业提供运营资金。因为不用投入本金进行经营，所以国有企业倾向于高风险的业务，而这种广泛存在风险最终向银行转嫁，就形成了银行的信用风险。因此，中国国有企业曾经有过的特殊的运营资金信贷化特征是商业银行信用风险的重要根源。国有企业改革可以使国有企业的预算约束硬化，降低国有企业的违约概率，进而降低商业银行信用风险。

第三，作为我国银行业主体的国有银行自身也存在预算软约束问题，成为银行不良贷款的重要内生因素。国有银行因为承担了补贴国有企业的政策性负担，也会要求政府为此提供补贴，因此也存在预算软约束，所以不良贷款是内生于国有商业银行和国有企业的双重软预算约束（施华强、彭兴韵，2003；施华强，2004）。

第四，政府与银行的关系特别是地方政府对银行的干预是中国银行业不良资产形成的深层原因。王一江、田国强（2004）指出：中国银行业不良资产形成的深层原因是强政府制度安排下特殊的政银关系。江曙霞等（2006）提出地方政府、国有企业与国有银行的三重预算软约束模型，分析了三方共谋贷款扩张的制度机理，解释信贷集中与扩张——预算软约束竞争——银行信贷风险三者之间的内生逻辑。高鹤（2006）则认为，我国商业银行的不良资产具有明显的企业所有制结构特征和地方政府干预色彩，最终根源则是地方政府行为的差异和银行主导型融资结构两方面因素的结合。

第五，中国银行系统的信用风险问题也不仅仅是计划经济遗留的问题，在经济转型过程中也会有各种制度或者政策因素导致商业银行的信用风险。中国银行系统中的不良资产大致有 1/3 是计划经济和改革早期遗留的问题；有 1/3 是经济过热时期的盲目性造成的；另外 1/3 则是 1994 年经济过热得到治理，社会主义市场经济逐渐走向有序的情况下形成的（周小川，2005）。

大量的统计分析以及实证研究也证明了经济体制因素对商业银行信用风险有显著作用。据统计，在 2001~2003 年，发达国家商业银行的不良贷款率处在 0.5%（卢森堡）和 8.4%（日本）的区间，发展中国家商业银行不良贷款率在 5.3%（阿根廷）和 42.9%（泰国）之间，同期亚洲各国和地区的商业银行的不良贷款率在 4.5%（中国香港）和 28.2%（中国）之间，而同期中国国有商业银行不良贷款率在 22.4%~30.5%。对比发现我国商业银行的不良贷款率比发达国家至少高出 20%，也比其他绝大多数发展中国家高 10% 以上。[①] 这部分不良贷款显然无法用经济周期或者行业因素、地域因素来解释。

中国人民银行在 2003 年对我国商业银行不良资产进行的调查也提供了数据支持。人民银行调查的结果显示：由于国有商业银行内部管理原因形成的不良资产仅占全部不良资产的 20%，而由于计划与行政干预而造成企业违约的占 30%，政策上要求国有银行支持国有企业而国有企业违约的占 30% 左右，国家结构性调整的约占 10%，地方干预，包括司法、执法方面对债权人保护不力的约占 10%。[②] 贾海涛、邱长溶（2009）对某国有商业银行内部信贷台账系统 2003~2005 年的短期贷款数据进行分析，发现不同所有制性质的企业的违约率有着显著差异，不良贷款来源中占比最大的是国有企业，然后依次是私营企业、集体企业、股份制企业、三资企业和股份合作制企业（见图 3-4）。以上数据都说明了经济转型对我国商业银行的信用风险有着重要影响。

综上所述，我国商业银行的信用风险和经济转型有着深刻的内在关系，经济转型是影响我国商业银行信用风险的重要因素。

---

① 施华强：《中国国有商业银行不良贷款内生性：一个基于双重软预算约束的分析框架》，《金融研究》2004 年第 6 期。
② 数据来源：中国人民银行网站。

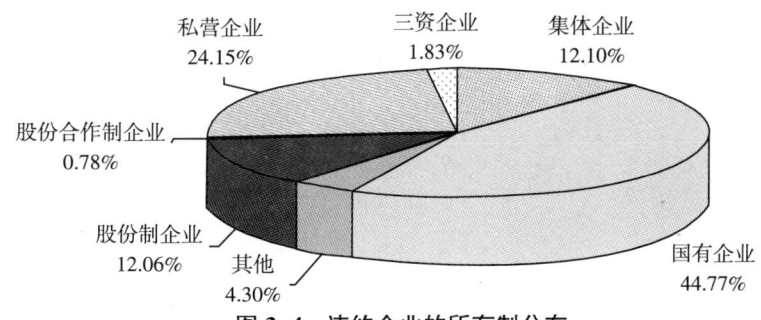

图 3-4 违约企业的所有制分布

数据来源：贾海涛、邱长溶：《宏观因素对贷款企业违约率影响的实证分析》，《现代管理科学》2009 年第 2 期。

对于第二个问题，则需要客观评价我国经济转型已经取得的成就，并分析经济转型是否已经完成，如果尚未完成，在哪些方面还需要进一步的改革。

到目前为止，我国的经济转型已经取得巨大的成就，但是还没有真正完成。为了实现建立社会主义市场经济体制的目标，还需要进一步深化改革。在 2007 年 10 月的中国共产党第十七次代表大会上，胡锦涛主席指出：我国经济发展的阶段性特征是"社会主义市场经济体制初步建立，但是影响发展的体制机制障碍依然存在，改革攻坚面临深层次矛盾和问题"，[①] 也就是说社会主义市场经济体制还没有完全建立，还存在各种体制机制障碍需要消除，还有深层次的矛盾和问题需要解决。在 2013 年 3 月的全国人民代表大会上，新当选的习近平主席、李克强总理也多次强调"改革正进入深水区"。因此，经济转型还有很长的路要走。

胡锦涛同志在论述 2020 年实现全面建成小康社会的奋斗目标时指出："实现未来经济发展目标，关键要在加快转变经济发展方式、完善社会主义市场经济体制方面取得重大进展。"因此，在实现全面建设小康社会的进程当中，经济转型都将是我国社会经济建设的重要内容，包括"完善社会主义市场经济体制，推进各方面体制改革创新，加快重要领域和关键环节改革步伐"等。我国当前经济转型要解决的问题至少包括以下几个方面：

（1）国有企业的经营效益已经大大提高，但是总体的生产效率在一定程度上还是低于非公有制经济，国有企业拥有资金、规模、行政垄断等众

---

① 胡锦涛：《高举中国特色社会主义伟大旗帜为夺取全面建设小康社会新胜利而奋斗——在中国共产党第十七次代表大会上的报告》，2007 年 10 月。

多优势，占据了全国70%左右的资源，但是创造的产值和提供的就业机会却都低于非公有制经济。因此，国有企业还要继续深化改革，特别是大型国有企业要加快公司制改革，实现产权多元化，加快推进垄断行业改革。①

（2）国有银行虽然已经基本完成了股份制改革，预算软约束问题也在很大程度上得到解决，但是日本、韩国的经验显示股份制改革并不能从根本上消除银行的预算软约束（王一江、田国强，2004）。因此，国有银行的产权制度和经营体制还需要有进一步深入的改革。整个金融体系的市场化程度还不高：股票市场、债券市场的发展还不成熟，利率市场化的进程远未完成，金融监管水平有待提高，金融法制建设也亟待加强。金融体系内部的这些问题和矛盾都对银行信用风险有着制度性的影响。国务院于2010年4月28日发布的《关于2010年深化经济转型重点工作的意见》也明确提出把深化金融体制改革作为2010年经济转型的重点任务。

（3）当前的对外开放方式正亟待调整。对外开放作为我国改革开放的重要组成部分，已取得了很大的成就。但是，随着我国经济发展水平的提高，当前粗放型、非均衡的对外开放方式已经不能满足我国经济进一步发展的要求，特别是在美国金融危机的冲击下暴露出不少缺陷。因此，当前的对外开放方式需要适当的调整，包括改变对外需过分依赖的经济结构，强化经济增长的内生基础，推进出口工业的产业升级，减少外向型经济（包括外资企业）对资源的损耗和对环境的破坏，等等。

（4）我国经济转型在产品市场在企业层面已经取得较大的进展，但是生产要素市场改革、收入分配制度改革以及和经济体制相关的行政体制改革等都才刚刚开始，或者还没有触及改革的内核，因此还有十分艰巨的任务。

国务院在2010年4月发布了《关于2010年深化经济转型重点工作的意见》，确定的2010年重点改革任务如表3-1所示。可以看到，国务院公布的2010年经济转型重点任务全部涵括了上述四点当前经济转型尚未完成并且要解决的问题。

综上所述，我国经济转型尚未实现改革目标。正在进行的改革内容包括国有企业的公司制股份制改革、非公有制经济的发展、金融体制改革、对外开放方式等都还没有完成，所以这些改革因素依然会影响商业银行的

---

① 温家宝：《十一届全国人民代表大会政府工作报告》，2010年3月。

第三章 商业银行系统性风险管理理论分析

表 3-1　2010 年我国经济转型重点任务

- 深化国有企业和垄断性行业改革
- 鼓励支持和引导非公有制经济发展
- 深化金融体制改革
- 深化涉外经济转型，加快转变外贸发展方式，促进对外贸易协调可持续发展
- 深化水、电、燃油、天然气等资源性产品价格改革
- 深化收入分配和社会保障制度改革
- 协调推进城乡改革，包括土地管理、户籍制度改革等
- 深化行政管理体制改革，加快转变政府职能
- 深化财税体制改革

信用风险。同时，还有众多新的改革任务需要完成，如资源性产品价格改革、收入分配和社会保障制度改革、城乡土地改革、城乡户籍制度改革、行政管理体制改革以及财税制度改革等，也都会直接影响企业的生产成本、收益以及经营的效率，进而影响银行信用风险。所以，在未来较长一段时期内，经济转型将进一步深化，考察经济转型因子对我国商业银行当前及未来的信用风险度量都有着重要的现实意义。

第三节　系统性风险度量模型的基本原理

系统性风险模型是主流信用风险度量模型的重要类型，即通过确立系统性风险因子与信用风险变量之间的映射关系来度量信用风险。代表性的系统性风险模型有《巴塞尔新资本协议》推荐的单因素模型和麦肯锡公司开发的 CPV 模型（Credit Portfolio View），同时长期 CreditRisk+模型也通过加入系统性风险因子来测算可变的违约概率。下面对这些模型的基本原理进行分析。

一、单因素模型的基本原理

《巴塞尔新资本协议》的核心内容之一是内部评级法，而内部评级法是以单因素模型为基础的，所以单因素模型是较有影响力的用于信用风险

度量的宏观因子模型。单因素模型只考虑违约与不违约两种状态，假设借款人 i 的资产价值用 A_i 表示，其贷款额用 B 表示；如果 A_i 在到期日 T 时低于 B，则借款人出现违约。A_i 的变化是随机的，可用维纳过程来描述

$$dA_i = \mu_i A_i dt + \sigma_i A_i dy_i \tag{3-15}$$

在到期日借款人的资产价值可表示为

$$\log A_i(T) = \log A_i + (\mu - \frac{\sigma_i^2}{2})T + \sigma_i \sqrt{T} \cdot Y_i \tag{3-16}$$

式中，Y_i 是标准正态分布。

借款人 i 的违约概率 PD_i 为

$$PD_i = P[A_i(T) < B] = P[Y_i < c_i] = N(c_i) \tag{3-17}$$

式中，$N(\cdot)$ 是标准正态分布，$c_i = \frac{1}{\sigma\sqrt{T}}(-\log A_{i0} + \log B - \mu T + \frac{1}{2}\sigma^2 T)$

式 (3-17) 相当于：若 $Y_i < N^{-1}(PD_i)$，借款人就会违约。单因素模型进一步假设 Y_i 满足以下等式

$$Y_i = X\sqrt{\rho} + Z_i\sqrt{1-\rho} \tag{3-18}$$

式中，X，Z_i 是独立的标准正态变量，变量 X 是系统风险因子，对组合内所有贷款都有影响，一般是采用经济指数或者 GDP 增长率作为代表；变量 Z_i 则是借款人 i 的特殊风险因素。ρ 是借款人 i 的资产价值与系统风险因子的相关系数，如果 ρ 比较高，则借款人的资产价值和宏观经济具有较强的相关性，受经济波动的影响比较大；如果 ρ 比较低，则借款人的资产价值和宏观经济关系不大，而主要受自身特殊因素的影响。

单因素模型假设组合的规模比较大，暴露为均值而且违约概率相同，则根据大数定理，在已知系统风险因子 X 的情况下，观测到的违约频率 DF 近似地等于它的条件违约概率

$$\begin{aligned}
DF_i &= P[Y_i < N^{-1}(PD_i) | X = x] \\
&= P[\sqrt{\rho}\, x + \sqrt{1-\rho}\, Z_i < N^{-1}(PD_i)] \\
&= P[Z_i < \frac{N^{-1}(PD_i) - \sqrt{\rho}\, x}{\sqrt{1-\rho}}] \\
&= N[\frac{N^{-1}(PD_i) - \sqrt{\rho}\, x}{\sqrt{1-\rho}}]
\end{aligned} \tag{3-19}$$

因此，当系统风险因子 X 给定时，贷款违约概率是

第三章 商业银行系统性风险管理理论分析

$$p_i(X) = N\left(\frac{N^{-1}(PD_i) - \sqrt{\rho}\,X}{\sqrt{1-\rho}}\right) \qquad (3-20)$$

式（3-20）又被称为 Vasicek 条件违约概率公式，因为它是在给定的宏观经济条件下的违约概率。

《巴塞尔新资本协议》在设定监管资本的计量模型时，需要满足组合不变性（Portfolio-Invariant），即对给定贷款的资本要求指依赖于其自身特征，而与其所在组合无关。Gordy（2003）证明了在理想的组合状态下，单因素模型可以满足组合不变性条件，所以巴塞尔委员会把单因素模型引了入内部评级法，作为监管资本的重要计量模型。

二、CPV 模型的基本原理

CPV 模型是由麦肯锡（Mckinsey）公司的 Wilson 提出的，是四大商用模型中直接利用系统性风险因子来模拟条件违约概率的模型。它是直接对条件违约概率或者信用等级转移概率与系统性风险因子之间的关系进行模型化，应用经济计量学和蒙特卡罗模拟来实现模拟联合条件违约概率分布，以及每个国家不同行业中各种信用等级群体的信用等级转移概率。

CPV 模型假设决定违约概率的不是资产价格、经验参数或者随机模拟结果，而是 GDP 增长率、失业率、利率、汇率、政府支出等宏观经济变量。由于系统性信用风险的变化跟随着信贷周期，而信贷周期又跟随着经济周期，所以从信贷组合的角度看，经济状态是决定信用风险的共同因素，是系统性信用风险的最终来源。CPV 模型的原理是基于以下几点关于信用风险的经验观察：

第一，贷款组合的多样化可以有效分散特异风险（Idiosyncratic Risk），但是风险分散作用并非是无限的，不能把全部风险都分散掉。这部分剩余的风险即可称为不可分散风险，或系统性风险。对不可分散风险的度量是贷款组合信用风险度量的主要任务。

第二，信用风险中的不可分散风险主要受宏观经济环境的影响。信用风险的基本要素如违约概率、信用等级迁移概率、违约损失率、风险暴露等也都与宏观经济紧密相关。当经济形势恶化时，违约事件以及信用评级下调的情况都会随之增加；反之，当经济环境改善时，违约事件则随之减少，信用评级上调的情况则会增加。Wilson（1997）采用德国公司 1960~

1994年的数据样本研究了平均违约率和宏观经济形势之间的关系，发现GDP增长率、失业率等宏观经济变量可以解释平均违约率时间序列中变化的90%。

第三，单个宏观经济变量不能解释全部的宏观经济风险，必须采用多个宏观经济变量。Wilson（1997）采用标准普尔、美国、英国、德国以及日本的数据，通过主成分分析研究了相关经济变量对国家平均违约率的解释能力。结果发现，对于汇总后的数据样本，第一个变量能够解释平均违约率全部变化的77.5%；但对于具体国别的数据样本，第一个变量的解释能力差别很大，如只能解释美国数据的23.9%。所以，不同国家的信用风险对不同系统性风险因子的反应是不一样的。Wilson（1997）的经验研究还显示：美国企业的资不抵债比率主要受利率水平的影响，瑞典的造纸业主要受贸易条件的影响，而住房抵押贷款的违约率则主要受住房价格以及地区经济形势的影响。

CPV模型的基本建模策略如图3-5所示。

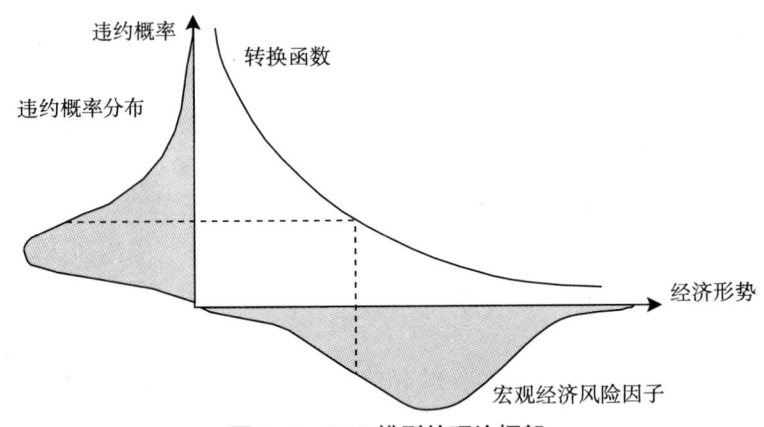

图3-5　CPV模型的理论框架

CPV模型首先是模拟经济状态，然后是通过一个转换函数将该经济状态转换成特定部门的条件违约概率。其中的转换函数是一个多元经济计量模型。由于信贷组合被按类别细分为一个个匀质的组合子集——部门，CPV模型为每一个子组合确定了相应的转换函数，然后通过卷积分（Convolution Integral）模拟整个信贷组合的损失分布。

CPV模型假设债务人在不同时期的违约概率不是固定不变的，而是受到诸如国别、失业率、GDP 增长速度、长期利率水平、汇率、政府支出、总储蓄率、产业等宏观因子的影响,而且假设它们之间的关系可以用 Logistic 函数来描述

$$P_{j,t} = \frac{1}{1 + e^{-Y_{j,t}}} \tag{3-21}$$

式（3-21）中的 $P_{j,t}$ 是 j 国家（或行业）的债务人在时刻 t 的条件违约概率,其值范围是 0~1;而 $Y_{j,t}$ 则是宏观经济指数,由以下多因素模型给出

$$Y_{j,t} = \beta_{j,0} + \beta_{j,1} X_{j,1,t} + \beta_{j,2} X_{j,2,t} + \beta_{j,m} X_{j,m,t} + V_{j,t} \tag{3-22}$$

式（3-22）中 $X_{j,t} = (X_{j,1,t}, X_{j,2,t}, \cdots, X_{j,m,t})$ 是 j 国家在 t 时期的各种宏观经济变量;$\beta_j = (\beta_{j,0}, \cdots, \beta_{j,m})$ 是 j 国家相应地的待估计的参数;$V_{j,t}$ 是独立同分布的误差项,均服从正态分布,并假设它独立于 $X_{j,t}$。

式（3-22）决定了某个特定国家的平均违约概率,其中系统性风险因子由各宏观经济变量表示,而来自特定部门的"干扰"或者"噪声"被包含在误差项中。进一步地,CPV 假设各个宏观经济变量服从单变量的二阶自回归模型 AR(2)

$$X_{j,i,t} = \gamma_{j,i,0} + \gamma_{j,i,1} X_{j,i,t-1} + \gamma_{j,i,2} X_{j,i,t-2} + e_{j,i,t} \tag{3-23}$$

式（3-23）中,$X_{j,i,t-1}$ 和 $X_{j,i,t-2}$ 为宏观经济变量 $X_{j,i,t}$ 的滞后值;$\gamma_j = (\gamma_{j,i,0}, \gamma_{j,i,1}, \gamma_{j,i,2})$ 为待估计的参数;$e_{j,i,t}$ 为假设独立同分布的误差项。

为校准上述各定义的违约概率模型,要对如下各式求解

$$\begin{cases} P_{j,t} = \dfrac{1}{1 + e^{-Y_{j,t}}} \\ Y_{j,t} = \beta_{j,0} + \beta_{j,1} X_{j,1,t} + \beta_{j,2} X_{j,2,t} + \beta_{j,m} X_{j,m,t} + V_{j,t} \\ X_{j,i,t} = \gamma_{j,0} + \gamma_{j,i,1} X_{j,i,t-1} \gamma_{j,i,2} X_{j,i,t-2} + e_{j,i,t} \end{cases} \tag{3-24}$$

式中,$E_t = \begin{bmatrix} V_t \\ e_t \end{bmatrix} \sim N(0, \Sigma)$,$\Sigma = \begin{bmatrix} \Sigma_V & \Sigma_{V,e} \\ \Sigma_{e,V} & \Sigma_e \end{bmatrix}$,E 是误差项向量,即宏观指数与宏观经济变量的随机变化向量,该向量决定了上面方程组的随机变化;Σ 是该随机变量的 $(j+i) \times (j+i)$ 协方差矩阵,$\Sigma_{V,e}$ 和 $\Sigma_{e,V}$ 记作交叉的相关矩阵。

为了模拟所有这些部门在某一时间段的联合违约率,首先需要定义 A

作为 $\sum$ 的 n×n Cholesky 分解，即

$$\sum = AA^T \tag{3-25}$$

然后抽取随机变量向量 $Z_t \sim N(0,1)$，式中每个分量都服从正态分布 $N(0,1)$，然后通过蒙特卡罗模拟计算

$$E_t = A^T Z_t \tag{3-26}$$

这是误差项 $V_{j,t}$ 和 $e_{j,i,t}$ 的向量，利用误差项的实际值能够推导出对应的 $Y_{j,t}$ 和 $P_{j,t}$。

根据历史上投资类型的贷款的违约概率 P_t 与穆迪（Moody）或者标准普尔（Standard & Poor）的历史上（无条件）投资级贷款的基期违约率的比值 P_0，可以看出比值大于 1 则说明经济膨胀（Economic Inflation），小于 1 则说明经济衰退。利用 $P_{i,t}$ 来调整 P_0，从而得到一个转换矩阵 TM

$$TM_t = TM(P_{i,t}/P_0), \quad TM_t = \prod_{t=1}^{T} TM(P_{i,t}/P_0) \tag{3-27}$$

由此可以得到一个信用等级在任何时刻向另一信用等级转移的瞬间转移概率和累计转移概率。

三、多期 CreditRisk+ 模型的基本原理

基础的 CreditRisk+ 模型并不考虑发生违约的具体原因，而假定违约概率在一定时期内是固定不变而且相互独立的。这一假设使得 CreditRisk+ 模型存在较大的局限。为了放宽这一假设，多期的 CreditRisk+ 模型引入了系统性风险因子，假设违约概率是波动的，其波动性由许多基本因素产生，而每一个因素就代表一个部门（可以是行业、地区、国家等）的系统性风险因子。所以，多期的 CreditRisk+ 模型可以分析宏观经济对债务人违约概率的影响。①

多期 CreditRisk+ 模型处理系统性风险因子的方法是进行部门分析（Sector Analysis），即把债务人分成不同的部门（1，2，…，k），并假设每个部门内的所有债务人都受同一个部门系统风险因子 γ_1，γ_2，…，γ_k 影响，其中这 K 个系统风险因子之间相互独立，并且分别服从均值为 1 的

---

① 赵先信：《银行内部模型和监管模型》，上海人民出版社 2004 年版，第 314 页。

Gamma 分布。这些系统风险因子即用相关的宏观经济指标来表示。

对于某一债务人 A 来说，其违约概率可以表示成

$$p_A(\gamma) = p_A \sum_{k=1}^{K} g_k^A \gamma_k \tag{3-28}$$

式中，$p_A(\gamma)$ 为条件违约概率，p_A 为债务人 A 的无条件违约概率，$\sum_{k=1}^{K} g_k^A = 1$，为系统风险因子 γ_1，γ_2，…，γ_k 的参数。

则假设有债务人 A 和 B，两人的违约相关系数可以表示为

$$\rho_{AB} = (m_A m_B)^{1/2} \sum_{k=1}^{n} \theta_{Ak} \theta_{Bk} \left(\frac{\sigma_k}{m_k}\right)^2 \tag{3-29}$$

式中，ρ_{AB} 为债务人 A 和债务人 B 间的违约相关系数；m_A 为 A 类债务人的违约率均值；m_B 为 B 类债务人的违约率均值；θ_A 为债务人 A 的违约率的波动性在 N 个部门之间的分配；θ_B 为债务人 B 的违约率的波动性在 N 个部门之间的分配；$(\sigma k/m k)^2$ 为 K 部门的比例性违约率的方差。

则债务人 A 的违约损失概率生成函数就可以表示成

$$\begin{aligned} G_A(z) &= 1 - p_A(\gamma) + p_A(\gamma) z^{v_A} \\ &= 1 - p_A(\gamma)(z^{v_A} - 1) \\ &\approx e^{p_A(\gamma)(z^{v_A} - 1)} \end{aligned} \tag{3-30}$$

整个贷款组合的违约损失概率生成函数可以表示成

$$\begin{aligned} G(z|\gamma_1, \gamma_2, \cdots, \gamma_k) &= \prod_A G_A(z) \prod_A e^{p_A(\gamma)(z^{v_A}-1)} \\ &= e^{\sum_A p_A(\gamma)(z^{v_A}-1)} = e^{\sum_A p_A \sum_{k=1}^{K} g_k^A \gamma_k (z^{v_A}-1)} \\ &= e^{\sum_{k=1}^{K} \gamma_k (\sum_A g_k^A p_A (z^{v_A}-1))} = e^{\sum_{k=1}^{K} \gamma_k P_k(z)} \end{aligned} \tag{3-31}$$

式中

$$P_k(z) = \sum_A g_k^A p_A (z^{v_A} - 1) \tag{3-32}$$

所以

$$G(z) = \int_0^\infty \cdots \int_0^\infty e^{\sum_{k=1}^{K} \gamma_k P_k(z)} \prod_{k=1}^{K} g_{\alpha_k,\beta_k}(\gamma_k) d\gamma_1, \cdots, d\gamma_k \tag{3-33}$$

又有

$$\int_0^\infty e^{xP_k(z)} g_{\alpha_k,\beta_k}(x)dx = \int_0^\infty e^{xP_k(z)} \cdot \frac{1}{\beta_k^{\alpha_k}\Gamma(\alpha_k)} \cdot e^{-\frac{x}{\beta_k}} \cdot x^{\alpha_k-1} \cdot dx$$

$$= \frac{1}{[1-\beta_k P_k(z)]^{\alpha_k}} \tag{3-34}$$

所以

$$G(z) = \prod_{k=1}^K \frac{1}{[1-\beta_k P_k(z)]^{\alpha_k}} = e^{-\sum_{k=1}^K \alpha_k \ln[1-\beta_k P_k(z)]} \tag{3-35}$$

因为服从均值为 1、方差为 σ_k^2 的 Gamma 分布,因此有 $\alpha_k = \frac{1}{\sigma_k^2}$, $\beta_k = \sigma_k^2$,所以贷款组合的违约损失概率生成函数为

$$G(z) = e^{-\sum_{k=1}^K \frac{1}{\sigma_k^2}\ln[1-\sigma_k^2 P_k(z)]} \tag{3-36}$$

式中,$P_k(z) = \sum_A g_k^A p_A(z^{v_A}-1)$。式(3-36)中的 σ_k^2 即系统性风险因子的方差。

根据违约损失的概率生成函数,即可算出贷款组合的损失分布,所以多期 CreditRisk+ 模型能反映系统性风险因子对贷款组合损失分布的影响。

第四章 经济周期与我国商业银行系统性风险

经济周期是商业银行系统性风险的重要根源。大量的研究文献表明：经济衰退往往伴随着信用风险的上升，而经济繁荣往往伴随着信用风险的下降。然而，现有研究主要是基于对现实的观察，偏重于统计学或者计量经济学分析，而缺少经济学层面的理论解释。本章将借助金融脆弱理论建立一个跨周期模型，诠释经济周期对商业银行系统性风险的影响机制，然后分析信用风险基本要素的顺周期波动以及经济资本的顺周期性。

第一节 系统性风险的跨周期模型

一、跨周期模型的基本假设

明斯基按照信用风险的大小将借款企业分为抵补性企业、投机性企业和庞氏企业三类。本书将不考虑银行的内在脆弱性因素，仅抽取企业风险特征和经济周期要素来构建一个跨周期模型，说明经济周期对商业银行信用风险的影响机制。这三类企业的风险特征具体描述如下：

第一类是抵补性企业。抵补性企业每一时期的现金流比较稳定，受经济周期波动的影响不大。抵补性企业根据自己未来的现金流量作抵补性的融资，企业的预期收入不仅在总量上大于债务额，而且在每一期的收入也大于到期的债务本息，因此抵补性企业是最安全的借款人。

第二类是投机企业。投机性企业的现金流受到经济周期的影响比较大，现金流在经济扩张的初始阶段较小，但随着经济的逐步扩张逐渐增大；而在经济衰退阶段则呈现前高后低的特征。投机类企业在借款期内的预期收入在总量上大于债务额，但在借款之后的前一段时期内的预期收入小于到期债务本金（但仍大于到期债务利息，这保证该企业仍是履约企业）；但是之后的预期收入则足以偿还到期本息。

第三类是庞氏企业。庞氏企业的特点是现金流受经济周期的影响最大，而且具有显著的波动性。在到期日之前，它每一期的现金流都可能无法偿还到期债务本金甚至是利息，直到在最后一期变卖升值的资产后才能获得大额的现金流入，足以偿还债务本息。庞氏企业的预期收入虽然在总量上大于债务额，但是通常来自于资产大幅度升值后变卖资产所得，因此风险是最大的。一方面，庞氏企业的收入不仅仅依赖于经济扩张程度，还依赖于资产价格的升值幅度。资产大幅升值一般只会发生在经济高度繁荣时期，还需要有低利率、高流动性、通货膨胀等各方面的因素作为支撑，而且资产价格的波动幅度往往也大于实体经济，因此预期收入能够实现的可能性要小于抵补性企业和投机性企业。另一方面，庞氏企业为了维持运营，在获得预期收入之前需要不断地借新债还旧债。一旦利率升高，该企业的财务就会更加困难。利率升高还会导致资产贬值，该企业很可能因此陷入资不抵债的境地。

除此以外，还需要作出技术性假设如下：

（1）抵补性企业、投机性企业和庞氏企业各自的预期收入分别表示为 ER^H、ER^S 和 ER^P。

（2）银行根据企业预期收入大小来决定是否给企业提供贷款。设企业申请的贷款本息之和为 D，当企业预期收入大于 D 时，银行即会为企业提供贷款。但是，银行并不能直接确知每家企业的预期收入特征（企业是属于抵补性企业、投机性企业还是庞氏企业），而只能根据实际的现金流进行判断。

（3）银行测算企业违约概率 PD 时只关注两种情况：当企业预期收入大于 D 时，则该企业的 PD 为 0.03%；当预期收入的现值小于 D 时，则该企业的 PD 为 20%。这是参照《巴塞尔新资本协议》的要求以及标准普尔、穆迪等信用评级公司的违约概率数据进行设定，基本反映了最高信用等级和违约级企业的违约概率，而且数据大小对分析的结论没有影响。

（4）这三家企业如果获得贷款，违约风险暴露均为 EAD 而且不会变化。

（5）贷款期限相同且至少横跨一个经济周期；违约损失率均为 LGD 而且不会变化，即 $\sigma_{LGD}^2 = 0$。

（6）各笔贷款之间不存在违约相关性。

二、跨周期模型的构建与分析

下面构建一个跨周期模型，并以此为框架分析经济周期如何影响商业银行信用风险。该模型只研究银行和企业两个部门，分析的时间段则涵盖整个经济周期。

根据预期损失和非预期损失的计算公式，见式（4-1）和式（4-2），分析在经济周期不同的阶段这三家企业如何获得银行贷款，以及商业银行信用风险的周期性变化。

T = 1 时，经济正处于萧条阶段，企业总体的收益率较低，所以投机性企业和庞氏企业的预期收入都小于 D；只有抵补性企业的预期收入受宏观经济波动的影响较小，预期收入大于 D。它们的关系可以用下式表示

$$ER^H > D > ER^S > ER^P \tag{4-1}$$

根据银行的信贷条件，只有抵补性企业获得银行贷款。这时企业的违约概率为 0.03%，银行的预期损失 EL_1 和非预期损失 UL_1 分别为

$$EL_1 = 0.03\% \times EAD \times LGD \tag{4-2}$$

$$\begin{aligned}
UL_1 &= EAD \times \sqrt{PD \times \sigma_{LGD}^2 + LGD^2 \times \sigma_{PD}^2} \\
&= EAD \times LGD \times \sigma_{PD} \\
&= EAD \times LGD \times \sqrt{PD \times (1 - PD)} \\
&= EAD \times LGD \times \sqrt{0.03\% \times (1 - 0.03\%)} \\
&\approx 0.017 \times EAD \times LGD
\end{aligned} \tag{4-3}$$

图 4-1 中，横轴下方的灰色柱状部分即表示 EL_1，而出于简化图形的目的，UL_1 不另作标示。

T = 2 时，经济进入复苏期，所以投机性企业的预期收入提高，超过 D；但是庞氏企业的预期收入上升的条件还不完备，依然是小于 D。这时有下面的关系式

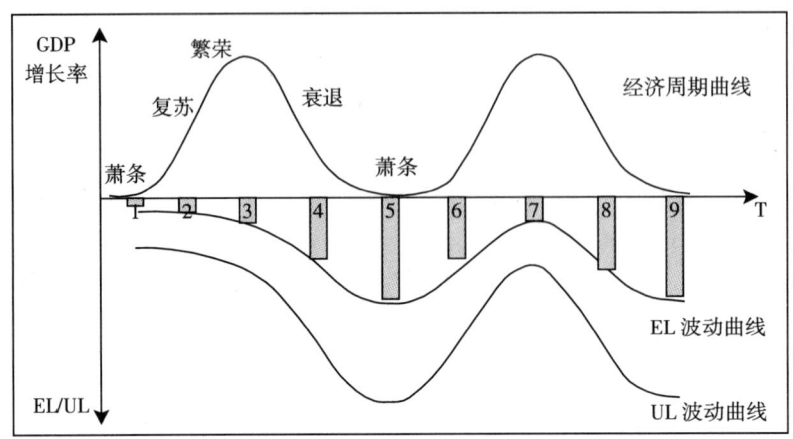

图 4-1 经济周期对贷款信用风险的影响机制

$ER^H > D$

$ER^S > D > ER^P$ (4-4)

所以,投机性企业也能够获得银行贷款。这时银行两笔贷款的违约概率均为 0.03%,预期损失 EL_2 和非预期损失 UL_2 分别为

$EL_2 = 2 \times 0.03\% \times EAD \times LGD = 0.06\% \times EAD \times LGD$ (4-5)

$UL_2 = 2 \times 0.017 \times EAD \times LGD = 0.034 \times EAD \times LGD$ (4-6)

可以看到,因为贷款数量的增加,EL_2 和 UL_2 也相应提高。

$T = 3$ 时,经济进入繁荣期,而且资产价格出现上涨,支持庞氏企业的预期收入提高,所以庞氏企业也能从银行获得贷款。至此银行给三家企业都发放了贷款,因为企业的预期收入都大于违约风险暴露,违约概率均为 0.03%,所以银行的预期损失 EL_3 和非预期损失 UL_3 分别为

$EL_3 = 3 \times 0.03\% \times EAD \times LGD = 0.09\% \times EAD \times LGD$ (4-7)

$UL_3 = 3 \times 0.017 \times EAD \times LGD = 0.051 \times EAD \times LGD$ (4-8)

$T = 4$ 时,经济出现转折,开始下行,这时资产价格率先做出反应,出现下跌,所以庞氏企业的预期收入降低,不能再支持其债务的偿还,所以银行把它的违约概率调为 20%。这时银行的预期损失 EL_4 和非预期损失 UL_4 分别为

$EL_4 = 2 \times 0.03\% \times EAD \times LGD + 20\% \times EAD \times LGD$

   $= 20.06\% \times EAD \times LGD$ (4-9)

第四章 经济周期与我国商业银行系统性风险

$$UL_4 = 2 \times 0.017 \times EAD \times LGD + \sqrt{20\% \times (1-20\%)} \times EAD \times LGD$$
$$= 0.434 \times EAD \times LGD \tag{4-10}$$

和上一期的预期损失及非预期损失对比，EL_4 和 UL_4 都出现较大幅度提高，这是因为有贷款出现了违约。

$T = 5$ 时，经济进一步下滑，进入衰退状态，投机性企业的预期收入也出现下降并小于风险暴露，所以银行把它的违约概率也调为 20%，只有抵补性企业还能保持 0.03% 的违约概率。这时银行的预期损失 EL_5 和非预期损失 UL_5 分别为

$$EL_5 = 0.03\% \times EAD \times LGD + 2 \times 20\% \times EAD \times LGD$$
$$= 40.03\% \times EAD \times LGD \tag{4-11}$$
$$UL_5 = 0.017 \times EAD \times LGD + 2 \times 0.4 \times EAD \times LGD$$
$$= 0.817 \times EAD \times LGD \tag{4-12}$$

可以看到银行的预期损失和非预期损失随着投机性企业也出现违约而进一步提高。

$T = 6$ 以后，进入下一个经济周期，随着经济的复苏和重新繁荣，投机性企业和庞氏企业的预期收入会先后再次上升，违约概率先后下降，所以银行的预期损失和非预期损失也逐渐降低，依此循环。

画出各期银行的预期损失和非预期损失的波动轨迹，形成两条和经济周期同步波动的曲线（见图 4-1 横轴下方的曲线），说明经济周期会导致银行预期损失和非预期损失的顺周期波动。

根据跨周期模型，经济周期影响商业银行信用风险的作用渠道是：宏观经济首先影响企业的预期收入，其次对不同企业的违约概率产生不同的影响，最后影响银行整个贷款组合的风险水平。

我国的历史数据也对跨周期模型的结论提供支持。我国上一次比较完整的经济周期是 1994~2007 年，GDP 增长率从 1994 年的 13.8% 下降到 1999 年的 7.62%，再上升到 2007 年的 11.9%；同时期的银行业总体不良贷款比率和国有商业银行不良贷款比率的总体变化均是先升后降，和 GDP 增长率呈反方向变动关系，如图 4-2 所示。其中，银行业总体不良贷款比率与 GDP 增长率的相关系数为 -0.407，国有商业银行不良贷款比率与 GDP 增长率的相关系数为 -0.536，均具有较显著的负相关关系。

银行不良贷款的绝对值也同样和 GDP 增长率呈反向变动关系，如图 4-3 所示。其中，银行业总体不良贷款余额与 GDP 增长率的相关系数为 -0.685，

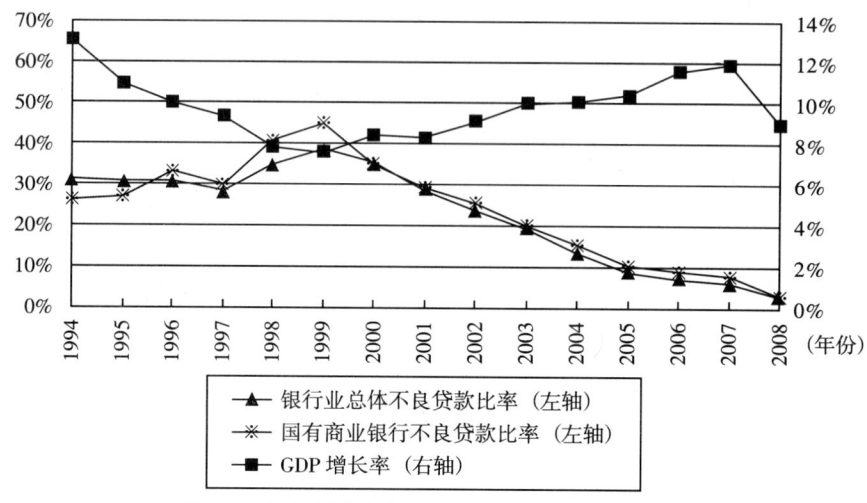

图 4-2 经济周期与银行不良贷款比率的变动关系

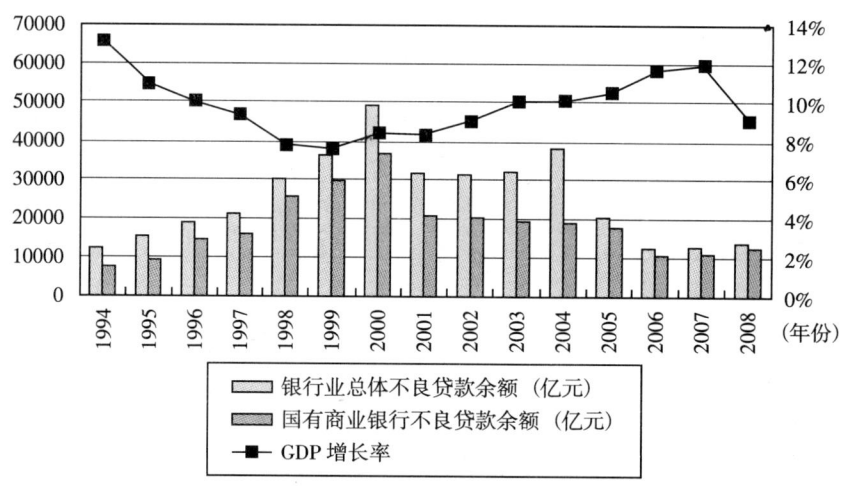

图 4-3 经济周期与银行不良贷款余额的变动关系

而国有商业银行不良贷款余额与 GDP 增长率的相关系数为 -0.789。因此，以上数据证实了商业银行的信用风险具有明显的周期性，支持本书的理论分析。

三、经济周期风险难以规避的原因辨析

自从西方国家第一次出现经济危机以来，经济周期不断地往复。作为

经历过多次经济周期的银行来说，为什么不能吸取上一次贷款周期性违约的教训，从而有效规避下一次经济衰退导致的信用风险呢？

对此，明斯基提出了两种可能的原因：一个被称为代际遗忘（Generation Ignorance），另一个则是竞争压力（Rivalry Pressure）。代际遗忘是指银行家不能从上一次经济衰退中吸取教训，从而规避下一次经济周期风险。竞争压力则是指银行是出于竞争的压力而作出许多不审慎的贷款决策，因为如果不这样做他们将失去顾客和市场。明斯基的代际遗忘具有一定的解释力，但是不能解释全部的事实。一个银行家在任期内往往要经历多个经济周期，而多次重复错误不太符合逻辑。有的学者提出银行信贷决策人的道德风险会缩短代际遗忘的时间，因为借款从发放到最终到期的时间可能超过信贷决策人的任期，所以不会因为信贷决策失误而受到惩罚，因此道德风险加大了银行家的冒险倾向。明斯基的竞争压力解释是基于银行家更看重短期利益。根据跨周期模型，如果银行要想有效规避经济周期风险，就只能选择抵补性企业发放贷款。但是，抵补性企业的数量有限，银行不可能仅仅依靠少数的优质客户生存，在竞争的压力之下，只要能采取足够的风险缓释手段（如抵押、资产证券化等），往往不可避免要接纳投机性企业甚至庞氏企业。因此，银行不一定会对经济周期风险消极回避，而是在自身能够承受的风险范围之内追求利润最大化，同时采用各种风险管理技术来对风险进行管理，包括风险定价、提取损失准备金、用资本进行覆盖、风险转移等手段。克瑞格提出的"安全边界"就可以看作是利用风险定价来转嫁部分信用风险。上面的跨周期模型仅仅把借款企业划分成两类：违约和不违约。对于银行来说，即便是符合信贷条件的企业也会有不同的信用风险，所以还需要对不同的企业进行区别对待，其中最重要的是收取不同的风险报酬。

除了以上解释之外，本书认为还存在以下客观原因，制约了银行难以有效识别、预测和规避经济周期风险。

（1）历史上虽然出现过很多次经济危机，但是每次经济危机都有着不同的主导因素和表现形式。现代的经济危机往往融合了经济全球化、金融创新等因素，形成机制比以往的要复杂很多。例如，在第二次世界大战以前，经济危机主要以商品滞销、工人失业为主要特征；最近的经济危机则是首先以金融衍生产品市场崩溃的形式出现。所以，银行家虽然可以从上一次经济危机中吸取教训和总结经验，但是依然无法准确预判下一次经济危机发生的形式、严重程度和持续的时间。

（2）西方市场经济国家的长期经济繁荣强化了代际遗忘。西方发达国家通过各种宏观经济政策、社会保障制度和劳动者保护法规等手段，在一定程度上熨平了经济周期的波动，出现了较长期的经济繁荣。比如，美国在20世纪90年代以来就保持了经济的持续平稳增长，这在一定程度上会强化代际遗忘的问题。但是，这并不代表着经济危机就不会发生，2007年爆发的次贷危机就引发了全球性的经济衰退，并被称为百年一遇的金融危机。在这次危机中，人们普遍认为金融家的贪婪和冒险行为是一个重要的原因，也在一定程度上验证了代际遗忘问题的存在。

（3）金融衍生品的发展也在某种程度上放大了经济周期风险。金融衍生品在微观层面上确实具有风险对冲、转嫁和分散的功能，但大部分的金融衍生工具并不能从总体上消除风险，而只是把风险放到市场上进行交易。当所有的风险都通过金融衍生工具进入市场，就可能会增加不同金融工具或者不同类型风险之间的相关性，这会加强风险的传染性。金融衍生工具往往具有高杠杆特性，所以经济周期风险可能被成倍数甚至成几何级数地被放大。

对于我国的商业银行来说，也面临着以上类似的问题。我国自改革开放以来国民经济基本保持了较快的增长速度，仅在20世纪90年代末因为受到东南亚金融危机的冲击而出现回落，但是最低的GDP增长率也达到7.6%（1999年）。而且，近10年来我国也进行了金融体系改革，金融业的产业结构、经营模式、从业人员等都发生了深刻的变化，代际遗忘问题应该会更加明显，银行信贷人员和风险管理人员不一定经历过经济衰退，缺乏应对经济周期风险的经验。

我国国有银行的产权结构和公司治理结构也有可能带来银行管理者与股东之间的委托代理问题。如果银行管理者的权责利不对等，跟利润挂钩的激励过多而与风险相关的责任约束过少的话，也很容易使管理者产生短期行为，在追求当前切实的收入和预防未来的并且不确切会发生的损失之间进行选择时，会更倾向于前者。

第四章 经济周期与我国商业银行系统性风险

第二节 信用风险基本要素的顺周期波动分析

从图 4-1 可以看到预期损失和非预期损失的波动曲线和经济周期是高度一致的，具体到信用风险的基本要素包括违约概率，违约损失率和违约风险暴露，它们的变化自然受到经济周期的影响，同样呈现顺周期波动特征。

一、违约概率的顺周期波动

违约概率是信用风险计量中最重要的风险参数。经济周期主要通过以下三个途径影响商业银行债务人（如借款企业）的违约概率：

（1）从企业的角度，经济周期的微观表现即企业收益、利润和生产活动的波动变化。企业偿还银行贷款的主要来源是企业在生产经营过程中获得的收益，所以企业经营收益的变化必然影响到其偿债能力，和企业的信用风险密切相关。一国宏观经济发展的好坏，国民经济整体投资需求、消费需求和出口需求的高低，又直接影响着企业的经营收益，也就直接影响着这些企业的偿债能力。当经济衰退时，企业的盈利水平下降，导致偿还能力下降，违约概率上升；当经济扩张时，情况则相反。

（2）从银行的角度，银行在经济周期的不同阶段会采取不同的贷款政策，在经济衰退时倾向于减少信贷供给，企业的融资难度和融资成本增加，导致资金链断裂，企业违约概率上升；在经济扩张时期银行则开始信贷扩张，企业融资较为便利，违约概率下降。

（3）从资产价值的角度，资产价值往往也伴随经济周期进行周期性波动，而当资产价值低于负债的账面价值时，企业所有者会选择违约。所以，当经济衰退时，企业的资产价值下降，违约概率上升；反之则违约概率下降。

众多学者的实证研究也证明了违约概率会受经济周期的影响而呈现周期性波动规律（Pamela Nickell，2000；Dimitrios Kavvathas，2001；Siem Jan Koopman 等，2002）。Edward I. Altman 等（2005）的实证研究也充分揭示了违约概率跟随经济周期而波动的规律：在1990~1991年的衰退期，违约概率超过10%，而且与1993~1998年经济繁荣时期低违约概率相比，在2000年的经济衰退期，违约概率迅速增加如表4-1所示。

表4-1 美国企业违约概率及违约损失率的波动

年度	违约概率（%）	违约损失率（%）
2001年前三季度	6.92	5.29
2000	5.06	3.94
1999	4.15	3.21
1998	1.60	1.10
1997	1.25	0.65
1996	1.23	0.65
1995	1.90	1.24
1994	1.45	0.96
1993	1.11	0.56
1992	3.40	1.91
1991	10.27	7.16
1990	10.14	8.42

数据来源：Edward I. Altman, Brooks Brady, Andrea Resti and Andrea Sironi. "The Link between Default and Recovery Rates: Theory, Empirical Evidence and Implications". *Journal of Business*, 2005, 78 (6): 2203-2228.

二、违约损失率的顺周期波动

违约损失率受多种因素的影响，可以减少违约损失的信用缓释措施主要有担保、抵押等。采用第三方担保时，偿债义务是由债务人和担保人共同承担。当债务人发生违约时，债权人将向担保人追偿，违约损失率就由担保人的违约概率、违约损失率以及债务人与担保人的违约相关性等因素共同决定。抵押物的作用在于当债务人违约时，债权人可以接管和出售抵押物以弥补损失。这时影响损失率变化的主要是资产价值风险。资产价值风险随抵押资产性质、经济环境的不同而不同。

宏观经济的波动对债务的违约损失率有很大的影响。当经济衰退时，担保人的违约概率也会上升，从而增加追偿风险，违约损失率提高。经济衰退通常也会伴随着流动性不足、资产价格下跌以及变现难度加大等情况，所以也会提高违约损失率。在违约损失率与宏观经济周期的关系上，众多的实证研究结论是一致的：宏观经济对违约损失率有很大的影响，并且经济繁荣时期的 LGD 相对较低，而经济衰退时期的 LGD 则明显更高。

与违约损失率相关的一个名词是回收率（Recovery Rate），是指当债务人违约时，债权人能够收回的资金数量占违约风险暴露的比例，回收率等于 1 减去违约损失率。国际上很多学者研究回收率的周期性特征。Dalianes（1999）的实证分析表明，回收率在经济周期不同阶段是波动的，并且与短期无风险利率上升（与经济衰退相对应）负相关，因为经济衰退时，短期无风险利率上升压低了资产价格，导致回收率下降、LGD 上升。Frye（2000）建立了由单个系统性风险因子驱动的回收率模型，假设系统性风险因子 X 起主要作用，影响每个公司是否违约以及回收金额。在经济衰退阶段 X 取值低，那么回收率低于平均值；在经济扩张阶段则 X 取值高，回收率高于平均值。Frye 利用 1983~1997 年美国债券组合数据对回收率模型进行实证检验，得到 5 道回归方程，如表 4-2 所示。

表 4-2　LGD 的周期性波动

参数值 \ 方程	1	2	3	4	5
回收率标准差（%）	0.32	0.32	0.32	0.25	0.25
预期 LGD（%）	59.10	30.70	30.70	30.70	30.70
扩张状态 LGD（%）	55	28	27	28	28
衰退状态 LGD（%）	80	52	51	47	47
扩张状态预期损失（%）	0.99	0.48	0.05	0.48	0.06
衰退状态预期损失（%）	8.32	7.70	1.48	6.96	1.36

注：该表取自 Frye J. "Depressing Recoveries". *Journal of Risk*, 2000, (11): 108-111.

在 5 个不同的方程当中，经济扩张状态下的 LGD 都要远远小于经济衰退状态下的 LGD。LGD 波动的主要原因是抵押品价值随着宏观经济表现波动，若经济发生严重衰退，抵押品价值下降导致回收率下降 24%~25%。

Altman 和 Brady（2001）利用 1990~2000 年由 1000 笔美国债券组成的资产组合进行实证分析，结果表明回收率具有明显的顺周期特征，在经济衰退的 1990 年和 2000 年，所有债券加权平均回收率分别为 24.6% 和 25.3%；而在其他年份的回收率都高于 30%，其中在 1996 年和 1997 年分别高达 51.9% 和 53.9%。

Til Schuermann 和 Yusuf Jafry（2003）根据穆迪公司 1970~2002 年第二季度的数据，计算在经济周期不同阶段的回收率。如表 4-3 所示，回收率的均值在衰退期只有 27.85%，而在扩张期却高达 43.10%，反映了和其他研究相似的结论，即违约损失率具有明显的顺周期性。

表 4-3　回收率在经济周期不同阶段的统计参数

	均值	标准差	下四分位	中位值	上四分位	样本数
衰退期	27.85	25.67	8.00	20.00	40.00	322
扩张期	43.10	27.11	21.00	38.56	63.00	1200
全周期	40.07	27.50	17.25	34.50	61.37	1622

数据来源：摘自 Til Schuermann, Yusuf Jafry. "Measurement and Estimation of Credit Migration Matrices". *Wharton School Center for Financial Institutions*, University of Pennsylvania, Center for Financial Institutions Working Papers 03-08, 2003.

三、违约风险暴露的顺周期波动

对于贷款而言，违约风险暴露通常被定义为贷款的账面价值减去信用风险缓解因子形成的净扣要素。经济周期对违约风险暴露特别是对信贷承诺以及抵押（质押）贷款的违约风险暴露有显著影响。

1. 信贷承诺风险暴露的周期性波动

对于信贷承诺，其违约暴露可以分为已提款部分和未提款部分。如果用 COM 代表承诺金额，OS 代表已经提取的承诺金额，则 COM-OS 为承诺的未提款部分。银行通常对贷款承诺提出附加合约条款，允许银行降低授信额度的最大提款比例，这样借款人在违约时提款就受到限制。这个提款比例即巴塞尔新资本协议中规定的信用转换因子（Credit Conversion Factor, CCF），也就是信贷承诺的风险缓释要素。据此，可以得出信贷承诺的违约暴露计算公式如下

$$EAD = OS + (COM - OS) \times CCF \tag{4-13}$$

《巴塞尔新资本协议》对不同产品规定了不同的 CCF 值，当利用高级 IRB 法确定 EAD 时允许银行应用估计的 CCF 值。信贷承诺的实际 CCF 值则会受到经济周期的影响。当经济衰退时，随着信贷紧缩，企业资金供应紧张，融资成本上升，支用贷款承诺的可能性和比例都会增加。特别是在

第四章 经济周期与我国商业银行系统性风险

出现违约时,企业就会面临流动性危机,对承诺的使用率会明显上升。

Allen Aaunders(2003)基于花旗银行的公司贷款违约的历史数据进行实证研究,发现当债务人出现违约时,贷款承诺的提取比例总体上是明显增加的,如表 4—4 所示。具体到不同的信用等级,提取比例会出现较大的差异:高信用等级(BBB 级以上)的债务人发生违约时贷款承诺的使用比例大幅度提高,而低信用等级(B 级以下)的债务人发生违约时贷款承诺的使用比例却反而降低。这主要是因为银行可以在事后修改承诺条件,撤销某些重大不利条款;而且低信用等级债务人对贷款承诺的使用率本来就较高,所以发生违约后大比例提取未使用贷款承诺的可能性较小。

表 4—4 花旗银行贷款承诺的平均使用率

单位:%

违约前信用评级	贷款承诺平均使用率	正常情况下未提取的贷款承诺在违约时的使用率
AAA	0.10	69.00
AA	1.60	73.00
A	4.60	71.00
BBB	20.00	65.00
BB	46.80	52.00
B	63.70	48.00
CCC	75.00	44.00

数据来源:Allen & Aaunders,2003,"A Survey of Cyclical Effects in Credit Risk Measurement Model",BIS Working Paper,No. 126,bis. org.

Pierre Collin-Dufresne 和 Goldstein(2001)对公司杠杆率与系统性风险因子之间函数关系的实证分析也表明,经济周期低谷时期公司负债水平上升,杠杆率的亲经济周期性导致了 PD 上升时期的 EAD 增加。

2. 抵押贷款风险暴露的周期性波动

对于抵押(质押)贷款,抵押品或者质押品(下面用抵押品统一表示)的价值对风险暴露有着重要影响。假如抵押品是风险资产,其价值是不确定的,那么风险暴露就是未偿贷款额与抵押品价值之差。《巴塞尔新资本协议》对抵押品的处理方法做出了详细的规定,可分为简单法和综合法两种。简单法和 1988 年协议是类似的,而综合法对公司贷款计算风险暴露的公式如下:

$$E^* = \max\{0, [E \times (1 + H_e) - C \times (1 - H_c - H_{f_x})]\} \qquad (4-14)$$

式中，E^* 为风险缓释后的暴露价值；E 为暴露的当前价值；H_e 为适合暴露的折扣率；C 为已收到抵押品的现值；H_c 为适合抵押品的折扣率；Hf_x 为抵押品与暴露不匹配的折扣率，其中，折扣率 H 是考虑到暴露与抵押品价值的不确定而由监管当局或者银行设定的参数。

上面在分析经济周期对违约损失率的影响时，已经说明了宏观经济对抵押品价值的影响，即在经济扩张时期抵押品价值倾向于上升而在经济衰退时期价值倾向于下降。下面以房产抵押贷款为例，说明在经济衰退时期抵押品价值下降对风险暴露的影响。

假设有一笔按揭贷款，贷款额为 85 万元，房产价值为 100 万元，借款人申请的还款年限是 20 年，每年分期还款 4.25 万元。受金融危机影响，现在房价处于下跌趋势，假设在 95% 的置信水平下，一年之内该房产的价格下跌不超过 19.6%，并且这一下跌趋势将维持 5 年。那么，银行该笔按揭贷款在 5 年内的风险暴露是多少？该笔贷款的风险暴露变化情况如表 4-5 所示。从表 4-5 可以看出，由于房价下跌，普遍被视为优质资产的按揭贷款也出现风险暴露不断增大的趋势，在第 5 年达到 30.15 万元。

表 4-5 房地产抵押贷款的风险暴露变化（1）

年份	贷款余额（万元）	房产价格变化百分比（%）	房产预期价值（万元）	风险暴露（万元）
0	85.00	0	100.00	0.00
1	80.75	−19.60	80.40	0.35
2	76.50	−19.60	64.64	11.86
3	72.25	−19.60	51.97	20.28
4	68.00	−19.60	41.79	26.21
5	63.75	−19.60	33.60	30.15

如果假设经济周期在第三年达到谷底，第四年开始复苏，房产价格的下跌趋势相应地也只维持两年，在第三年保持价格不变，而从第四年开始转为每年上升 5%，则预期风险暴露是多少？其变化如表 4-6 所示。

表 4-6 中，房价在第 1 年、第 2 年下跌，导致按揭贷款的风险暴露不断增大；在第 3 年后房价出现止跌上升，按揭贷款的风险暴露也不断缩小，在第 5 年又降回到零风险暴露水平。

第四章 经济周期与我国商业银行系统性风险

表 4-6 房地产抵押贷款的风险暴露变化（2）

年份	贷款余额（万元）	房产价格变化百分比（%）	房产预期价值（万元）	风险暴露（万元）
0	85.00	0	100.00	0.00
1	80.75	-19.60	80.40	0.35
2	76.50	-19.60	64.64	11.86
3	72.25	0.00	64.64	7.61
4	68.00	5.00	67.87	0.13
5	63.75	5.00	71.27	0.00

第三节 商业银行经济资本的顺周期性分析

顺周期性（Procyclicality）从广义上可以定义为金融变量（如信贷、利差、贷款损失准备等）跟随经济周期的共同运动。从这个角度讲，信用风险的各个基本要素均具有顺周期性，而各个要素的顺周期性的最终体现就是经济资本的顺周期性。下面先从商业银行信用风险管理的角度阐述经济资本管理的基本原理，再分析经济资本顺周期性的具体表现、特征及外部影响。

一、经济资本管理的基本原理

经济资本是现代商业银行风险管理的核心工具。经济资本是指商业银行内部评估的，在一定置信水平下用来缓冲资产或业务非预期损失的资本。Schroeck（2002）则认为经济资本是银行为了防止出现挤兑而保有的资本金。信用风险是我国商业银行承担的最主要的风险，因此本书主要研究商业银行为了覆盖由信用风险导致的非预期损失所要求的经济资本。

经济资本管理是在国际银行的风险管理实践当中逐步发展起来的。20世纪80年代，国际银行业在一系列金融机构的倒闭事件当中开始认识到资本对风险管理的重要意义。巴塞尔银行监督管理委员会在1988年发布的《统一资本计量与资本标准的国际协议》（即《巴塞尔资本协议》）进一步强调了用资本来缓冲风险的思想，特别把控制信用风险作为最重要的目标之一。20世纪90年代,国际先进银行更从自身风险管理、业务发展和价值创造的角度来理解资本管理,认识到资本不仅是用来抵御风险,还是银行配置资源从而获取利润的工具。从这个意义上讲,资本是有成本的,是一种经济资本。经济资本管理的实践美国信孚银行、J.P.摩根公司、美国银行等开始,并迅速在全球范围内得到推广。我国的商业银行也在近几年先后开始实施经济资本管理,并已经在一定程度上积累了经济资本管理的经验。中国银监会也明确鼓励银行逐步确立以经济资本为核心的风险管理体系。

从信用风险管理的角度,经济资本管理大体上可以分为经济资本计量和经济资本配置两个方面。

(1) 经济资本计量。对于信用风险管理来说,经济资本计量就是测算银行信贷资产在未来一段时期(如一年)内的非预期损失。经济资本通常由银行通过内部的风险模型进行计量,方法主要有以下两种:一种假设损失服从某种分布形式,通过计算损失波动性(σ)和确定资本乘子来计算银行资产组合的经济资本要求(Zaik 等,1996;Michael K. Ong,1999;Vasicek,2002;Jacobson 等,2005;Laeven 等,2005;Milne,2007);另一种方法是直接计算资产组合的损失分布,然后通过设定置信度求出 VAR,再减去预期损失就得出资产组合所需的经济资本。目前,主流的各个商用模型如 Credit Metrics、Portfolio Manager、Portfolio Risk Tracker (PRT)、Credit Portfolio View (CPV) 及 CreditRisk+等都是通过计算 VAR 来计量经济资本。

(2) 经济资本配置。商业银行同时还要根据自身的经营战略、业务发展目标、资本金规模以及风险偏好等因素,确定银行在下一年度内能够并且应该承担的风险规模,也就是确定银行在未来一年以内的经济资本限额(Kass 等,2001;Laeven 和 Goovaerts,2004;Goovaerts 等,2005),然后把经济资本限额分配到各个分支机构,再由分支机构把各自经济资本限额在各项资产之间进行配置,以实现在一定风险限额下的收益最大化,或者在一定收益水平下的风险最小化(Gourieroux 等,2000;Gordy,2000;Denault,2001;Haaf 等,2003;Kalkbrener,2005)。因为存量资产已经占用了经济资本,所以分支机构能开展新业务的空间在很大程度上就取决于经济资本限额与存量资产的经济资本要求之差。经济资本配置是商业银行在业务层面进行风险管理并创造价值的过程,是经济资本管理的最核心工作之一（Hierry Ane 和 Cecile Kharoubi，2003；McNeil 等，2005；Tasche，2007，2007；Stoughton 和 Zechner，2007；Buch 和 Dorfleitner，2008）。

二、经济资本顺周期性的表现及特征

大量的研究表明：银行监管资本的顺周期性会加剧经济的周期波动，这在美国金融危机后更受到普遍的关注（Bernanke 等，1991；Gordy 和 Howells，2006；Greenspan，2007；Jean，2008；BCBS，2008，2009；Panetta 等，2009；FSF，2009；Emilios，2009）。然而，经济资本的顺周期性及其对宏观经济的外部效应尚未引起广泛关注。J. Ayuso、Perez 和 Saurina（2004）认为，决定商业银行信贷行为的不是监管资本而主要是经济资本。经济资本比监管资本具有更高的风险敏感度，更能反映真实风险的变化状况。因此，经济资本也因为受经济周期的影响而存在显著的顺周期性。下面从经济资本计量和经济资本配置两个方面说明经济资本顺周期性的具体表现及特征。

经济资本在计量上等于商业银行的非预期损失，而根据非预期损失的计算公式（4-3），银行的非预期损失 UL 主要由 PD、LGD、EAD 以及 PD 和 LGD 的方差等风险参数决定，因此经济资本（用 EC 表示）可用下式表示

$$EC = f(PD, LGD, EAD, \sigma_{PD}^2, \sigma_{LGD}^2) \qquad (4-15)$$

因为 PD、LGD、EAD 等均受经济周期的影响而呈现顺周期波动特征，那么经济周期的影响会通过这些信用风险基本要素传导到经济资本，使其也出现顺周期的波动。在经济繁荣阶段，PD、LGD、EAD 等参数值较小，因此计量得到的经济资本也较小；在经济衰退阶段，PD、LGD、EAD 等参数值变大，则经济资本也相应变大。

经济资本的顺周期波动可以通过商业银行的经济资本配置来影响信贷行为。商业银行根据经营目标和内部风险管理要求等因素划定经济资本限额，经济资本限额扣除掉存量信贷资产占用的经济资本，即可配置经济资本。银行新增的信贷资产所占用的经济资本不能超过可配置经济资本，因此信贷规模受到可配置经济资本的限制。在这一限制之下，银行进行信贷最优化决策，即相当于把有限的经济资本配置到不同的贷款项目上以实现风险调整后的价值最大化（RAROC 或者 EVA 最大化）。在经济资本限额不变的情况下，经济资本的顺周期波动会影响可配置经济资本，进而影响

银行的信贷规模。

经济资本顺周期性还具有以下三方面的特征：

首先，经济资本顺周期性是源于银行内部的主动性风险管理。经济资本是银行基于内部管理以及获得所期望的信用评级和其债务溢价而持有的资本，反映了股东价值最大化对银行管理的要求。所以，经济资本约束是银行自身主动的风险控制行为，因此产生作用的效率较高。

其次，和监管资本相比，经济资本顺周期性对银行经营行为的作用路径更短更直接。监管资本对信贷行为的约束是来自于外部监管，再由总行传递到分支结构的业务部门。在经济资本配置当中，经济资本限额可以直接细分到最基层的业务部门。因此，经济资本的顺周期性可以在业务层面发挥作用，直接影响信贷行为，而不需要经过一个从下而上再从上而下的过程。所以，经济资本顺周期性的传导时间较短，更加直接。

最后，经济资本的顺周期性具有差异化特征。经济资本管理因为能深入到基层业务部门，各个地区或者行业的风险变化都可以直接影响经济资本，进而影响信贷规模。因此，经济资本的顺周期性在某种程度上可以进一步具体化到地区周期和行业周期层面。另外，经济资本作为银行内部自主的风险管理方法，不同银行的约束标准可以依据自身经营目标、风控要求、经济环境的变化以及内部模型的改进等做出适时灵活的调整。

三、经济资本顺周期性的外部影响

经济资本的顺周期性会影响银行的信贷行为，而当各家银行的信贷波动累积在一起，就会产生外部影响，对宏观经济的周期性波动起到推波助澜的效果。

经济资本的顺周期性直接影响的是银行的信贷规模。因为经济资本管理并不是单纯的风险管理，而是一个风险与收益相结合的管理体系，所以经济资本的顺周期波动对商业银行信贷规模的影响不但有紧缩效应，也有扩张效应。在经济衰退阶段，银行的信用风险加大，存量信贷资产占用的经济资本上升，则可配置经济资本减少，从而要求银行减少新的信贷投放；而在经济繁荣阶段，存量信贷资产占用的经济资本额下降，为了实现RAROC或者EVA最大化目标，银行则会扩张信贷。图4-4中的箭头就反映了经济资本顺周期波动导致的信贷紧缩和信贷扩张效应。

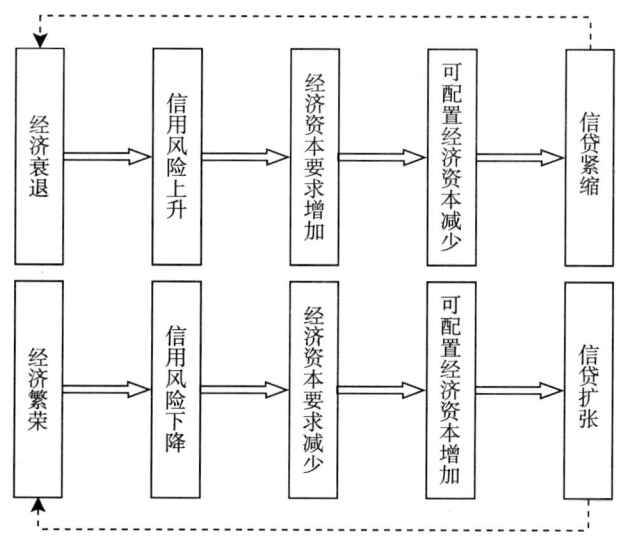

图 4-4 经济资本顺周期性的影响路径

当所有银行的信贷行为都受经济资本顺周期性影响时，单个银行的信贷规模变化会因为累加效应形成整个银行体系的信贷规模波动，进而使实体经济的投资也出现顺周期波动，最终加大经济周期的波动，如图 4-4 中虚线所示。这可以视为经济资本顺周期性的负外部效应。

经济资本顺周期性的外部影响可以借助系统论中关于反馈的概念来解释。经济资本的顺周期性源自于商业银行应对经济周期波动的反馈行为：在经济衰退时，企业的违约概率上升，银行信用风险加大，经济资本管理体系对此做出的反馈就是经济资本要求增加和压缩信贷；在经济繁荣时做出的反馈则是经济资本要求减少和扩张信贷。单从商业银行个体的角度来看，这样的反馈行为是理性的。但是，如果所有的商业银行都遵循同样的反馈机制，则可能会出现"合成谬误"的问题。合成谬误是指对于单个个体来说的理性行为，如果变成所有个体的一致性行动时，从宏观层面看就变成非理性行为了。经济资本顺周期的合成谬误体现在：在经济衰退时，如果所有的银行在经济资本顺周期性作用下压缩信贷，则整体的信贷收缩会减少货币供给和收紧流动性，企业面临更严重的融资困难则只能减少投资，投资的减少通过乘数效应会进一步加剧经济衰退。同理，在经济繁荣时经济资本的顺周期性会导致流动性过剩和投资过热，进一步推高经济的繁荣程度。所以，经济周期的顺周期性在一定条件下会加剧经济的周期波动。

综上所述,在商业银行的经济资本管理行为具有较高一致性的情况下,经济资本的顺周期性有可能会反过来对经济周期产生影响。由此,经济周期、商业银行信用风险和经济资本管理之间相互作用就可能形成一个自我强化的循环,这个循环并不能使经济周期的波动趋向于收敛,而是放大经济周期的波动幅度。这使得经济周期对商业银行信用风险的影响更加复杂。

通过分析经济资本的顺周期性,可以发现商业银行内部的微观审慎行为和外部的宏观审慎监管要求之间存在一定的矛盾。该矛盾存在的一个重要原因是银行信用风险度量要求和银行实际的信用风险度量方法之间的差异。信用风险反映的是银行在未来因为债务人违约而遭受损失的可能性,因此本质上要求是具有前瞻性的。但是,现有的信用风险度量方法基本上还是遵循摩根规则(J. P. Morgan Rule),即银行主要根据债务人的历史信用状况来确定其未来一定时期内的信用水平。明斯基的金融脆弱性分析框架中,银行也是根据企业当前及过去的收益状况(在跨周期模型中体现为现金流)来判断企业的预期收益。所以,摩根规则难以满足现代商业银行信用风险度量的真实要求。本书将在完成对经济转型因子的理论分析之后,通过改进现有的信用风险度量模式,以在更大程度上满足前瞻性的要求,缓解经济资本的顺周期性以满足宏观审慎监管的要求。

第五章　经济转型与我国商业银行系统性风险

我国商业银行的宏观经济环境与西方银行最大的差异在于我国正处于经济转型的历史阶段。经济转型是我国宏观经济体系的整体性变革，代表着经济运行机制的重大转变，对各个经济主体都具有全局性的影响。显然，这些制度性因素的变迁是无法用经济周期来反映的，因此经济转型也对商业银行信用风险有重要影响。我国经济转型尚未完成，考察经济转型因子不仅是对历史的总结，而且对我国商业银行当前及未来系统性风险度量都具有重要的现实意义。

我国自1978年以来的经济转型至少包括以下几个方面：产品定价机制改革、政府职能转换、企业产权制度变革、金融体系改革、对外开放。其中，产品定价机制改革在20世纪90年代前已基本完成，[①]距今已有十多年的历史，对当前商业银行信用风险的影响已经不明显，所以在本书不作深入研究；政府职能转换则还没有形成规范的量化指标，目前还难以进行有效度量，所以暂时不纳入本书研究范畴；其他三个方面则在一定程度上反映了我国20世纪90年代以来经济转型的核心内容，并对我国商业银行系统性风险有着重要影响。本章主要从这三个方面来研究经济转型对我国商业银行系统性风险的影响。当然，我国经济转型还包含有众多内容并可能对商业银行系统性风险存在不同程度的影响，难以在本书中一一分析，将在以后再作深入研究。

---

① 这里不包含生产要素（土地、自然资源、资本、人力资源等）定价机制的改革。生产要素当中资本的定价机制改革属于金融体系改革范畴，而其他要素的定价机制的改革相对滞后，是将来深化改革的重要内容。

第一节 企业产权制度变革与商业银行系统性风险

一、企业产权制度变革的历程分析

我国经济转型中的企业产权制度变革主要涉及国有企业改革、非公有制经济的发展、企业重组与公司治理机制重构、产权保护制度体系的建设等多个方面的内容。从我国经济转型的历程来看,最重要的内容就是国有企业改革以及非公有制经济的发展。

1. 国有企业改革

在计划经济中,政府运用行政计划手段实现对整个国民经济的规划、管理与控制,而政府行政干预经济的重要载体和经济基础就是公有制企业,包括国有企业、集体企业以及受政府控制的其他形式的企业,其中国有企业是最重要的企业形式。但是,政府同时也背上了沉重的经济包袱。在计划经济体制下,国有企业因为实际所有者缺位、委托代理关系不合理以及承担政策性负担等问题而无法产生积极的生产激励,生产效率低下,却预期在出现经营或者财务困境时可以得到政府的救助。学者们将其归因于预算软约束。预算软约束一般是指当企业资不抵债时,外部组织通过非市场化手段给予流动性支持、从而避免破产清算这样一种经济现象(科尔奈,1980、2002),在社会主义国家通常表现为当国有企业出现亏损的时候,政府会通过各种方式提供财政补贴。预算软约束是政府干预市场作用的结果,扭曲了市场参与者的预期并产生负向激励。处于预算软约束中的国有制企业出现了生产积极性不强、运营机制落后、机构臃肿、盈利能力低下等问题。据1998年《经济日报》报道,当年2/3以上国有企业亏损;在国家统计局工业司统计的5.8万户国有企业中,国有及国有控股亏损企业亏损额为近千亿元;全部国有企业亏损额比上年同期增长23%,其中国有大中型企业增长30.4%。① 因而，改革国有企业就成了政府的必然选择。

早在改革开放初期，国有企业就经历了"放权让利"改革和1987~1992年的企业承包制改革。1993年后，部分国有企业开始了现代企业制度改革，但是没有在全国范围普遍推行。1995年9月中共十四届五中全会通过的《中共中央关于制定国民经济和社会发展"九五"计划和2010年远景目标的建议》（以下简称《建议》），对国有企业改革提出了"抓大放小"的改革战略。《建议》指出："要着眼于搞好整个国有经济，通过存量资产的流动和重组，对国有企业实施战略性改组。这种改组要以市场和产业政策为导向，搞好大的，放活小的，把优化国有资产分布结构、企业组织结构同优化投资结构有机地结合起来，择优扶强，优胜劣汰，形成兼并破产、减员增效机制，防止国有资产流失。重点抓好一批大型企业和企业集团，以资本为纽带，联结和带动一批企业的改组和发展，形成规模经济，充分发挥它们在国民经济中的骨干作用。区别不同情况，采取改组、联合、兼并、股份合作制、租赁、承包经营和出售等形式，加快国有小企业改革改组步伐。"

1997年，中共十五大进一步提出了明确的国有企业改革目标，即从1998年起用3年左右的时间，使大多数国有大中型亏损企业摆脱困境，力争到20世纪末大多数国有大中型骨干企业初步建立现代企业制度。各级地方政府也相继宣布"今后不再搞国有独资企业"，如表5-1所示。

经过3年的国有企业改革，大中型国有企业脱困的目标在2000年底已基本实现。1997年底，国有及国有控股大中型工业企业为16874户，其中亏损的为6599户，占39.1%。到2000年，亏损户减为1800户，减少近3/4。3年国有大中型工业企业脱困的代价包括用去银行呆坏账准备金1500亿元以上，技改贴息200亿元左右，债转股金额4050亿元。

国有大中型企业在脱困的同时，也进行了现代企业制度试点，逐步推行股份制改革，努力使国有或国有控股企业成为适应社会主义市场经济发展的市场主体和法人实体。

经过多年的努力，我国国有企业股份制改革已取得巨大进展。到2005年底，国家统计局统计的国家重点企业中的2524家国有及国有控股企业，已有1331家改制为多元股东的股份制企业，改制面为52.7%。国有中小

---

① 何忠洲：《十年央企大变身》，《南方周末》2009年8月20日。

表 5-1 部分省市的国有企业改革政策

省区直辖市	时间	政策内容
深圳市	1997年	原则上不再增设国有独资企业,国有经济要从一般性竞争领域退出来。用两年时间先从小型国有企业撤退,再用5~8年的时间逐步从大中型国有企业中退出
武汉市	1999年	不再新办国有独资企业,国有资本今后进入新领域的方式是:集中一部分国有资本作为引导或配套资金,鼓励和引导外资及民间资本一同进入,大力发展混合经济
重庆市	2000年	在工业领域不再新办国有独资企业,转而大力发展以私营企业为主的非公有制工业企业,对长期亏损、没有前途的国有中小企业,采取破产、兼并、出售等形式退出;对国有大中型企业,通过引资嫁接改造、公司制改造、出让股权等使国有资本整体或局部退出;在竞争性领域,用优惠政策吸引私营、外资企业收购国有企业
北京市	2000年	市工业系统将不再批准建立国有独资公司
上海市	2000年	不再兴办国有独资小企业
天津市	2000年	对国有工业进行大调整,在国有工业涉足的33个行业中,5个完全退出,4个大部分退出,17个部分退出
山东省	2000年	大型交通基础设施和公益性行业国有资本可绝对控股(国有股权占50%以上);电子、生物等高新技术产业中的骨干企业、占有重要景点的旅游企业国有资本可相对控股(国有股权35%以上);其他企业应使国有资本"较快退出",即国有股应在35%以下,一般竞争性领域特别是中小企业属于"国有资本完全退出的领域",即以零国有为目标

资料来源:秦晖:《中国转型之路的前景》,《战略与管理》2003年第1期,第1-20页。

企业改制面已达80%以上,其中县属企业改制面最大,一些已达90%以上。作为国有企业主干的中央企业,已有19家企业按照《中华人民共和国公司法》转制,开展董事会试点,共选派了66名外部董事,有14家试点企业的外部董事达到或超过了董事会成员的半数,实现了企业决策层与执行层分开,改善了公司法人治理结构。当中,股份制公司制企业户数的比重由2002年底的30.4%提高到2006年的64.2%。[1] 到2009年底,中央企业及所属子企业已经基本成为股份制或者公司制企业。

国有企业改革的另一个重要领域是对上市公司的股权分置改革。我国上市公司股份存在国有股、法人股、职工内部股、公众股的形式划分,并且国有股、法人股不能上市流通。股权的分置给我国股票市场发展带来了一系列的问题,最主要的是损害了上市公司的利益机制,使上市公司非流通股股东和流通股股东之间的风险与利益问题处于不匹配的状态,并最终

---

[1] 景维民、孙景宇:《经济转型的阶段性演进与评估》,《经济科学出版社》2008年版,第201-205页。

阻碍了企业的长远发展。为了彻底解决上市公司国有股不能流通的问题，2005年开始了股权分置改革。以中石化的股改完成为标志，上市公司的股权分置改革于2006年底基本完成。截至2006年11月，已股改或者开始股改的上市公司有1204家，约占所有上市公司的85%，股改公司市值约为上市公司总市值的95%；其中801家国有控股上市公司（除国有金融机构控股的上市公司外）已有785家完成或启动股改程序，占比98%。①

国有企业在产权制度、公司治理制度改革取得突破性进展的同时，盈利能力也得到快速提升。2003~2006年，尽管国资委所管辖的央企由236家减少到149家，但是到2006年底，央企实现利润超过1万亿元，其中利润超过一百亿元的有19家，另外有19家企业进入了《财富》杂志公布的世界500强企业名单，比2003年增加了10家。2008年，140多家中央企业实现利润6652.9亿元，其中有三大企业利润过千亿元：中国石油净利润1144.31亿元，蝉联亚洲最赚钱企业；中国移动盈利1127.93亿元，成为全球最赚钱的电信公司；中国工商银行税后利润1108亿元，成为全球最赚钱的银行。可以说，改革使得我国的国有企业发生了彻底的改变。

2. 非公有制企业的发展

从时间上说，我国的经济转型是从非公有制经济的发展开始的，也就是说改革之初的重点是在国有经济以外的领域，促进国有经济以外的多种经济成分的增长，这可以说是我国增量改革与渐进改革的最直观体现。

我国的改革开放最初是起源于农村，主要政策就是在农村实施了家庭联产承包责任制。联产承包制使得农业生产效率大大提高，农业经济得到了飞速发展。农业经济的发展产生了大量的剩余产品，并解放了大量的农村剩余劳动力，为工业发展提供了坚实基础。在工业生产领域，一方面可以获得由农业提供的剩余产品和剩余劳动力，另一方面也面临着需求的持续快速增长。然而，单靠公有制企业的生产无法满足消费的需求。在这种情况下政府放开对非公有制经济的管制也就成了必然的选择。这些非公有制经济体在追求自身的利益的同时，形成了一种竞争的态势和繁荣的局面。在政府的鼓励政策和有效规范之下，非公有制经济得到快速发展。主要体现在以下三个方面：

---

① 深圳证券交易所综合研究所：《股权分置改革的回顾与总结》，深证综研字第0147号，2006年12月，第19-38页。

（1）民间资本在各个市场逐渐获得了经济自由权利。首先是一般消费品市场，然后逐渐向重工业产品和服务业延伸，至今除了少数行业依然由国有企业垄断之外，基本都已经对非国有资本开放。

（2）非公有制经济的形式也不断多样化，由最初的以乡镇企业为主，发展到三资企业、私营企业、私有股份制企业、民营上市公司，等等。

（3）非公有制经济的地位不断提高。在转型初期，非公有制经济只是被定位于对作为经济主体的国有经济起"拾遗补阙"作用。然而，非公有制经济一旦获得发展的机会，其内在的扩张动力使其蓬勃发展起来，从20世纪90年代开始，已经成为国民经济的重要组成部分，并对国有经济产生了巨大的竞争压力。表5-2是我国各项经济数据中非公有制经济成分的占比，这里的非公有制经济包括集体经济、合作经济、股份制经济、外商投资经济和个体、私营经济等。

表5-2 我国非公有制企业在工业主要经济指标中的绝对值及占比

主要经济指标	绝对值				占总值的比重（%）			
	2005年	2006年	2007年	2008年	2005年	2006年	2007年	2008年
企业单位数（个）	244358	277000	316088	404800	89.89	91.73	93.86	95.00
工业总产值（亿元）	167869	217678	285491	363498	66.72	68.76	70.46	71.66
资产总计（亿元）	127154	156061	194849	242494	51.95	53.59	55.19	56.22
利润总额（亿元）	8282	11018	16360	21498	55.96	56.49	60.25	70.34
税金总额（亿元）	5719	7467	10039	13816	51.50	53.74	56.32	61.90
从业人数（万人）	5021	5554	6132	7043	72.81	75.48	77.87	79.70

注：工业总产值为当年价格，没有剔除物价因素。
数据来源：中国统计局网站，数据统计范围为规模以上工业企业，非国有企业为全部规模以上工业企业扣除国有及国有控股企业后的部分。

非公有制经济的发展在我国经济转型特别是企业产权制度变革当中有着重要地位。首先，在旧体制外发展市场导向的新体制可以降低改革的成本，保证改革能顺利地进行。其次，非公有制经济的发展主要以微观效率的改进为特征，即非公有制经济的市场化经营和生产提高了整体经济的效率，给整体社会带来福利改进。人民群众能迅速分享到改革的成果，自然会支持改革的进一步深化，催生新的改革措施，引导着制度变迁。再次，非公有制经济的发展保证了改革的渐进性。因为非公有制经济的初始状态是几乎为零的，这一客观条件决定了非公有制经济的发展不可能是激进

第五章 经济转型与我国商业银行系统性风险

的,而必须经历积累、深化和发展的过程。这为中国的改革提供了充分的纠错的时间和空间,制约了改革的不必要冒进,使改革可以稳步推进。最后,非公有制经济的发展改变了国有经济的生存环境,并为国有经济的改革提供了外部条件。一方面,非公有制经济的发展逐步形成了对国有经济的竞争压力,增强了国有经济的危机感,在客观上促进了国有经济的改革;另一方面,非公有制经济发展所产生的增量收益可以用来支持国有企业改革,如为国有企业改革中的下岗职工提供新的就业机会、非公有制经济的税收可以用来支持国有企业的改革等。从这个角度来看,非公有制经济的发展和国有企业改革之间有着较密切的联系。

目前,我国已经基本建立了以公有制为主体、多种所有制经济共同发展的基本经济制度。在此基础上,十六届三中全会提出了建立"归属清晰、权责明确、保护严格、流转顺畅"的现代产权制度的目标。

无论是对于国有企业还是非公有制企业,企业产权制度变革的最显著作用在于提高企业的生产经营效率和增加企业收益。那么,伴随着企业生产效率的提高,企业的信用状况也会相应好转,有利于降低银行的信用风险。

二、两部门风险生成模型的构建

为了全面刻画企业产权制度改革对银行信用风险的影响,下面综合运用实物期权理论和概率论知识来构建一个银行与企业间的两部门风险生成模型。以此为基础,可以分析企业产权制度变革对银行信用风险的影响。

首先做出如下基本假设:

(1) 银行向企业提供贷款,企业用未来的经营收入偿还本息。

(2) 企业的未来收入是随机变量,并且服从正态分布 $R - N(u, \sigma^2)$。

(3) 银行向国有企业提供的贷款额均为 L,利率为 r,期限为 1 年,到期日一次性还本付息,贷款为信用贷款,不存在抵押担保等风险缓释手段。

根据假设 1,贷款本息是由企业用自身经营的收入偿还,这时银行是否会出现损失以及损失的大小就由企业的收入情况决定。企业的收入分布以及银行该笔贷款业务的收益曲线分别如图 5-1 所示。

图 5-1 中,上半部分是企业的收入分布,其中横轴表示企业的收入,纵轴表示概率;而下半部分的横轴与上半部分一致,而纵轴表示银行的损失。下面根据实物期权原理,推导出银行贷款损失曲线。

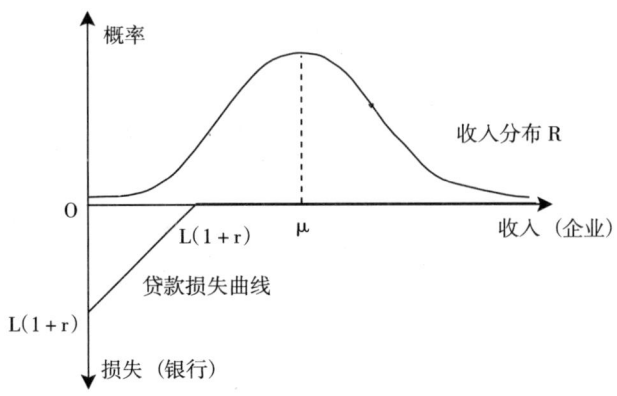

图 5-1 企业收入分布和银行贷款损失曲线

当企业的收入为 0 时,银行损失本金和利息,即为 L(1+r);而当企业的收入达到或者超过 L(1+r) 时,银行则可以收回本金和利息。当然,利息应该作为收益,但为了简化分析,这里把利息视为银行发放这笔贷款的机会成本,则银行损失为 0。根据上述分析,可以发现银行发放贷款的收益特征和卖出一份看跌期权是相同的。因此,可以得到银行的损失曲线,即图 5-1 下半部分的折线。

图 5-1 的银行损失曲线并没有包含与损失相对应的概率信息。下面将其扩展为一个四象限图,其中左边的横轴表示银行的损失,如图 5-2 所示。

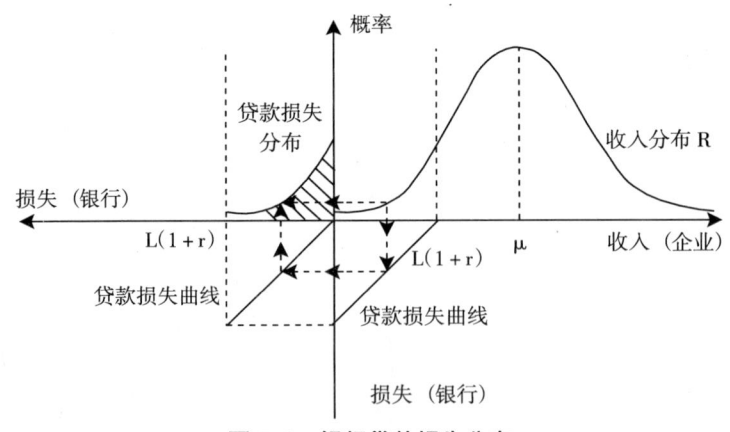

图 5-2 银行贷款损失分布

在图 5-2 中，将贷款损失曲线平移到第三象限，得到一条同样的贷款损失曲线，这条曲线依然保持了企业的收入与银行损失之间的关系。接着在企业的收入分布曲线上企业收入不大于 $L(1+r)$ 的部分选择任意一个点，把概率值投射到第二象限，把收入值再投射到银行损失曲线上，则相对应的银行损失值和概率值在第二象限形成交点。这些交点就组成银行向企业发放该笔贷款的损失分布。从图 5-2 可以看出，贷款损失分布其实是来自于企业收入分布的左侧部分，即企业收入在 0 和 $L(1+r)$ 之间的部分。图 5-3 还假设 $L(1+r) < \mu$，即贷款本息和小于企业的收入期望值 μ。那么当 μ 降至 $\mu = L(1+r)$ 时，第二象限的贷款损失分布就变成相当于国企收入分布的左半侧了。所以，企业收入分布的期望值 μ 和贷款成本 $L(1+r)$ 之间的距离，即 $\mu - L(1+r)$ 的大小对银行要承担的信用风险（贷款损失分布阴影部分）有着重要影响。μ 越小，$\mu - L(1+r)$ 越小，则银行要承担的信用风险就越大；反之则信用风险越小。

三、基于企业产权制度变革的两部门风险生成模型

根据两部门风险生成模型，可以分析企业产权制度变革对银行信用风险的影响。首先针对国有企业改革的情况，分析国有企业改革对银行信用风险的影响；其次利用同样的模型框架，分析非公有制经济发展对银行信用风险的影响。

政府对国有企业改革采取"抓大放小"的战略，即对重点领域的国有大中型企业通过注资引资、股份制改革等措施摆脱经营困境、提升盈利能力和建立现代企业制度；对长期亏损的国有中小企业则通过破产、兼并重组、出售或者 MBO 等形式使国有资本整体或局部退出。

政府的国有企业改革政策使得国有企业的收入分布曲线出现两种不同的变化。对于大型国有企业而言，通过股份制改革建立现代企业制度，解除历史包袱和政策性负担，摆脱生产效率和竞争力低下的困境，同时依然保持有原来的垄断优势和资源优势，因此其收入曲线向右移动，如图 5-3 所示。如果假设国有企业在改革前的收入分布 $R_0 \sim N(\mu_0, \sigma_0^2)$，而在改革后的收入分布 $R_1 \sim N(\mu_1, \sigma_1^2)$。根据上面的分析，期望收入 $\mu_0 < \mu_1$。中小型国有企业则走向破产或者被兼并重组，这使得服从 R_0 收入分布的国有

企业减少，这在图 5-3 中用收入分布 R_0 变为虚线来反映。[①]

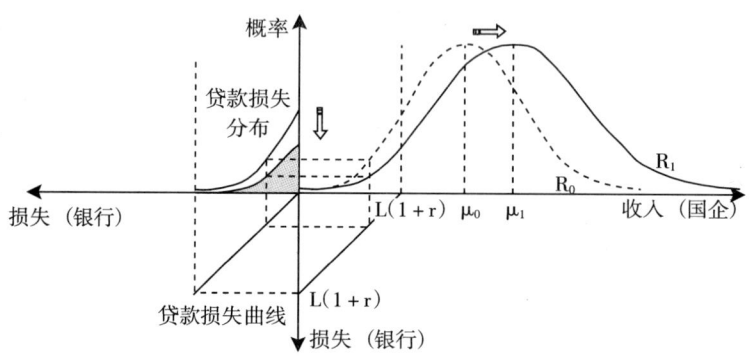

图 5-3　国有企业改革和商业银行贷款损失分布的变化

国有企业改革的两种不同路径最终都会影响银行的信用风险。大型国有企业通过股份制改革，收入分布变为 R_1；相应地，银行对大型国有企业贷款的损失分布曲线也向下偏转，如图 5-3 所示。

由于

$$[\mu_0 - L(1+r)] < [\mu_1 - L(1+r)] \tag{5-1}$$

所以图 5-3 中，下面一条贷款损失分布曲线与坐标轴之间的面积（灰影部分）小于上面一条贷款损失分布曲线与坐标轴之间的面积。中小型国有企业的减少就使得银行要承担高风险的贷款数量减少（在现实当中可能是由接收这些中小型国有企业的机构承担，或者成为坏账并最终由政府承担）。

商业银行的信用风险是对两类国有企业贷款所要承担的信用风险之和。假设大型国有企业和中小型国有企业在改革前各有 M 家；则在国有企业改革前商业银行的信用风险（从 TCR_0 表示）可用公式表示如下

$$TCR_0 = M \times CR_0 + M \times CR_0 = 2M \times CR_0 \tag{5-2}$$

式中，CR_0 表示在国有企业改革前商业银行对每一家国有企业贷款所要承担的信用风险。根据上面的分析，假设改革后大型国有企业家数不变，而中小型国有企业减少为 N 家，则国有企业改革后商业银行的信用

[①] 当然，国有企业改革能促使企业提高经营效率和收益增加的逻辑是以我国的经济体制改革为背景的。如果脱离这一背景，在完全市场经济环境下的企业兼并、重组等行为并不必然会带来效率的提高。

风险可用公式表示如下

$$TCR_1 = N \times CR_0 + M \times CR_1 \tag{5-3}$$

式中，TCR_1 表示在国有企业改革后商业银行的信用风险，CR_0 表示商业银行对中小型国有企业贷款要承担的信用风险，CR_1 表示商业银行对大型国有企业贷款要承担的信用风险。根据图 5-4 可知 $CR_1 < CR_0$，同时 $N < M$，所以有

$$TCR_1 < TCR_0 \tag{5-4}$$

所以，国有企业改革降低了商业银行的信用风险。上述"银行—国有企业"信用风险生成模型说明了国有企业改革对商业银行信用风险的影响机制：国有企业改革提高国有企业的生产经营效率，使国有企业可以获得更高的收入，改变了银行贷款的损失分布，从而降低银行的信用风险。

企业产权制度变革的另一项重要内容——非公有制企业的发展对我国银行信用风险的影响也可以在同样的模型框架中解释。两部门风险生成模型并没有考虑国有产权或者非公有制产权的性质差异，而主要是分析企业产权制度变革对企业效率的影响，因此同样适用于解释非公有制经济的情况。

在非公有制经济发展进程中，非公有制企业的形式不断丰富和发展，从初期的乡镇企业、个体企业等形式发展到民营股份制企业、民营上市公司等，因此可以认为非公有制经济在企业产权制度变革进程中的效率也是不断提高，那么从两部门风险生成模型同样可以得出结论：银行的信用风险会随着非公有制企业的发展而下降。

第二节　金融体系改革与商业银行系统性风险

商业银行的信用风险虽然是直接源自借款人违约的可能性，但是银行体系本身的制度因素会通过银行与借款人之间的博弈影响借款人的行为，进而影响商业银行信用风险。银行体系的预算软约束被认为是银行不良贷款内生性的最重要根源，金融市场的单一也被认为是银行信用风险积聚的重要基础条件，还有金融监管、利率市场化、金融对外开放以及金融法制建设等也是影响商业银行信用风险的重要制度环境。

经济周期、经济转型与商业银行系统性风险管理

一、金融体系改革的历程分析

自改革开放以来,金融发展就一直是改革开放战略的重要组成部分。资本对处于起飞阶段的一国经济而言是相对稀缺的要素。在这种要素禀赋结构之下,政府为了实现经济的快速发展,需要通过控制金融体系(尤其是银行)来进行资本积累和配置。这对于发展中国家或者新兴市场国家而言是基本的逻辑。但是对于中国而言,由于金融体系在改革开放以前相当于是一片空白,所以政府对金融体系的控制首先体现为在政府主导之下建立和发展金融体系,自改革开放初期开始,就大力发展金融体系来发挥其动员储蓄、促进资本形成的功能,推动经济的增长。另外,政府在自身财政能力削弱的情况下,控制了金融体系,让其发挥"第二财政"的功能,以支持经济转型特别是国有企业改革。在这一过程中我国并没有像麦金农的金融深化理论所倡议的那样通过金融市场化来带动经济的增长,反而是通过控制金融资源来促进经济的增长和推动改革进行,因此金融体系改革的相对滞后在客观上支持了经济转型特别是国有企业改革的进程。当然,这种滞后是一种相对滞后,金融体制在不同方面和不同层次的改革是从改革开放初期就逐步推行,并在进入21世纪之后明显加快了进程。金融体系改革的最核心内容是商业银行体制改革,除此之外还包括金融监管体系改革、利率市场化、金融市场发展、金融对外开放以及金融法制建设等多个方面的内容。

1. 商业银行体制改革

商业银行体制改革是金融体系改革的最核心内容。在改革开放以前,我国的正规金融机构只有一家中国人民银行以及若干家农村信用社,主要职能是吸收存款和根据国家政策分配信贷资金,整个金融体系具有明显的行政性、封闭性和单一性,受计划经济的严格约束,不存在真正意义上的商业银行。经过20多年的改革,现在的金融机构除了中央银行、政策性银行和四大国有商业银行等国家金融机构外,还有大量的非国家金融机构,如城市商业银行、农村商业银行、城市信用社、农村信用社、非国有独资的股份制商业银行以及不断增加的外资银行等。金融机构多元化的发展在一定程度上弱化了国家对金融资源的垄断,并且使金融服务遍及社会各个层面,把更多的资金吸收到有组织的金融市场中去,提升了金融市场

第五章 经济转型与我国商业银行系统性风险

化程度。

1979年后,中国农业银行、中国银行和中国建设银行先后恢复和设立,到1984年中国工商银行成立,中国人民银行正式成为中央银行,而中、农、工、建四大银行作为专业银行构成了我国当时金融体系的主体。随后,股份制商业银行也相继成立。这些全国性或者区域性股份制银行打破了四大银行的专业分工秩序,有效促进了银行业的竞争。与此同时,城市信用合作社、农村信用合作社以及城市商业银行等银行类金融机构也得到快速发展,主要是从事当地的信贷业务,成为除了四大国有银行以及股份制商业银行之外的重要金融机构。

然而,这个阶段的四大国有银行在从事商业性的银行业务的同时,还负担着大量的政策性业务,阻碍了自身的发展,无法成为真正的商业银行。所以,在1994年政府组建了三大政策性银行,承接四大行的政策性业务。四大专业银行开始向商业银行转变,开始实行统一法人体制,实行分业经营,推行资产负债比例管理,并按照《公司法》对国有独资公司组织形式的规定确立组织形式和组织机构等。然而,这些改革措施没能从根本上解决四大银行经营绩效低下、不良贷款负担沉重的问题。四大国有商业银行虽然普遍不再从事政策性业务,[①] 但并没有从政策性负担中解脱出来。政府、国有企业与国有银行三者之间形成了一种"刚性依赖"的状态(张杰,2001),而国有企业长期承担着的政策性负担通过国有企业与国有银行的双重预算软约束(施华强,2004)向银行转嫁,最终形成银行的不良贷款。在上文中提到,国有企业因为存在预算软约束而预期在出现亏损的时候可以得到政府的救助。然而,中央财政收入在改革开放初期增长十分缓慢,无力承担救助国有企业的重负。在这种情况下,政府只好通过"拨改贷"政策,转而要求国有银行承担向国有企业融资的职能。所以,从1984年的"拨改贷"政策开始,国有银行就负责国有企业的融资,不但是生产项目融资,甚至包括日常的营运资本,这被称为"金融功能的财政化"。由于银行的产权归属是政府,银行的贷款对于国有企业来说并不是真正意义上的贷款,而是相当于政府间接提供的股本金,并且预期在自己出现财务困难的时候,依然能从银行那里间接地获得政府的支持。在这样的预期之下,国有企业就无法形成硬化的预算约束。同样,国有银行本

---

① 农业银行在很长一段时间内依然开展支农方面的政策性业务。

质上也是国有企业，同样预期会得到政府的救助，而且预期自己因为救助国有企业而产生的不良贷款最终可以由政府承担，所以没有足够的动力去识别、管理和控制企业的信用风险。以上双重预算软约束的结果就是国有企业的信用风险向商业银行积聚，形成巨额的不良贷款。

为了摆脱四大国有银行沉重的不良贷款包袱，财政部于1998年8月发行了2700亿元特别国债，充实国有商业银行的资本金，使其资本充足率达到8%；又于1999年成立了四家资产管理公司（信达、长城、东方和华融），专门收购和处置从四大银行剥离出来的13939亿元不良资产（主要就是不良贷款）。① 这些改革措施有效地提高了四大银行的资本充足率和降低了不良贷款率，但更多的是补偿国有四大银行在国有企业改革当中承担的改革成本；国有四大银行在完善内控制度、公司治理结构和改革财务会计制度等方面的努力也依然没能从根本上改变国有银行与国有企业之间的双重预算软约束。国有四大银行依然承担了很多政策性业务，承担着大量的社会责任，如"给国有企业发放工资贷款、安定团结贷款、包饺子贷款等"。② 所以，不良贷款率很快又出现上升趋势。截至2003年9月，已实行五级分类的银行业主要金融机构不良贷款率为18.7%，其中国有四大银行为21.4%，政策性银行为18.1%，股份制商业银行为8.4%。相比之下，外资银行不良贷款率则要小得多，如花旗银行和汇丰银行分别只有2.7%和3%。

为此，政府主导了新一轮的商业银行改革，以建立现代金融企业制度。我国主要的股份制商业银行成立时间如表5-3所示。

表5-3 我国主要股份制商业银行成立时间

年份	成立（或重新组建）的股份制商业银行
1986	交通银行重新组建
1987	中信实业银行、深圳发展银行、招商银行和恒丰银行成立
1988	广东发展银行、福建兴业银行成立
1992	光大银行、华夏银行成立
1993	浦东发展银行成立
1996	民生银行成立

---

① 王广谦主编：《中国经济改革30年——金融改革卷》，重庆大学出版社2008年版，第25页。
② 施华强、彭兴韵：《商业银行软预算约束与中国银行业改革》，《金融研究》2003年第10期，第9页。

第五章　经济转型与我国商业银行系统性风险

续表

年份	成立（或重新组建）的股份制商业银行
2004	中国银行股份有限公司、中国建设银行股份有限公司成立
2005	中国工商银行股份有限公司、渤海银行股份有限公司成立
2009	中国农业银行股份有限公司成立

2003年12月，国家通过中央汇金公司再次向中国银行、中国建设银行注资450亿美元，国有独资商业银行股份制改革正式启动。这两家银行分别在2004年的8月和9月改组为股份有限公司。工商银行的股份制改革也在2005年启动，获得了中央汇金公司的150亿美元注资，于2005年10月整体改制为股份有限公司。作为四大银行之中最后一家股改的农业银行也于2008年11月获得中央汇金公司约190亿美元的注资，并于2009年1月正式成立中国农业银行股份有限公司。至此，我国主要的商业银行已基本成为股份制商业银行，商业银行的产权改革部分已经基本完成。在公司治理、经营效率方面的完善和提高则还需要进一步的努力。

除此之外，金融机构改革在证券、保险、合作金融、邮政储蓄、信托租赁等领域也有显著进展，在此不再赘述。

2. 金融体系改革的其他内容

除了金融机构的发展与改革之外，金融体制的市场化改革还包括金融监管体系改革、利率市场化、金融市场发展、金融对外开放以及金融法制建设等多个方面的内容。这些方面是我国银行实行真正的商业化经营、树立科学的风险管理理念的重要制度环境。

（1）金融监管体系改革。作为金融体系改革的重要部分，金融监管体系也经历了深刻的改革和演变，如图5-4所示。

自改革开放之初，中国人民银行（简称"人民银行"）就负有金融监管之责，但既行使监管职能，又经办商业银行业务。从1984年工商银行成立后，人民银行开始专门负责金融业的统一监管。1992年，中国证券监督管理委员会（简称"证监会"）成立，和人民银行共同对证券市场实施监管；1998年，人民银行把证券监管职责移交给证监会，标志着我国进入分业监管时期。随后，中国保险监督管理委员会（简称"保监会"）和中国银行业监督管理委员会（简称"银监会"）分别在1998年底和2003年成立，形成了当前的"一行三会"的监管格局。

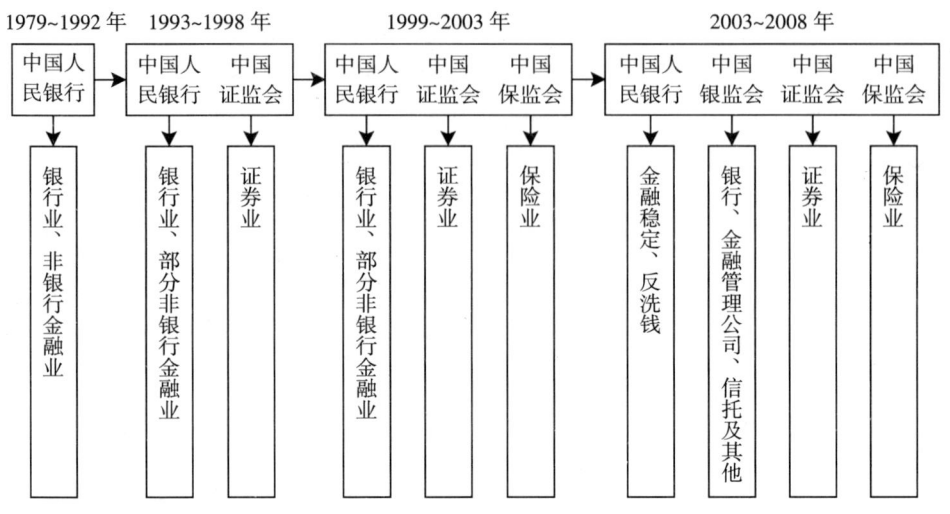

图 5-4 中国金融监管体系变迁图

资料来源:摘自王广谦主编《中国经济改革 30 年——金融改革卷》,重庆大学出版社 2008 年版,第 175 页,内容有所调整。

除了监管机构的变迁之外,监管内容也在不断演进。从 20 世纪 80 年代到 90 年代初期,人民银行主要对国有银行实行信贷规模控制,实行"统一计划、划分资金、实贷实存、相互融通"的信贷资金管理办法。从 1994 年开始,人民银行对国有商业银行全面实行资产负债比例管理,但依然保留贷款规模控制;直到 1998 年 1 月,中国人民银行取消对国有商业银行贷款限额的控制,在推行资产负债比例管理和风险管理的基础上,实行"计划指导,自求平衡,比例管理,间接调控"的新的管理体制。2004 年,负责银行监管的银监会宣布实行《资本充足率管理办法》,并在 2005 年废止了《资产负债比例管理办法》,实行《风险监管核心指标》。监管重点从合规性监管过渡到了风险监管。根据中国银监会有关中国银行业实施新资本协议的时间安排,选定了包括中国银行、中国工商银行、中国建设银行、国家开发银行在内的 7 家大型商业银行作为 2010 年首批合规银行。

(2)利率市场化。商业银行要实现真正的风险定价,必须根据市场具体情况独自进行价格测算,在利率管制环境下是不可能形成有效的风险定价机制的(易宪容,2004)。所以,利率市场化对商业银行的信用风险水平有着重要影响。

利率市场化改革在 1996 年正式开始，人民银行首先放开了银行间同业拆借利率，并依次放开债券市场的利率管制。然后，利率市场化开始向商业银行贷款和大额存款利率延伸。人民银行分别在 1998 年和 1999 年连续三次扩大金融机构贷款利率浮动区间。2000 年后，外币存贷款利率也开始了市场化改革。人民银行在 2004 年初第四次扩大贷款利率浮动区间之后，对金融机构贷款利率浮动情况进行了调查。结果显示 2004 年三季度金融机构发放的全部贷款中，实行下浮利率的贷款占全部新发生贷款的 20.8%，实行基准利率贷款占 29.1%，实行上浮利率的贷款占 50.1%。这表明扩大贷款利率的浮动区间增加了银行风险定价的自主性，银行能够根据企业的信用风险水平来确定具体贷款的合理定价，出现了金融机构以风险差异定价的竞争格局。所以，人民银行在 2004 年 10 月完全取消了贷款上浮幅度限制。2007 年初，人民银行推出了"上海银行间同业拆放利率"（简称"Shibor"），被认为是中国基准利率的雏形。

至今，中国人民银行累计放开、归并或取消的本、外币利率管理种类达 119 种，但是人民币贷款利率的下限、存款利率的上限依然没有放开。可以预见，随着金融机构改革的稳步推进和金融机构风险定价能力的不断提高，利率市场化改革将继续深入。

（3）金融市场发展。金融市场自中国改革开放以来从无到有，经历了飞速发展和不断规范的过程。股票市场的发展源于改革开放后股份经济的兴起，一开始是进行柜台交易，到 1990 年和 1991 年上海与深圳证券交易所分别成立后，形成了全国性的股票交易市场。1998 年 4 月，沪深两市开始实行退市制度，规定对不再具备上市条件、不按规定公开其财务状况、有重大违法行为或者最近 3 年连续亏损的企业要暂停其股票上市。退市制度有效提高了市场对上市公司质量的甄别能力。股票市场经过近 20 年的不断发展，至 2009 年 6 月初已有上市公司 1603 家，涵盖了三大产业 12 个行业；沪深两市流通市值 84363 亿元，沪深两市总市值 187853 亿元。① 随着股权分置改革后非流通股的不断解禁，流通市值将越来越接近总市值。2009 年 10 月，我国在深圳成立了创业板，代表着多层次资本市场建设取得突破性进展；证监会在 2010 年 3 月公布了首批融资

---

① 2009 年 6 月 5 日数据，数据来源：人民网 2009 年 6 月 6 日，http://finance.people.com.cn/GB/9425438.html。

融券试点名单,沪深300股票指数期货合约获准在2010年4月16日开始交易,是我国证券市场产品的重要创新。可以预见,我国证券市场将会持续快速发展。

除了股票市场之外,我国的金融市场还有债券市场、货币市场等,①因为市场规模相对较小,本书不再详述。

(4)金融对外开放。金融对外开放至少包含以下两方面的内容:一是国外金融机构的进入;二是汇率制度和外汇市场改革。

1981年7月,我国开始批准外国金融机构在经济特区设立分支机构;1994年2月,国务院颁布了《中华人民共和国外资金融机构管理条例》,标志着金融开放的进一步扩大。2006年12月11日,中国金融业全面开放,外资银行可从事人民币零售业务。截至2006年底,22个国家和地区的74家外资银行在我国设立了200家分行和14家法人机构;还有186家外资银行设立242个代表处。②保险业是从1992年开始对外开放试点,到2006年底已有41家外资保险公司和195家代表处。证券业的对外开放是最为谨慎的,截至2006年底,有外资参股的证券公司7家,外资参股和合资(中方控股)的基金管理公司26家。

汇率制度方面,我国在改革开放初是实行"钉住一揽子货币"制度,先后在1987年和1995年调整为有管理的浮动制和实质上钉住美元制,2005年7月启动人民币汇率体制改革,开始实行以市场供求为基础、参考"一揽子"货币进行调节、有管理的浮动汇率制度,波动范围扩大到3%。外汇市场方面,我国在1993年提出外汇体制改革长远目标是实现人民币可兑换。1996年12月我国正式接受国际货币基金组织协定第八条款,实现了人民币经常项目可兑换;之后逐步放松了资本项目管理,加速资本项目的放开。2009年3月,国务院确定在香港地区进行人民币跨境结算中心试点;5月,中、日、韩三国联合宣布筹建总值1200亿美元的区域外汇储备库,其中中国出资384亿美元,占32%的份额。可以看出,我国正努力推进人民币的国际化。

(5)金融法制建设。和上述金融体系改革与发展相对应,金融法律法规也在经济转型过程中不断发展和完善。在1995年以前,我国的金融法

---

① 外汇市场也属于货币市场,但本文将其放在下面的"金融对外开放"部分阐述。
② 王广谦主编:《中国经济改革30年——金融改革卷》,重庆大学出版社2008年版,第46页。

制建设尚处于起步阶段，只有金融行政法规和规章；1995年连续颁布了修订《中华人民共和国中国人民银行法》《中华人民共和国商业银行法》《中华人民共和国票据法》和《中华人民共和国保险法》等重要的金融法律，在1998年底通过《中华人民共和国证券法》，形成了我国金融法律体系的基本框架。2001年之后，又相继对上述法律进行修改，并制定了《中华人民共和国信托法》、《中华人民共和国银行业监督管理法》、《中华人民共和国证券投资基金法》和《中华人民共和国反洗钱法》等。以上法律构成了金融法律体系的核心，同时还有金融行政法规、规章和规范性文件作为配套，以及金融自律性规范、司法解释、行政解释等作为补充。

但是，我国的金融法制依然存在各方面的缺陷，如法律条文过于空泛、权益保护不足、司法效率低下等。这些都制约了金融体系改革的进一步深化和金融发展进程，需要继续完善。

二、金融体系改革影响商业银行系统性风险的双重路径

我国的金融体系是在政府主导与控制之下发展起来的，所以整个金融体系在形成初期带有较浓厚的政府色彩，在强政府制度安排下形成了特殊的政银关系，这种政银关系被认为是中国银行业不良资产形成的深层原因（王一江、田国强，2004）。金融体系改革弱化了我国金融体系的政府色彩，大大提高了金融体系的市场化程度，这对银行的信贷决策以及借款人的信贷行为产生系统性影响，进而影响商业银行的信用风险。下面从商业银行的预算约束硬化和资本约束硬化两个角度来分析金融体系改革对商业银行信用风险的影响机制。

1. 金融体系改革影响银行系统性风险的预算约束硬化路径

政府通过掌控金融体系来控制金融资源，进而影响其他生产要素。政府在控制金融体系运行、干预金融机构运营时有可能会忽略金融业自身的经济属性而向金融体系分配了大量的政策性或公共性贷款任务。金融机构在承担政策性负担的同时也必然会产生预算软约束问题，并成为影响商业银行信用风险的重要制度性因素。在金融体系改革进程中，商业银行（特别是国有商业银行）的预算软约束也逐渐硬化，相应地改变银行的信贷决策和债务人的信贷行为，进而影响商业银行信用风险。

第一，在预算软约束之下，银行管理者预期银行在出现财务困境时可以获得政府的救助，也就不必为信贷决策的失误承担完全的责任；但是获得的收益却属于自身的业绩。预算软约束下的这种权责不对称导致银行管理者在进行信贷决策时，只关注收益最大化的目标函数而不关注风险的约束条件，所以在信贷决策当中存在冒险倾向，即偏好于高风险高收益的项目（Stiglitz，1994）。冒险倾向属于一种事前的机会主义，加大了银行出现不良贷款的概率。预算约束的硬化消除了银行管理者对政府救助的预期，改变了权力与责任之间的不对称结构，相应地弱化了信贷决策中的冒险倾向。

第二，预算约束的硬化降低了银行对坏项目的"复活投机"（Gambling for Resurrection）。预算软约束会导致银行在贷后管理中对坏项目的"复活投机"倾向，即银行由于预期政府会事后干预并承担亏损，所以对坏项目没有积极性去进行清算。银行的消极策略如果成功，将会得益；如果失败，却因为可以获得政府的救助而不必承担失败的后果。在复活投机策略下，银行对坏项目不是倾向于实施清算，而是继续提供融资支持以冀望于在后期实现"复活"，获得正的收益。这同样是一种机会主义，不过是一种事后的机会主义。在银行预算约束硬化之后，因为银行要承担坏项目的亏损，所以对坏项目不再单纯采取消极策略，而要在银行利益最大化的原则下对项目进行评估，再决定是清算还是继续提供融资支持。

第三，银行预算约束硬化会影响借款人的信贷行为。银行的预算软约束和一般企业不同，具有更强的外部性。一般企业的预算软约束的影响主要局限在企业内部，而银行的预算软约束会影响借款人的借贷行为。在银行存在预算软约束的情况下，借款人可以预期银行存在冒险倾向和复活投机倾向，会相应地产生逆向选择和道德风险。一方面，在银行存在冒险倾向的情况下，借款人会发现高风险高收益的项目并没有被银行所排斥，反而可能会获得贷款，自然刺激了借款人的逆向选择，将收益率高同时失败率高的项目向银行提出贷款申请，并排挤掉风险较小同时收益较低的贷款。另一方面，因为银行存在复活投机倾向，对于借款人来说如果不履约的话，还可能获得银行进一步的贷款。这就强化借款人的道德风险，使借款人产生事后不履约的动机（Dewatripont，M.和Maskin，E.，1995）。Aghion，Bolton和Fries（1996）也指出：如果银行管理者通过对不良贷款进行展期来隐瞒损失，将软化企业的预算约束，所以银行内部的预算软约束可以使借款人产生严重的逆向选择和道德风险。随着银行预算约束的硬化，高风险高收益的项目难以再获得贷款，会弱化借款人的逆向选择倾向，坏项目也难以获得银行的展期或再融资而要被清算，所以降低了借款人事后不履约的动机。

所以，商业银行的预算软约束硬化会弱化银行在信贷决策中的冒险倾向和复活投机倾向，相应地改变借款人的预期，弱化借款人的逆向选择和道德风险，进而影响银行的信用风险。

2. 金融体系改革影响银行系统性风险的资本约束硬化路径

我国国有商业银行在金融体系改革当中除了出现预算约束的硬化，同时还经历了资本约束的硬化过程，也同样对商业银行信用风险起到重要的影响。

在金融体系改革过程中，国有银行的资本约束经历了从约束软化到逐渐硬化的过程。在改革前，银行资本由财政部补充，成本很低。首先，国有银行不需要对国有资本支付利息。其次，多年来一直不需要向国家上缴利润。1993年以前，国企是需要向国家上缴利润的，但1993年分税制改革后，国有企业的利润改为按照统一的税率征收。最后，国有银行获得补充资本金的成本也很低。如财政部于1998年向国有商业银行注资2700亿元，另外还出资成立了四家资产管理公司，专门剥离四大银行的不良资产，其中1999年共剥离了13939亿元，2003年底核销了建设银行569亿元、中国银行1400亿元损失类贷款，2004年再次剥离了建设银行1289亿元和中国银行1498亿元可疑类不良贷款，2005年剥离了工商银行不良资产近7050亿元。[①] 这些政策性剥离不良资产行为也相当于间接地为四大银行补充资本金。这些注资方式和发行股票、债券或者引入投资者等市场化的融资方式相比，其成本是相当低廉甚至可以忽略不计的。在资本成本低廉的情况下，银行很容易产生信贷扩张的冲动，这可以称为资本软约束。

股份制改革过程中，政府注资就不再是无偿的，而是采取"花钱买机制"的办法，将补充资本金与银行股份制改革捆绑在一起：一方面对国有银行提出注资承诺以改善其财务状况，提高资本充足率；另一方面要求银

---

① 施华强：《国有商业银行账面不良资产、调整因素和严重程度：1994–2005》，《金融研究》2005年第12期。

行改进经营绩效、清除历史包袱和进行财务重组才履行注资承诺,并要在注资后改组为股份有限公司,建立现代公司治理结构。2003~2008 年,中国银行、中国建设银行、中国工商银行和中国农业银行通过努力,先后达到国家注资条件,所以分别获得中央汇金公司的注资进而改制为股份有限公司。国有银行在改进和完善"机制"方面的努力就可以视为获得政府注资的成本。

四大国有银行股份制改革的目标之一就是成为上市银行,事实上商业银行也普遍把成功上市作为基本建立现代公司股权结构和治理结构的重要标志。成为上市银行之后,资本成本也出现了根本性的变化,一个是存量资本成本,一个是增量资本成本。存量资本成本主要体现为每年需要支付股息和红利(盈余的情况下),如果是国有股权还需要向国家上缴一定比例的利润。2007 年底,中华人民共和国国有资产管理委员会与财政部联合发布了《中央企业国有资本收益收取管理办法》,要求具有资源型特征的企业上缴 10%利润,一般竞争性企业为 5%。照此规定,国有银行也需上缴至少 5%的利润。增量资本成本主要源自于融资行为由原来的行政化注资变为市场化融资。在股票市场上再融资除了要达到盈利、分红要求之外,还要支付相应的融资费用,并受到市场环境的影响。如浦发银行在 2008 年 2 月 20 日传出再融资计划,马上引发股价的连续四天大跌,股价从 20 日的开盘价 50.50 元跌至 25 日的 39.00 元,跌幅达 22.77%;同时也引发股市的整体下跌,上证指数同期下跌了 490.06 点。① 2010 年,各家商业银行普遍面临补充资本金的问题,再融资也成为制约银行类股票表现的重要因素。所以在股份制改革后,国有银行的资本成本出现了显著变化。

与此同时,银监会也提高了对商业银行的资本充足率要求,其中对大型银行的最低资本充足率要求为 11%,而对中小银行的最低资本充足率要求则为 10%。根据银监会的要求,我国商业银行还将从 2010 年开始实行《巴塞尔新资本协议》。金融业入世过渡期的结束也促使商业银行向国际银行业接轨,推行经济资本管理。在以上多重因素的综合作用下,对商业银行的信贷行为产生显著的约束效应,也就是资本约束的硬化效应。资本约束的硬化对商业银行的信用风险有着重要影响。

---

① 数据来源:根据上海证券交易所提供的交易数据统计而来,http://www.sse.com.cn/。

第五章 经济转型与我国商业银行系统性风险

在存在资本软约束的情况下，资本软约束和预算软约束相互结合、共同作用，可以产生更严重的信贷扩张。江曙霞等（2006）指出：我国商业银行的信贷扩张当中，信贷资金投向的行业主要集中在钢铁、房地产等热点行业和有政府垄断背景的行业，或者是地方政府的基础设施建设项目。这很容易造成以下两方面的后果。一方面是经济的局部过热、重复投资和经济的低效率增长，"我国银行潜在信用风险就是在重复建设导致经济过热——'一刀切式'的抽紧银根——经济衰退——银行不良债权积累这样的恶性循环中不断积累起来"。[①] 另一方面是经济结构的失衡。经济增长的成分当中，投资拉动的贡献过大而消费的贡献却相对不足。经济结构的失衡不利于经济的持续、高速增长。同时，根据凯恩斯的投资乘数原理，引起经济周期的关键因素就是投资的乘数效应。如果一国经济中投资的比重过大，相应地也增大投资乘数对宏观经济的作用效果，加剧经济周期的波动。经济周期对商业银行的信用风险影响已经在上一章进行了深入分析。综上所述，这两方面的后果最终都体现为商业银行信用风险的聚集。所以资本软约束加大了宏观经济在过热与过冷之间的波动，从而成为商业银行信用风险积聚的重要因素。

资本约束的硬化要求银行提高对贷款的风险甄别能力，使得银行在信贷资产选择上更加关注贷款的风险。这客观上会导致信贷规模缩减，货币供应减少，对实体经济的影响就是产出下降和经济收缩。但这并不意味着金融体系改革是不利于经济增长的。恰恰相反，在资本软约束状态下的信贷供给是一种扭曲供给，在超过实体经济所需的情况下就会产生上面所述的投资过度、经济过热、通货膨胀等状况，而且信贷资金运用的效率低下，抗风险能力弱，在宏观调控当中很容易出现违约，形成不良贷款。资本约束的硬化可以对扭曲的信贷供给进行纠正，促使宏观经济从过热状态或者过冷状态向均衡状态回归，有利于熨平经济的过度波动，实现平稳增长。而且，股份制改革后银行面临着盈利要求，在资本硬约束环境下会不断提高风险识别和管理能力，将信贷资金分配到生产效率最高的部门和企业，提高资本要素的配置效率。这有助于经济增长方式从粗放型增长向集约型增长转变。经济的平稳增长以及经济增长方式的优化可以有效减少商

---

① 江曙霞、罗杰、黄君慈：《信贷集中与扩张、软预算约束竞争和银行系统性风险》，《金融研究》2006年第4期。

业银行的信用风险。所以,资本约束硬化对弱化商业银行信用风险有着十分积极的作用。

综上所述,金融体系改革对国有商业银行有预算约束和资本约束的双重硬化效应,进而影响商业银行信用风险。

第三节 对外开放与商业银行系统性风险

对外开放代表了我国由封闭型经济向开放型经济的转变,也是我国引入外部力量推动经济转型的重要手段;同时,对外开放拓宽了我国企业的市场范围和资金来源渠道,因此会改变企业的信用状况,进而影响商业银行的系统性风险,所以本书把对外开放作为经济转型的部分内容。

一、对外开放的历程分析

在改革开放以前,我国对外开放的程度十分低下;改革开放以来,我国对外开放取得了十分大的成就,经济从原来的封闭半封闭转变为全方位开放。在对外开放的区域方面,从最初的沿海开放发展到沿江开放和沿边开放,在从东部开放发展到中西部区域的梯次开放;在对外开放的领域方面,从贸易开放到投资投资、从货物贸易到服务贸易领域不断拓展,而且金额从小到大,质量从低到高,形成对外开放的新趋势。

我国在 1980 年设立了深圳、珠海、汕头、厦门 4 个经济特区,可以视为对外开放的重要标志。20 世纪 80 年代中期至 90 年代初,对外开放的范围逐步扩大到了沿海、沿江、沿边地区,并从沿海向内地逐步推进。2001 年 12 月,中国加入世界贸易组织(WTO),我国进入了全方位对外开放的阶段。

对外贸易是我国对外开放的核心内容。改革开放 30 年来,我国的对外贸易实现了飞速的发展。1978 年,我国进出口贸易总额仅为 206 亿美元,其中出口总额为 98 亿美元,进口总额为 108 亿美元;而到 2007 年上述数据分别为 21738 亿美元、12178 亿美元和 9560 亿美元,增长倍数分别为 104 倍、124 倍和 87 倍。1979~2007 年进出口贸易年均增长 17.4%,其中出口年均增长 18.1%，进口年均增长 16.7%。特别是 2001 年 12 月我国正式加入世贸组织后，对外贸易的发展速度显著提升，2002~2007 年，我国进出口贸易以年均 28.5% 的速度增长，其中出口年均增长 28.9%，进口年均增长 27.3%。自 1950 年起的 58 年历程中，我国进出口贸易总额突破 200 亿美元用了 29 年，从 200 亿美元到 5000 亿美元用了 23 年，从 5000 亿美元到 1 万亿美元用了 3 年，从 1 万亿美元到 2 万亿美元也仅用了短短的 3 年时间。2002~2007 年入世 6 年间，进出口贸易总额合计已超过 1979~2001 年即从改革开放到入世之前 23 年的总和。以上数字充分说明了我国对外开放的显著进步。①

二、对外开放影响商业银行系统性风险的三阶段模型分析

我国对外开放的内容十分丰富，下面以对外贸易作为代表性内容，分析对外开放对商业银行信用风险的影响机制。根据李嘉图的比较优势原理，国际贸易可以为贸易双方都带来整体福利改进，也就是企业可以从经济对外开放当中获得收益。但同时，经济对外开放也意味着影响企业收益的因素更多更复杂，则企业收益的波动性可能会提高。

因此，对外开放对企业收益的影响可以分解成三个阶段来刻画。在初始阶段还不存在对外开放，因此企业不能从对外贸易中获得收益，企业收益只受国内因素影响。从第二阶段开始，在对外开放政策下发展对外贸易，产品市场的扩大带来收益的增加；但是因为还处于对外开放初期，企业的整体收益受国际市场、汇率等外部因素的影响较小。在第三阶段，随着对外开放程度的进一步提高，对外贸易收益占企业整体收益的比重上升到一定程度，因此企业收益除了受国内因素影响之外，还受到与对外贸易相关的国际因素影响，所以企业收益的波动性加大。

根据以上分析，可以沿用第一节中的模型框架，建立一个简单的对外开放三阶段模型来说明对外开放对商业银行信用风险的影响机制。对外开放三阶段模型的基本假设如下：

---

① 数据来源：中央政府门户网站 2008 年 11 月 12 日报道《改革开放 30 年我国对外开放取得巨大成就》，www.gov.cn。

(1) 企业的未来收入（绝对值）是随机变量，而且服从正态分布，在第Ⅰ阶段没有对外贸易，企业的收入曲线 $N_I \sim N(\mu_I, \sigma_I^2)$。

(2) 在第Ⅱ阶段，企业开始开展对外贸易，企业的市场由国内市场扩展到国外市场，预期收入提高，这时企业收入曲线变为 $N_{II} \sim N(\mu_{II}, \sigma_{II}^2)$，其中 $\mu_{II} > \mu_I$ 而且 $\sigma_{II}^2 = \sigma_I^2$。

(3) 在第Ⅲ阶段，企业的收入受到国际因素的影响，收入波动性加大。这时企业收入曲线变为 $N_{III} \sim N(\mu_{III}, \sigma_{III}^2)$，其中 $\mu_{III} = \mu_{II}$ 而且 $\sigma_{III}^2 > \sigma_{II}^2$。

(4) 银行向国有企业提供的贷款额为 L，利率为 r，期限为 1 年，到期日一次性还本付息，贷款为信用贷款，不存在抵押担保等风险缓释手段。

根据以上假设，可以得到第Ⅰ阶段和第Ⅱ阶段的银行信用风险曲线，如图 5-5 所示。可以看到：从第Ⅰ阶段到第Ⅱ阶段，因为对外开放使得企业收入增加，因此银行的贷款损失分布曲线也相应地下移。

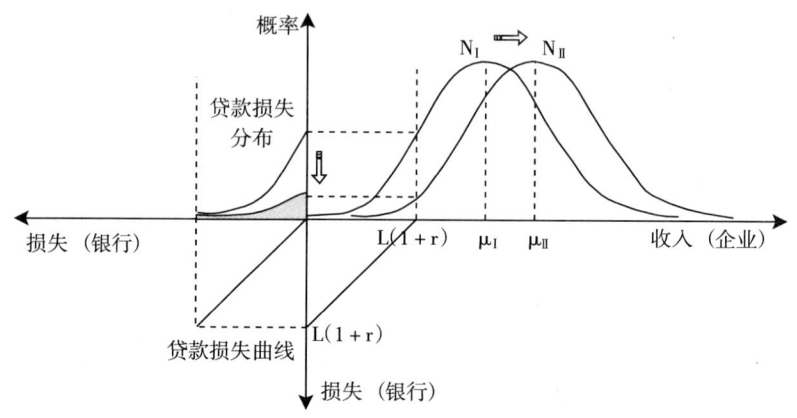

图 5-5 对外开放对企业收入期望值的影响

而从第Ⅱ阶段到第Ⅲ阶段，因为企业收入的波动性加大，银行的贷款损失分布曲线又向上移动，如图 5-6 所示。

改革开放三阶段模型只是从理论上把对外开放分为三个阶段，实际上第Ⅱ阶段和第Ⅲ阶段是难以明确界定的。实际情况往往是对外开放增加企业收入，使得贷款损失分布曲线下降；但同时也加大了企业收入的波动，所以又会部分抵消贷款损失分布曲线的下降幅度。

当然，在本书的三阶段模型当中，信用风险曲线总体上是向下移动的。在某些极端情形下，比如此次美国金融危机，我国进出口企业受到较大的冲击而出现一定规模的倒闭,在上面模型中的体现就是企业的实际收入落在收入曲线的左侧,而银行则可能要承受贷款违约带来的损失。这是对外开放导致收入的波动性 σ^2 上升的现实体现。所以,对外开放对商业银行信用风险的影响是两方面的,这是相对于其他经济转型风险因子不同的地方。

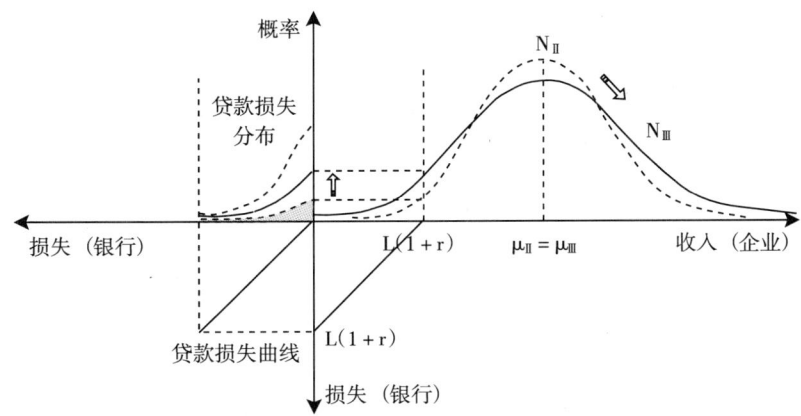

图 5-6　对外开放对企业收入波动性的影响

第六章 我国商业银行系统性风险因子测定

前面两章分析经济周期、经济转型对我国商业银行系统性风险的影响,目的在于运用系统性风险因子构建更科学、精确的信用风险度量模型。下面本书将分两步来建立新的信用风险度量模型,第一步是通过在宏观经济变量与贷款违约概率之间构建计量模型,测定出对违约概率有显著影响的系统性风险因子,这是本章的研究内容;第二步则是把系统性风险因子和债务人自身的风险因子结合起来构建新的信用风险度量模型,属于第七章的研究内容。

本章以 CPV 模型为基础,将经济转型因子纳入系统性风险因子序列,构建系统性风险因子测定模型即 SRF 模型;然后采用我国的实际数据进行实证分析,筛选出对我国商业银行信用风险有显著影响的经济周期因子和经济转型因子,同时也验证了 SRF 模型的科学性与可行性。

第一节 测定系统性风险因子的 SRF 模型设计

系统性风险因子测定模型的核心思想是把经济周期因子与经济转型因子结合在一起,综合测定对我国商业银行信用风险有显著影响的系统性风险因子。

一、SRF 模型的基本假设与基础框架设定

在现有主流的信用风险因素模型当中,Gordy(2003)的单因素模型

以及麦肯锡公司提出的 CreditPortfolio（CPV）模型是基于系统性风险因子度量信用风险的代表模型。其中，单因素模型是设定单一的系统性风险因子，不能区分经济周期与经济转型对商业银行信用风险的不同影响，所以不适合本书的分析。CPV 模型是基于一个开放的因子框架，可以用来测定多元的系统性风险因子。所以，本书以 CPV 模型的框架为基础，建立 SRF 模型。

首先对商业银行信贷资产的风险集中度和系统性风险因子提出假设如下：

（1）商业银行信贷资产足够分散，单项资产在总资产中的份额很小，因此债务人的特异风险可以在较大程度上分散掉，而债务人的违约概率主要受系统性风险因子影响。

（2）系统性风险因子包括经济周期因子和经济转型因子。

（3）经济转型因子作用于银行债务人违约概率的滞后效应小于经济周期因子。

在此基础上，SRF 模型采用 Logistic 函数来描述违约概率和系统性风险因子之间的关系

$$P_t = \frac{1}{1+e^{-Y_t}} \qquad (6-1)$$

式中，P_t 是企业在时刻 t 的联合违约概率，Logistic 函数形式保证其取值范围在 0~1；Y_t 则是系统性风险因子的组合，但本身不具有确切的经济学含义。SRF 模型的系统性风险因子组合包括两部分：经济周期因子和经济转型因子，由以下多元线性函数给出

$$Y_t = \gamma_t + \sum_{i=1}^{m} \alpha_{i,t} ECF_{i,t} + \sum_{j=1}^{n} \beta_{j,t} ETF_{j,t} + v_t \qquad (6-2)$$

式中，$ECF_{i,t} = (ECF_{1,t}, ECF_{2,t}, \cdots, ECF_{m,t})$ 是在 t 时期的各种经济周期因子，本书将借鉴单因素模型以及 CPV 模型的做法，主要包括 GDP 增长率、通货膨胀率和利率水平等。$ETF_{j,t} = (ETF_{1,t}, ETF_{2,t}, \cdots, ETF_{n,t})$ 是在 t 时期的各种经济转型因子，具体将根据上文的理论分析进行设定。γ_t、$\alpha_{i,t}$ 和 $\beta_{j,t}$ 则是相应的待估计参数；v_t 是独立同分布的误差项，服从正态分布，并假设它独立于 $ECF_{i,t}$ 和 $ETF_{j,t}$，即有

$$v_t \sim N(0, \sigma) \qquad (6-3)$$

式（6-2）决定了企业的系统性风险因子以及违约概率对各个风险因子的敏感系数，其中经济周期因子包含在组合 ECF 中，经济转型因子包

含在组合 ETF 中，而来自其他系统性因子的"干扰"或者"噪声"被包含在误差项中。

二、系统性风险因子的 AR 结构设计

系统性风险因子影响微观企业的信用风险需要一定的传导时间，所以系统性风险因子对违约概率的影响具有一定的滞后性，即对于企业违约概率来说，不但受到当期系统性风险因子的影响，还受到前期系统性风险因子的影响。这可以通过系统性风险因子的自回归模型来体现，如 CPV 模型就是假设各个宏观经济变量服从单变量的二阶自回归模型。

然而，经济转型因子和经济周期因子影响企业信用风险的滞后效应是不同的。经济周期因子主要表现为一国宏观经济或者国民财富的量变，具有较明显的延续性；经济转型因子则更多的体现为一国经济制度安排的质变。从我国经济转型的实践来看，在某项经济制度改革之后，旧的制度被新制度所取代，无从再对企业的信用风险产生影响，因此经济转型因子的滞后效应应该小于经济周期因子的滞后效应。但是，由于我国的经济转型是一种渐进的制度变迁，改革在很多情况下是对经济制度的逐步调整和改进，背后的更深层次的体制因素未必也发生了改变，其经济影响并不会立即消失，所以经济转型因子的滞后效应也不应该为零。综合以上两方面的分析，假设经济转型因子的滞后期为 1 年是比较合适的。

注意到 CPV 模型是对针对年度数据采用二阶自回归模型，而本书是采用季度数据，所以在确定滞后阶数时要作相应的调整。其中，经济周期因子服从单变量的 8 阶自回归模型 AR(8)，这和 CPV 模型的假设是一致的；而经济转型因子则服从单变量的一阶自回归模型 AR(4)。则 $ECF_{i,t}$ 和 $ETF_{j,t}$ 可用下式表示

$$ECF_{i,t} = \phi_{i,0} + \phi_{i,1}ECF_{i,t-1} + \cdots + \phi_{i,8}ECF_{i,t-8} + e_{i,t}$$
$$ETF_{j,t} = \varphi_{j,0} + \varphi_{j,1}ETF_{j,t-1} + \cdots + \varphi_{j,4}ETF_{j,t-4} + \varepsilon_{j,t} \tag{6-4}$$

式（6-4）中，$\phi_i = (\phi_{i,0}, \phi_{i,1}, \phi_{i,2})$ 为各阶经济周期因子的待估计参数，$\varphi_j = (\varphi_{j,0}, \varphi_{j,1})$ 为各阶经济转型因子的待估计参数；$e_{i,t}$ 和 $\varepsilon_{j,t}$ 为误差项，假设服从正态分布并且独立于 $ECF_{i,t}$ 和 $ETF_{j,t}$，分别有

$$e_{i,t} \sim N(0, \sigma_e) \text{ 而且 } e_t \sim N(0, \sum\nolimits_e) \tag{6-5}$$

$\varepsilon_{j,t} \sim N(0, \sigma_\varepsilon)$ 而且 $e_t \sim N(0, \sum_\varepsilon)$ (6-6)

式中，e_t 记作 i 个方程的误差项 $e_{i,t}$ 组成的向量，$\sum_e$ 表示 e_t 的（i×i）协方差矩阵；而 ε_t 记作 j 个方程的误差项 $\varepsilon_{j,t}$ 组成的向量，$\sum_\varepsilon$ 表示 ε_t 的（j×j）协方差矩阵。

为了测算各系统性风险因子以及各自对企业违约概率的贡献，要对上面各式进行求解。通过对式（6-1）式进行转换可得

$$\ln(P_t/1-P_t) = Y_t \quad (6-7)$$

所以整个 SRF 模型可以用下面的方程组表示

$$\begin{cases} \ln(P_t/1-P_t) = \gamma_t + \sum_{i=1}^{m}\alpha_{i,t}ECF_{i,t} + \sum_{j=1}^{n}\alpha_{j,t}ETF_{j,t} + v_t \\ ECF_{i,t} = \phi_{i,0} + \phi_{i,1}ECF_{i,t-1} + \cdots + \phi_{i,8}ECF_{i,t-8} + e_{i,t} \\ ETF_{j,t} = \varphi_{j,0} + \varphi_{j,1}ECF_{j,t-1} + \cdots + \varphi_{j,4}ECF_{j,t-4} + \varepsilon_{j,t} \end{cases} \quad (6-8)$$

$$E_t = \begin{bmatrix} v_t \\ e_t \\ \varepsilon_t \end{bmatrix} \sim N(0, \sum), \quad \sum = \begin{bmatrix} \sum_v & \sum_{v,e} & \sum_{v,\varepsilon} \\ \sum_{e,v} & \sum_e & \sum_{v,\varepsilon} \\ \sum_{\varepsilon,v} & \sum_{e,\varepsilon} & \sum_\varepsilon \end{bmatrix} \quad (6-9)$$

式中，E 是误差项向量，即宏观指数与宏观经济变量的随机变化向量，该向量反映了上面方程组的随机变化。$\sum$ 是该随机变量的协方差矩阵。

当然，CPV 模型本身是用来度量信用风险的，要有大量的历史数据特别是信用等级迁移矩阵作基础。SRF 模型只是借鉴了 CPV 模型所设计的系统性风险因子和违约概率之间的映射结构，目的则是测定系统性风险因子。所以，运用 SRF 模型不需要满足和 CPV 模型同样的数据条件。

第二节　系统性风险因子的选择

在建立了 SRF 模型的整体框架和系统性风险因子的 AR 结构之后，最重要的工作就是选择系统性风险因子。系统性风险因子必须既有理论依据的支持，同时又能反映实际情况。

第六章 我国商业银行系统性风险因子测定

一、经济周期因子的选择

对于经济周期因子，在借鉴 CPV 模型、单因素模型和 GVAR 模型（Pesaran 等，2006）以及其他相关模型的基础上，根据数据的可得性，选择了 GDP 增长率、通货膨胀率和贷款利率三个指标。

（1）GDP 增长率（GDP Growth Rate，GDPGR）是反映一国经济增长和经济周期状况的最核心指标，在相关实证研究中也被普遍用作重要的系统性风险因子。从微观企业的角度来看，GDP 可以看作一国总体企业产出的增长率，而企业的产出直接影响着企业的经营收益，也就影响着企业的偿债能力。

（2）通货膨胀率（Inflation，INF）代表着物价上涨水平。由于经济繁荣往往伴随着通货膨胀，而经济衰退常常也伴随着通货紧缩，所以通货膨胀率也是经济周期的一个重要指标。一般情况下通货膨胀会影响企业的经营成本和收益水平，进而影响企业的信用风险。反映通货膨胀率的指数主要有 CPI 和 PPI，因为 PPI 是衡量工业企业产品出厂价格变动趋势和变动程度的指数，主要反映的是生产成本变化而没能充分体现通货膨胀对收益的影响，并且不能全面覆盖农业和服务业，因此本书选择 CPI 指数作为通货膨胀率指标。

（3）贷款利率（Loan Interest Rate，LIR）。利率是反映经济周期的重要指标和货币政策的主要工具，通常在经济高涨时期利率较高，而在经济低谷时期利率较低。同时，利率作为债务成本的主要部分，在理论上应该对企业的违约概率有影响。

国外的相关研究还发现汇率、房地产价格等因素同样对企业信用风险有重要影响，但是我国人民币汇率变动并不具有周期性波动特征，公开可得的房地产价格是否能真实反映房价水平也存在较大争议，所以本书暂不作考虑。

二、经济转型因子的选择

根据上文的理论分析，企业产权制度变革、金融体系改革以及对外开放都是对商业银行信用风险有重要影响的经济转型因子。下面将从这几个方面构造经济转型因子。

1. 反映企业产权制度变革的经济转型因子

如上文所述，企业产权制度变革主要体现为国有企业改革与非公有制经济发展两个方面。在经济转型过程中，国有企业的产权制度改革主要是从计划经济条件下的国有企业形式转变为股份制企业；非公有制经济发展则是私营企业、外商独资企业、港澳台投资企业、非国家控股的股份合作企业以及股份有限公司等经济形式的迅速发展和壮大。所以，我国企业产权制度变革的最重要特征之一是企业产权类型的多元化。本书采用各类企业的工业增加值数据，设计了企业产权多元化指数（Enterprise Property Diversity Index，EPDI）来反映这一特征，EPDI 的计算公式如下

$$EPDI = \frac{VI_1 + VI_2 + VI_3 + VI_4 + VI_5}{TVI} \quad (6-10)$$

式中，TVI 表示所有企业的工业增加值，是 Total Value-added of Industry 的缩写；VI_1 代表集体企业的工业增加值；VI_2 代表私营企业的工业增加值；VI_3 代表外商及港澳台投资企业的工业增加值；VI_4 代表非国家控股的股份合作企业的工业增加值；VI_5 代表非国家控股的股份有限公司的工业增加值。

自 1998 年以来 EPDI 是处于上升势头的，但是不能简单地认为企业产权多元化指数反映了"国退民进"的趋势，其背后反映的应该是我国的国有企业和其他性质的企业相互促进、共同发展的过程，因此包含了两方面的内容：一方面是国有企业改革，退出部分竞争性行业而在重点领域做大做强；另一方面是其他性质的企业的发展以及在国民经济中地位的提高。

2. 反映金融体系改革的经济转型因子

我国的金融体系改革包含着众多内容，包括金融机构多元化发展与国有银行体制改革、金融监管体系改革、利率市场化改革、金融市场发展、金融对外开放、金融法律制度的发展等，而大多数统计指标如经济货币化指数、金融资产增长率等都不能全面反映改革的主要内容及特征。由于金融体系改革的一个综合结果是整个金融体系市场化程度的提高，所以本书采用 Nicolaas Groenewold，Peng Jiangang 等（2008）提出的金融市场化指数（Financial Liberalization Index，FLI）作为反映金融体系改革的经济转型因子。

本书的 FLI 指标包含有金融监管体制改革（简称监管）、利率市场化（简称利率）、金融机构改革（简称机构）、金融市场的发展与改革（简称市场）、金融对外开放（简称开放）、金融法规建设（简称法规）和金融政

策（简称政策）七个方面的原始指标。计算 FLI 指标值的方法是：首先列出这七个方面的金融市场化改革事件；其次根据德尔菲法，邀请金融领域的专家（包括金融学教授、银行监管部门官员、人民银行研究人员、金融机构高级管理人员等）对这七个原始指标给予合理赋值；最后运用因子分析法，① 由七个原始指标生成一个最终的 FLI 指数，如图 6-1 所示。

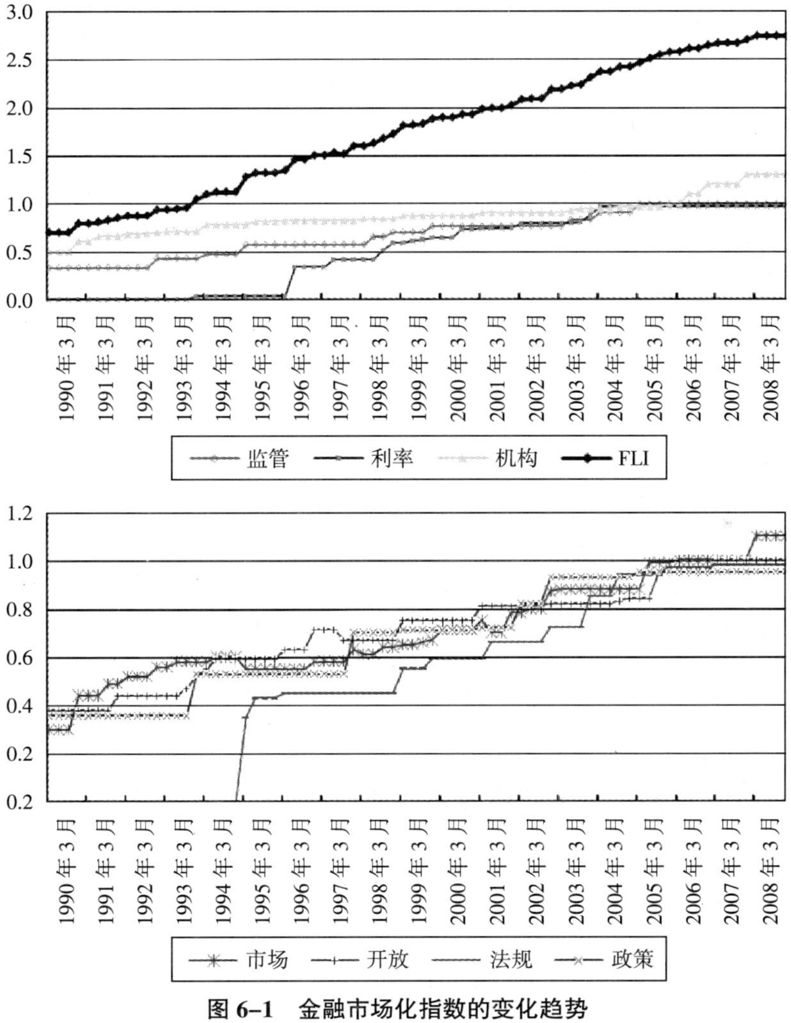

图 6-1 金融市场化指数的变化趋势

---

① 因子分析法的基本原理请参阅第六章的第一节（二）的内容。

3. 反映对外开放的经济转型因子

对外开放既是我国经济转型的重要内容,也是在改革开放过程中通过引入外部因素来推动改革的重要手段。我国的对外开放最主要体现在对外贸易在国民经济中的地位不断提高。我国企业在开拓国际市场的同时,也意味着越来越暴露在国际市场风险之下,而且还有面临着跨国企业的冲击。因此,对外开放程度的变化对我国企业信用风险水平也会有重要影响。本书采用最为常用的外贸依存度(FTD)指标作为对外开放的代表性指标,计算公式如下

$$FTD = 进出口总额/名义 GDP \tag{6-11}$$

外贸依存度的影响因素很多,它既反映了我国经济转型进程中的对外开放程度,同时也和经济周期、国际市场波动等因素有关,因此可以视为一个混合因子。当然,除此之外,国内消费和投资的增长等因素也会影响外贸依存度,但是在过去一段较长时期里我国外贸依存度提高的主要原因应该是我国积极的对外贸易政策,因此在本书的实证分析当中可以作为代表性的指标。

目前,我国的外贸依存度正处于较高的水平,从长期的角度来看,外贸依存度可能会因为国内消费的增长而出现下降,但同时我国对外开放的程度及质量却会越来越高。因此,长期来看外贸依存度对我国对外开放政策的代表性将逐渐减弱。只是在现有的数据条件下,难以得到更精确的指标,对于商业银行信用风险管理者来说把外贸依存度作为反映现阶段对外开放状况的指标还是具有预警价值的。随着我国对外开放的特征的变化以及数据的积累,可以对外贸依存度指标作进一步的改进或者细化。

第三节　基于 SRF 模型的系统性风险因子测定

一、实证样本及数据说明

实证检验对数据有以下两方面要求:一方面,要有足够多的借款企业样本,而且样本企业覆盖各个行业和地区,能充分分散掉异质风险,使得

信用风险能主要体现为经济周期的作用;另一方面,样本期要足够长,能充分反映信用风险在经济周期不同阶段的变化。然而,贷款数据是商业银行的内部商业秘密,研究当中无从获得,更难以得到满足上述要求的数据。为了克服这一困难,本书以上市公司作为研究样本,即把上市公司视为商业银行的借款企业。上市公司遍布各个不同的行业和地区,因此能实现较充分的风险分散效应;同时也能提供足够长的样本期,所以能满足以上两点数据要求。

因为吴世农、卢贤义(2001)指出财务困境又可称为"违约风险",所以本书把企业的违约事件就定义为上市公司出现财务困境,可以根据股票是否被特别处理(ST)来判断。我国从1998年开始对上市公司实行"ST"制度,规定上市公司如果在上一财政年度出现亏损或者其他财务状况异常,则股票交易要被进行特别处理。所以,上市公司被"ST"代表着出现财务困境,支付能力恶化。大量学者也将ST企业作为违约企业,并证明了利用"ST"标准来划分违约与不违约状态在计量上是显著的,能有效识别违约风险(吴世农、卢贤义,2001;赵健梅、王春莉,2003;李萌,2005;石晓军,2006;鲜文铎、向锐,2007等)。本书也沿用这一通常做法,根据样本企业的上市状态(正常还是被ST)来确定是否违约,即假设样本企业处于正常上市状态时为不违约,而被"ST"、"PT"或者"*ST"处理时则为违约。对于样本企业数据,要注意的是其在某年被"ST"应对应于该企业在上一财政年度出现了财务危机,即反映的是其在上一年出现违约。

CPV模型在运用当中是将债务人划分为投资级和投机级两大信用级别,分别考察它们的违约概率对系统性风险因子的敏感度。实践证明,投资级和投机级的债务人对系统性风险因子的灵敏度是不同的。因此,在对SRF模型进行实证检验之前,首先需要判别借款企业是属于哪一信用级别的。根据我国相关法律规定,企业要获得上市资格必须经过严格的审核程序,达到上市公司的各方面要求,如三年盈利记录、一定的资产规模、稳健的财务状况、持续的盈利能力等。而且,在银行对企业的信用评级当中,上市公司一般也具有较高的信誉度或者信用等级。上市公司由于在信息披露要求、财务报告纪律、市场约束等方面要远远胜于非上市公司,所以在其他条件相同的情况下通常可以获得比非上市公司更高的信用等级。另外,由于企业规模在信用评级当中是重要因素,通常认为规模越大,风险越小,而上海交易所(简称沪市)定位于大盘蓝筹股交易市场,所以本书进一步选择沪市的上市公司作为研究样本,以保证样本企业中处于正常上市状态(非 ST)的借款企业是属于投资级的。

二、样本企业的历史违约概率测算

根据 1998~2008 年的样本企业的上市状态可以相应地得到从 1997~2007 年的样本企业的历史违约事件数据,然后可以采用彭建刚等(2008)提出的"贷款违约表法"来计算违约概率。贷款违约表法由生命表法发展而来,应用非参数的生存统计分析方法来度量债务人的历史违约概率。本书采用的"贷款违约表法"计算公式如下:

设借款企业 X 在第 i 期的违约概率为 PD_{Xi},年累积违约概率为 CPD_{Xi},则有

$$PD_{Xi} = \frac{D_{Xi}}{N_{Xi}} \tag{6-12}$$

$$N_{Xi} = N_{Xi-1} - D_{Xi-1} \tag{6-13}$$

$$CPD_{Xi} = 1 - \prod_{t=1}^{i}(1 - PD_{Xi}) \tag{6-14}$$

式中,D_{Xi} 为在第 i 期出现违约的企业家数,N_{Xi} 为到第 i 期期初没有出现违约的企业家数,等于到第 i-1 期期初没有出现违约的企业减去在第 i-1 期发生违约的企业家数。通过式(6-12)~式(6-14),即可测算出样本企业在样本期内任一季度的违约概率。①

如果进一步计算年度累积违约概率,1997~2007 年年度累积违约概率最大值为 4.25%,最小值为 1.79%,均值为 2.83%。将计算结果和我国某国有上市商业银行的信用评级标准进行对比,可对样本的信用级别做出大概的判断。我国某大型股份制上市商业银行所规定的各信用等级映射的违约概率如表 6-1 所示。

---

① 银行实务当中通常采用年度违约概率,但本章实证中如果采用年度违约概率,会导致样本期太短,不足以得到稳健的实证结果。因为本章的实证目的并不是测算违约概率,而是判断对贷款企业信用风险有显著影响的系统性风险因子,所以采用季度数据不会影响实证结果在实际的违约概率测算中的应用价值。

表 6-1　某大型股份制上市银行的信用等级与违约概率映射表

信用等级	违约概率（%）	信用等级	违约概率（%）
AAA+	1.51	BBB+	3.00
AAA	1.76	BBB	3.73
AAA-	2.03	BBB-	4.50
AA	2.33	BB	6.97
A	2.66	B	9.70
		CCC	17.84

数据来源：根据某大型股份制上市商业银行的信用评级文档整理所得。

通过对比可以发现样本企业在样本期内大多数的年度累积违约概率都落在 AAA-级和 BBB+级之间，年度累积违约概率的均值小于 BBB+级的违约概率 3.00%，即便是最高值也小于 BBB-级的 4.50%。Krishan 等（2001）将信用等级为 AAA 和 BBB-之间的债务人划为投资级别，因此本书把研究的样本企业作为投资级企业是合理的。

三、系统性风险的测定过程

在获得样本企业的历史违约概率之后，即可对 SRF 模型进行实证检验。首先是对经济周期因子和经济转型因子分别建立自回归模型，结果如表 6-2 和表 6-3 所示。

表 6-2　经济周期因子的自回归模型

经济周期因子（$ECF_{i,t}$）
GDPGR(AR8) = $-0.436 \times$ GDPGR(-1) $- 0.2035 \times$ GDPGR(-2) $- 0.007 \times$ GDPGR(-3) $+ 0.285 \times$ GDPGR(-4) $+ 0.019 \times$ GDPGR(-5) $- 0.0135 \times$ GDPGR(-6) $- 0.135 \times$ GDPGR(-7) $- 0.324 \times$ GDPGR(-8) $+ 0.058$
INF(AR8) = $1.110 \times$ INF(-1) $+ 0.068 \times$ INF(-2) $+ 0.027 \times$ INF(-3) $- 0.615 \times$ INF(-4) $+ 0.548 \times$ INF(-5) $- 0.445 \times$ INF(-6) $+ 0.250 \times$ INF(-7) $- 0.066 \times$ INF(-8) $+ 0.002$
LIR(AR8) = $0.824 \times$ LIR(-1) $- 0.018 \times$ LIR(-2) $+ 0.699 \times$ LIR(-3) $- 0.554 \times$ LIR(-4) $- 0.092 \times$ LIR(-5) $- 0.189 \times$ LIR(-6) $+ 0.072 \times$ LIR(-7) $+ 0.107 \times$ LIR(-8) $+ 0.009$

表 6-3　经济转型因子的自回归模型

经济转型因子（$ETF_{j,t}$）
EPDI(AR4) = $0.649 \times$ EPDI(-1) $+ 0.392 \times$ EPDI(-2) $- 0.279 \times$ EPDI(-3) $+ 0.255 \times$ EPDI(-4) $+ 0.0001$
FLI(AR4) = $0.644 \times$ FLI(-1) $+ 0.219 \times$ FLI(-2) $+ 0.056 \times$ FLI(-3) $+ 0.072 \times$ FLI(-4) $+ 0.061$
FTD(AR4) = $0.685 \times$ FTD(-1) $+ 0.204 \times$ FTD(-2) $+ 0.009 \times$ FTD(-3) $+ 0.088 \times$ FTD(-4) $+ 0.016$

在分别计算出样本企业的违约概率以及系统性风险因子的数据之后，即可代入方程（1）~方程（3），对SRF模型进行实证分析。因为一个方程内的变量过多会影响方程的自由度以及拟合优度，所以对经济周期因子和经济转型因子进行组合，一共可以得到9条回归方程，而且不同方程的实证结果可以进行对比，相互印证。结果如表6-4~表6-6所示。

表6-4 SRF模型回归结果（方程1~3）

变量	方程1	方程2	方程3
C	−4.696 [0.000]*	−4.614 [0.000]*	−4.707 [0.000]*
GDPGR（AR8）	−0.658 [0.003]*	−0.717 [0.001]*	−0.801 [0.001]*
EPDI（AR4）	−0.407 [0.013]**		
FLI（AR4）		−0.130 [0.011]**	
FTD（AR4）			−0.399 [0.006]*
MA（4）	0.974 [0.000]*	0.974 [0.000]*	0.989 [0.000]*
Adj-R^2值	0.627	0.634	0.635
F检验值 相伴概率	24.068 [0.000]	24.711 [0.000]	24.842 [0.000]

注：表中MA(4)表示移动平均项，估计参数下方括号内数字为t检验的相伴概率，其右上角*表示在1%显著性水平下通过t检验，**表示在5%显著性水平下通过t检验，***表示在10%显著性水平下通过t检验。因为方程中含有MA项，D–W检验失效，所以不报告D–W检验值。下同。

表6-5 SRF模型回归结果（方程4~6）

变量	方程4	方程5	方程6
C	−4.537 [0.000]*	−4.412 [0.000]*	−4.769 [0.000]*
INF（AR8）	1.437 [0.030]**	1.564 [0.028]**	0.609 [0.321]
EPDI（AR4）	−0.810 [0.002]**		
FLI（AR4）		−0.244 [0.002]*	
FTD（AR4）			−0.363 [0.065]**

续表

变量	方程 4	方程 5	方程 6
MA（4）	0.940 [0.000]*	0.920 [0.000]*	0.935 [0.000]*
Adj-R^2 值	0.607	0.604	0.538
F 检验值 相伴概率	22.196 [0.000]	21.863 [0.000]	16.940 [0.000]

表 6-6　SRF 模型回归结果（方程 7~9）

变量	方程 7	方程 8	方程 9
C	−4.626 [0.000]*	−4.594 [0.000]*	−4.644 [0.000]*
LIR（AR8）	−2.256 [0.358]	−2.288 [0.372]	−3.346 [0.144]
EPDI（AR4）	−0.315 [0.133]		
FLI（AR4）		−0.087 [0.181]	
FTD（AR4）			−0.162 [0.326]
MA（4）	0.953 [0.000]*	0.951 [0.000]*	0.961 [0.000]*
Adj-R^2 值	0.565	0.559	0.550
F 检验值 相伴概率	18.807 [0.000]	18.390 [0.000]	17.734 [0.000]

从表 6-4~表 6-6 可以看到各方程的 F 检验值都比较大，都通过了方程显著性检验；各方程的调整后的 R^2 值都比较大，均在 0.5 以上，说明方程的拟合优度较高。变量显著性检验结果显示：除了 LIR 之外，其他系统性风险因子基本都通过了显著性检验。其中，INF 在方程 4、5 中显著而在方程 6 中不显著，总体上应该将其视为对企业违约概率有显著影响。

通过对比经济周期因子和经济转型因子的显著性可以发现，经济转型因子对企业违约概率的影响并不亚于经济周期因子，说明经济转型因子也是影响我国企业违约概率的重要因素。这也直接论证了 SRF 模型的价值。

四、系统性风险因子测定结果分析

1. 经济周期因子对违约概率的影响

经济周期因子中只有 GDP 增长率和通货膨胀率通过显著性检验。其中，GDP 增长率的参数为负，说明企业总体产出的增加伴随着企业信用风险的下降，这和理论分析以及实际情况都是一致的。通货膨胀率的参数为正，说明通货膨胀给企业带来较大压力，往往导致企业信用风险的提高。这和华晓龙（2009），贾海涛、邱长溶（2009）的实证结果是一致的，他们也发现通货膨胀会导致企业的违约率上升。

GDP 增长率和通货膨胀率两个经济周期因子对违约概率的作用方向相反，说明经济周期对企业信用风险的影响并不是单方向的，GDP 的高速增长有利于降低企业违约概率，但通货膨胀却可能会增加企业的违约风险。由于在经济景气的时候往往会出现通货膨胀，而经济下滑也伴随着通货膨胀率的回落甚至是通货紧缩，所以不能简单地认为经济繁荣会使企业违约概率下降而经济萧条会导致企业违约概率上升，还必须针对企业的特征做全面分析和统筹考虑，比较企业受 GDP 增长率和通货膨胀率影响的大小。综合这两个因子的参数特征，如果出现滞胀，将会给企业带来最恶劣的经济周期环境，会导致企业信用恶化和风险提升。

贷款利率对违约概率的影响不显著，这和国外的相关研究结论并不一致。究其原因，可能是我国的利率市场化程度还比较低，商业银行对贷款进行风险定价的能力不足，利率还没能充分发挥风险甄别和调节信贷的功能。

2. 企业产权多元化指数对违约概率的影响

企业产权多元化指数的参数在上述方程中均为负值，说明在样本期内我国商业银行的整体信用风险随着国有企业改革以及非公有制企业的发展而降低。在计划经济时期，国有企业由于预算软约束、公司治理结构不合理、运营效率低下、政策负担较重等原因而出现较普遍的经营困境，银行提供的贷款也相应地积累了大量的风险。在国有企业改革过程中，落后的国有企业破产或者被收购，而有发展潜力的国有企业也通过股份制改革等手段建立起现代企业制度，并逐渐发展壮大、经营绩效不断改善。相应地伴随着国有企业信用风险的逐步释放和违约概率的降低。另外，民营企业、外资企业等非公有制经济形式也得到了较快的发展，它们凭借自身的独特优势、灵活的机制以及较高的运营效率得到快速的发展，也提高了我国企业整体的盈利能力。所以，企业产权多元化指数反映了我国非公有制经济与国有经济相互促进、共同发展的过程，相应地伴随着企业整体信用风险的降低。

要注意的是，以上分析并不意味着国有企业的信用风险高于非公有制企业，而是反映了国有企业在改革当中收益不断提高、风险不断下降的过程。随着国有企业股份制改革的进一步深化和运营效率、盈利能力的不断提高，以及非公有制经济的更大发展，有利于违约概率的进一步降低。

3. 金融市场化指数对违约概率的影响

金融市场化指数的参数也均为负值，说明在样本期内我国商业银行的整体信用风险随着金融体系改革以及金融市场化程度的提高而降低。如上文所述，我国的金融体系在较长一段时间里发挥着替代财政的职能，在支持国有企业乃至整个经济转型的同时也以巨额不良贷款的形式承担了改革的成本。在这一过程中我国并没有像麦金农的金融深化理论所推崇的那样通过金融市场化来带动经济的增长，反而是利用金融市场化的相对滞后来保证经济转型的顺利进行。所以，我国的金融体系虽然在经济转型进程中也得到了较显著的发展，但同时也承担了改革的代价。随着金融体系改革的深化和金融市场化程度的不断提高，金融体系能逐渐摆脱财政职能，而更好地发挥其应有的优化资源配置的功能。一方面，原来国有银行与国有企业之间的刚性依赖慢慢减弱，双重预算软约束也逐步硬化，商业银行自身的改革也促成了资本约束的硬化，所以商业银行因为承担转型成本而导致风险积聚的制度基础得以瓦解；另一方面，民营经济也越来越受到重视，可以获得更多的金融支持。所以，资源配置的优化能提高企业整体的经营效率，进而降低企业信用风险。

可以预见，随着金融市场化的继续发展，金融体系对企业信用水平的提升作用会进一步加强，同时金融体系也可以获得越来越多的转型红利。

4. 外贸依存度对违约概率的影响

外贸依存度在各方程中的参数也为负，说明在样本期内我国商业银行的整体信用风险随着外贸依存度的提高而降低。这和我国 20 世纪 90 年代后期以来的实际情况是相符的，但是没能充分反映在对外开放背景下企业收入的波动性上升对违约概率的影响，特别是 2008 年后美国金融危机冲击我国经济对我国商业银行信用风险的影响。

根据上文的理论分析,对外贸易对商业银行信用风险有两方面的影响,一方面是企业预期收入的增加会降低违约概率的期望值,另一方面是企业收入波动性加大会导致违约概率的波动也加大。20世纪90年代后期以来,特别是加入世界贸易组织以后,我国对外贸易得到了快速发展,外贸依存度总体上处于上升趋势。对外贸易在样本期内为我国经济增长做出了重要贡献,相关行业的企业也获得大量的盈利,相应地降低了企业的信用风险。实证分析的结果较好地反映了这一事实。然而,外贸依存度不仅仅由国内对外开放的力度决定,还受到国际市场上的需求变化、竞争环境等因素的影响。如亚洲金融危机期间亚洲其他国家货币贬值对我国的对外贸易造成很大的冲击;此次美国金融危机也导致我国的对外贸易面临着外需萎缩的局面,出口产业受到了较大打击,东部沿海地区出现了不少企业倒闭和逃废债务的现象,必然会影响商业银行的信用风险。外贸依存度过高在一定程度上也意味着一国经济结构的失衡,并不利于经济的长期稳定发展。所以,无论是外部因素还是内部因素,都不支持我国的外贸依存度一直保持上升,而会出现波动和反转。

本书的实证并非立足于为制定宏观经济政策提供依据,因此不能简单地推导出要大力提高贸易依存度的政策建议;要从银行风险管理的角度,根据这一结果来进行风险管理和制定合理的信贷政策。外贸依存度与贷款违约概率显著负相关,说明我国商业银行的信用风险在一定程度上受对外贸易繁荣程度的影响,如果对外贸易受到冲击,就可能会传导到银行体系,导致商业银行信用风险的加大。那么,在我国对外贸易的形势不明朗、人民币存在升值压力、贸易摩擦愈演愈烈的大环境下,银行要根据自身情况,充分考虑外贸依存度出现下滑的概率,以及对自身信用风险可能带来的影响,进而实施预防管理和调整信贷政策。

运用SRF模型确定了影响我国商业银行信用风险的5个系统性风险因子,这只是建立适合我国商业银行信用风险度量模型的第一步。SRF模型采用的违约概率数据反映的是样本企业整体的历史违约概率,但没有反映企业自身的风险特征。下面将把系统性风险因子与企业自身的风险因素相结合,来测算单个借款企业的违约概率。

第七章 基于系统性风险因子的违约概率测算模型

第六章运用 SRF 模型确定了 5 个系统性风险因子,但是 SRF 模型没有考虑债务人自身的风险因素,因此不能用于对单个债务人的信用风险度量。本章通过构建一个涵盖系统性风险因子的 Logistic 违约概率测算模型(SR-Logistic 模型),实现将系统性风险因子运用于对单个借款企业的违约概率测算。

本章首先对 Logistic 模型进行改进,结合系统性风险因子和财务因子来设计 SR-Logistic 模型;然后分别采用分行业和分地区的数据进行实证分析,得到分行业和分地区的 SR-Logistic 拟合模型。

第一节 基于系统性风险因子的违约概率测算模型设计

在内部评级法下,银行可以利用自身设计的信用风险模型测算借款企业的违约概率。基本方法是首先通过内部模型对借款企业的财务指标等各种相关信息进行分析;其次根据分析结果确定其信用等级;最后根据所在信用等级对应的违约概率确定借款企业的违约概率。随着信用风险度量方法的不断进步,数量化模型已经成为违约概率测算的重要基础,所以建立科学的违约概率测算模型是银行风险管理的核心工作之一。

目前,主流的信用风险模型有回归分析模型、多元判别分析模型、数学规划模型、神经网络模型等,其中应用最为广泛的是回归分析模型。Logistic 模型是回归分析模型的代表,在信用风险度量的研究和实务当中都得到普遍的使用。下面将通过对 Logistic 模型的改进，构建一个涵盖系统性风险因子的 SR-Logistic 模型框架。

一、运用 Logistic 模型测算违约概率的基本原理

Logistic 模型是基于 Logistic 函数来构建的。Logistic 函数的一般函数形式如下所示

$$Y = \frac{1}{1 + e^{-X}} \tag{7-1}$$

式中，Y 是因变量，而 X 是自变量。由式（7-1）可知 Y 的取值范围是在 0~1：

$$\lim_{X \to -\infty} Y = \lim_{X \to -\infty} \frac{1}{1 + e^{-X}} = 0$$

$$\lim_{X \to \infty} Y = \lim_{X \to \infty} \frac{1}{1 + e^{-X}} = 1 \tag{7-2}$$

Logistic 函数的分布曲线如图 7-1 所示，呈 S 型分布。可以看到 Logistic 函数是严格单调递增的，而且 Y 值范围在（0，1）内。

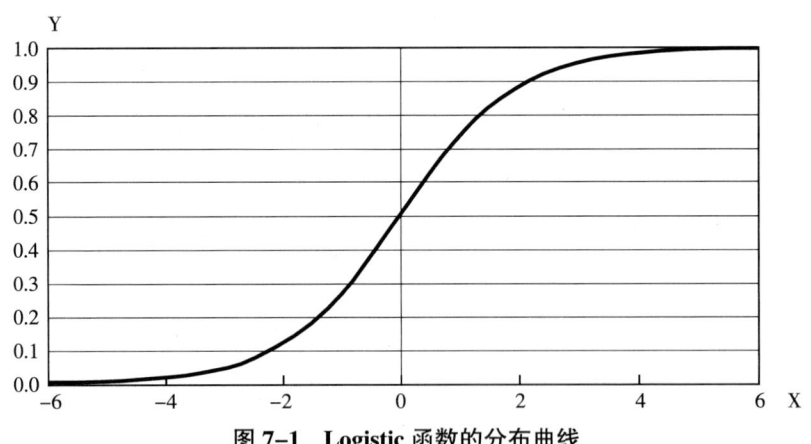

图 7-1　Logistic 函数的分布曲线

Logistic 模型就是利用了 Logistic 函数的这些特性，但是它的结构和 Logistic 函数有着显著区别。Logistic 函数中因变量是连续的，而 Logistic 模型的因变量是离散的，最为典型的是二分离散变量，例如向银行借款的企业只有"违约"或者"不违约"这两种状态。下面进一步说明 Logistic 模

型测算企业出现"违约"或者"不违约"的概率的基本原理。

银行根据贷款的历史违约数据可以观察到的只有"违约"或者"不违约"这两种情况,可以用一个离散变量 Y 表示,即把违约和不违约分别记为 Y = 0 和 Y = 1。Y 就是 Logistic 模型中的因变量,而自变量 X 则是反映企业信用风险水平的特征变量,如在银行实务和大多数研究中采用的财务指标等。很明显,银行无法利用 Logistic 函数来建立因变量 Y 和自变量 X 之间的映射关系,因此需要有一个中间变量。

现假设有一个理论上存在的连续变量代表借款企业的信用水平,记为 C^*,当 C^* 小于某个临界点 E 时,借款企业便会发生违约,则 C^* 和 Y 的关系如下

$$Y = \begin{cases} 0, & C^* < E \\ 1, & C^* > E \end{cases} \tag{7-3}$$

而 C^* 则是服从 Logistic 分布

$$C^* = \frac{1}{1 + e^{-Z}}$$

$$Z = \alpha_0 + \sum_{i=1}^{n} \alpha_i X_i \tag{7-4}$$

式中,X_i($i = 1,2,\cdots,n$)即反映企业信用水平的特征变量,α_i($i = 0,1,2,\cdots,n$)是待估计参数。

式 (7-3) 和式 (7-4) 就构成了 Logistic 模型。由于 Y 的取值只有 0 和 1,所以和一般回归模型要采用最小二乘法不同,Logistic 模型需要采用最大似然估计法来计算待估计参数的值。

银行采用企业信用的历史数据得到拟合的 Logistic 模型,然后只要将某个借款企业的特征变量输入模型,即可得到该企业相应的 C^* 值。对于任意一家企业而言,如果 C^* 越大,则说明该企业的信用水平越高,出现违约的可能性越小;反之则表示该企业的信用水平较低,出现违约的可能性越大。进一步地,银行需要在 C^* 值和信用等级之间建立映射关系,而每个信用等级有一个对应的违约概率,则银行通过信用评估确定企业的信用等级,也就可以得到企业的违约概率。C^* 值越大,企业的信用等级就应该越高,则违约概率相应地越小。根据上文参考的某大型股份制上市银行的信用等级分类,可以建立 C^* 值和违约概率的映射关系如表 7-1 所示。

表 7–1　借款企业 C* 值和信用等级、违约概率之间的映射关系

C* 值范围	信用等级	违约概率（%）
0.99~1.00	AAA+	1.51
0.90~0.99	AAA	1.76
0.80~0.90	AAA–	2.03
0.70~0.80	AA	2.33
0.60~0.70	A	2.66
0.50~0.60	BBB+	3.00
0.40~0.50	BBB	3.73
0.30~0.40	BBB–	4.50
0.20~0.30	BB	6.97
0.10~0.20	B	9.70
0.00~0.10	CCC	17.84

作为目前商业银行应用十分广泛的违约概率测算模型，Logistic 模型不仅灵活简便，而且它的许多前提假设比较符合经济现实和金融数据的分布规律，譬如不要求变量间具有线性相关关系，不要求变量服从协方差矩阵相等和残差服从正态分布等，这使得模型的分析结果比较客观。

大量的实证研究也表明，Logistic 模型估计结果与实际数据的拟合度较高，具有较强的预测能力。Martin 在 1977 年就使用 Logistic 模型来预测公司的破产及违约概率，他从 25 个财务指标中选取总资产净利润率等 8 个财务比率指标建立了 Logistic 回归模型，用来预测公司的破产及违约概率，并和 Z-Score 模型、ZETA 模型的预测能力进行了比较，发现 Logistic 模型的预测效果是最优的。West David（2000）比较了 5 种统计分类模型（线性判别分析法、Logistic 回归模型、K 最邻近法、核密度分类方法、分类树法）和 5 种神经网络模型（多层感知器、专家混合系统、径向基函数网络、学习向量化子、模糊自适应共振）在违约概率测算中的判别效果，研究结果显示 Logistic 模型在这 10 种模型中的判别准确率是最高的。彭建刚等（2009）对 Logistic 模型进行改进，提出有序多分类的 Logistic 模型并在违约概率测算中进行了应用。然而，上述研究在运用 Logistic 模型测算违约概率时主要是考察借款企业的财务指标而没有考虑系统性风险因子，这是 Logistic 模型的重要改进方向。

商业银行在对企业进行信用风险评估时，对系统性风险因子的影响则主要是采用定性分析或者简单量化的方法，不能实现精确度量；而且

考虑的宏观风险因子也主要是经济周期因子，对经济转型因子重视不足。某大型股份制上市银行对企业进行信用评级时考虑的宏观经济指标如表7-2所示。

表7-2　某大型股份制上市银行的企业信用评级宏观经济指标

指标体系	指标名称		判断标准及定义
环境风险	经济周期	萧条期	同步变动行业
			稳定行业
			反向变动行业
		增长期	同步变动行业
			稳定行业
			反向变动行业
		高涨期	同步变动行业
			稳定行业
			反向变动行业
		衰退期	同步变动行业
			稳定行业
			反向变动行业
	体制转轨		十分有利
			比较有利
			无影响
			比较不利
			十分不利

数据来源：根据某大型股份制上市商业银行的信用评级文档整理所得。

下面将针对Logistic模型以及商业银行信用风险度量实务当中存在的上述局限，通过结合系统性风险因子和财务因子来构建SR-Logistic模型。

二、SR-Logistic模型设计

本节将分别从宏观经济风险因子和企业自身的异质风险因子两个角度选择企业的风险特征变量。系统性风险因子沿用第四章经过SRF模型验证的5个变量，包括经济周期和经济转型两个方面，其中经济周期因子2个：GDP增长率（GDPGR）和通货膨胀率（INF）；经济转型因子3个：企业产权多元化指数（EPDI）、金融市场化指数（FLI）和外贸依存度

（FTD）。企业的异质风险因子则采用企业的财务指标。这时，SR-Logistic 模型中 Z 值的表达式为

$$Z = \alpha_0 + \sum_{i=1}^{m} \alpha_{1i}SRF_i + \sum_{j=1}^{n} \alpha_{2j}X_j \quad (7-5)$$

式中，SRF 为系统性风险因子，X 为财务因子。为了提高违约概率测算的准确性，银行会尽可能地收集企业的财务数据。样本企业公布的财务比率指标就有短期偿债能力、长期偿债能力、营运能力、盈利能力、现金流量能力和发展能力六大类 51 个指标。这些指标往往是高度相关的，如果直接将这些指标代入模型的话，会导致估计的偏差；但是如果只选择部分财务指标，又可能会造成重要信息的丢失。为了解决这个两难问题，本书采用因子分析法来进行变量缩减。

1. SR-Logistic 模型财务指标的因子分析

在实证问题研究中，为了全面、系统地分析问题，必须考虑众多影响因素。然而，因为每个变量都在不同程度上反映了所研究问题的某些信息，并且指标之间彼此有一定的相关性，因而所得的统计数据反映的信息在一定程度上有重叠，这些冗余的信息甚至会掩盖问题的真正和内在的特征；而且变量太多会增加计算量和分析问题的复杂性。因此，在定量分析中通常追求涉及的变量较少，但同时又能包含足够多的信息量。因子分析法正是适应这一要求产生的。

因子分析的原理解释如下：假设在实证研究过程中需要对很多变量进行分析，而且这些变量之间是相关的，那么是否存在一些不能直接观察到的但又对可观测变量起支配作用的潜在因子？因子分析寻找这些起支配作用的潜在因子，只要用数量较少的潜在因子就可以解释原来变量中的大部分变异，也就是将原来数量很多的相关性很高的变量压缩成了少数几个彼此相互独立的潜在因子。这些新的潜在因子也称之为主因子。主因子通常比原始变量个数少，同时又能解释原有变量中的大部分变异。

假设某一问题涉及 p 个原始变量（经过标准化处理后），分别用 X_1，X_2，…，X_p 表示，构成 p 维随机向量 $X = (X_1, X_2, \cdots, X_p)'$。这些原始变量之间存在潜在因子，其中潜在因子又可以分为两类：各个原始变量都包含的潜在因子可称之为公共因子；只对单个原始变量起作用的潜在因子可称之为特殊因子。公共因子和特殊因子相互独立，而因子分析的主要目的就是确定公共因子。

公共因子可用 $F = (F_1, F_2, \cdots, F_q)'$（$q < p$）表示，特殊因子用 e 表示，则原始变量与潜在因子的关系可用下式表示

$$\begin{cases} X_1 = u_{11}F_1 + u_{12}F_2 + \cdots + u_{1q}F_q + e_1 \\ X_2 = u_{21}F_1 + u_{22}F_2 + \cdots + u_{2q}F_q + e_2 \\ \cdots \\ X_p = u_{p1}F_1 + u_{p2}F_2 + \cdots + u_{pq}F_q + e_p \end{cases} \tag{7-6}$$

式（7-6）即初始因子模型，其中的参数矩阵 $U = (u_{ij})_{p \times q}$ 的结构比较复杂，不易于公共因子的解释。以最简单的情形来说明，当仅有一个原始变量 X 和一个公共因子 F 时，如果要解释两者的相关关系就需要一个二维空间，如图 7-2（a）所示。那么当有多个原始变量和公共因子时，需要的空间维度就呈级数增长。为此，需要采用降维手段来简化分析，实现这一变换的方法就是因子轴旋转，如图 7-2（b）所示。

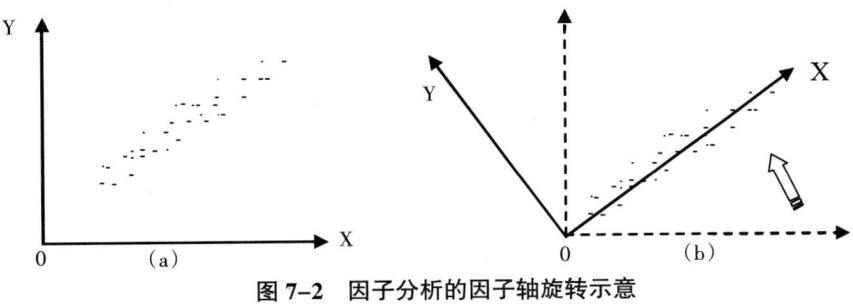

图 7-2 因子分析的因子轴旋转示意

通过旋转，产生旋转后的公共因子 $G = (G_1, G_2, \cdots, G_q)'$，用 G 的线性组合来表示原始变量 X 可以更加简化而且解释更具有实际意义。则式 7-6 变为

$$\begin{cases} X_1 = \alpha_{11}G_1 + \alpha_{12}G_2 + \cdots + \alpha_{1q}G_q + e_1 \\ X_2 = \alpha_{21}G_1 + \alpha_{22}G_2 + \cdots + \alpha_{2q}G_q + e_2 \\ \cdots \\ X_p = \alpha_{p1}G_1 + \alpha_{p2}G_2 + \cdots + \alpha_{pq}G_q + e_p \end{cases} \tag{7-7}$$

式中的 α_{ij} 称为因子载荷。将式（7-7）式进行转换，可得将公共因子表示为原始变量的线性组合，即

$$\begin{cases} G_1 = \beta_{11}X_1 + \beta_{12}X_2 + \cdots + \beta_{1p}X_p \\ G_2 = \beta_{21}X_1 + \beta_{22}X_2 + \cdots + \beta_{2p}X_p \\ \cdots \\ G_q = \beta_{q1}X_1 + \beta_{q2}X_2 + \cdots + \beta_{qp}X_p \end{cases} \quad (7-8)$$

式 (7-8) 称为因子得分函数，根据式 (7-7) 即可得到所需的公共因子。公共因子的选择通常根据贡献率尽量大的原则来确定。公共因子的方差用因子载荷的平方和表示。在因子载荷矩阵 $A = (\alpha_{ij})_{p \times q}$ 中，各列元素的平方和记为 g_j^2，即

$$g_j^2 = \sum_{j=1}^{q} \alpha_{ij}^2 \quad (i = 1, 2, \cdots, p) \quad (7-9)$$

式中，g_j^2 表示第 j 个公共因子 G 对于 X 的每一个分量 X_i 所提供方差的总和，即公共因子 G 对 X_i 的方差贡献，是衡量公共因子相对重要性的指标。所以，根据 g_j^2 的大小进行排序，就可以依次得到最有影响的公共因子。在实际应用当中通常要求 g_j^2 的和大于85%，由此就可以确定该选择的公共因子数量。

根据因子分析的基本原理，下面按照因子分析计算步骤生成财务指标的主因子，本书称之为财务主因子。

在进行因子分析之前，首先要消除不同指标在量纲上的差异对实证分析的不利影响，需要对原始财务指标做标准化处理，即变成均值为0、方差为1的形式。其次，对这些财务指标进行相关性分析，它们的相关矩阵显示各财务指标之间具有高度相关性，所以需要进行因子分析。接下来将全部51个标准财务指标进行初步的因子分析，观察这些指标因子共同度（见表7-3）。

表7-3 因子分析的变量共同度分析结果

财务指标	共同度	财务指标	共同度
流动比率	0.96	资产报酬率	0.84
速动比率	0.96	总资产净利润率	0.81
营运资金对资产总额比率	0.90	流动资产净利润率	0.94
营运资金对净资产总额比率	0.99	固定资产净利润率	0.89
资产负债率	0.98	边际利润率	0.95
所有者权益比率	0.98	经营杠杆系数	0.87

续表

财务指标	共同度	财务指标	共同度
流动负债比率	0.99	综合杠杆	0.87
长期负债比率	0.99	现金流量对流动负债比率	0.96
权益对负债比率	0.91	主营业务收入现金比率	0.93
应付账款周转率	0.84	每股经营活动现金净流量	0.93
流动资产周转率	0.94	每股筹资活动现金净流量	0.92
固定资产周转率	0.85	每股现金净流量	0.92
股东权益周转率	0.99	资本保值增值率	1.00
营业收入净利润率	0.98	资本积累率	1.00

因子共同度反映的是各个财务指标能在多大程度上被主因子解释,如果某个财务指标的共同度在80%以上,说明主因子能够包含这个财务指标大部分(80%以上)的信息,可以作为因子分析的初始变量。最后保留下来可以作为初始变量的是28个财务指标。对这28个财务指标进行因子分析即可得到SR-Logistic模型所需要的财务主因子,共12个。图7-3是主因子碎石图,反映了这12个因子特征值的大小;表7-4是各个因子解释的方差总和。

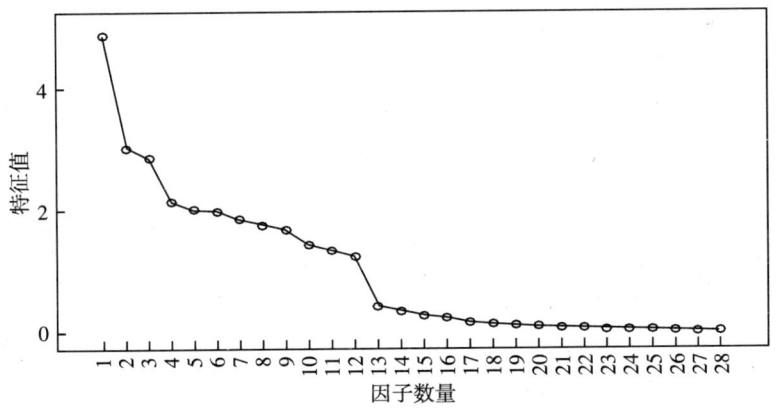

图7-3 因子分析的碎石图

图7-3显示,前面12个因子的特征根显著大于排在后面的其他因子,从表7-4也可以看到它们的特征值均大于1,说明它们的信息含量是比较高的。

表 7-4 主因子解释的方差总和

主因子	提取平方载荷的总和			旋转平方载荷的总和		
	特征值	方差百分比	累计百分比	特征值	方差百分比	累计百分比
1	4.870713	17.395410	17.39541	3.207480	11.455290	11.45529
2	3.015856	10.770910	28.16632	3.073435	10.976550	22.43184
3	2.854860	10.195930	38.36225	2.855181	10.197080	32.62892
4	2.130737	7.609774	45.97202	2.417690	8.634608	41.26352
5	2.003796	7.156415	53.12844	2.323957	8.299847	49.56337
6	1.973301	7.047504	60.17594	2.027117	7.239704	56.80307
7	1.846426	6.594379	66.77032	2.018218	7.207922	64.01100
8	1.745405	6.233589	73.00391	1.979097	7.068205	71.07920
9	1.676910	5.988963	78.99287	1.746649	6.238032	77.31723
10	1.421143	5.075510	84.06838	1.680339	6.001212	83.31844
11	1.325141	4.732648	88.80103	1.410041	5.035862	88.35431
12	1.226980	4.382070	93.18310	1.352062	4.828793	93.18310

表 7-4 显示，12 个财务主因子解释的方差总和为 93.1831%，说明这 12 个主因子提供了足够的原始信息，可以确定这 12 个因子为财务主因子，分别用 F01，F02，…，F12 表示。

各个主因子是所有财物指标的线性函数，其中各个财务指标的参数由因子得分系数矩阵给出，如

Factor1 = 0.005 × 流动比率 + 0.008 × 速动比率 + ⋯ −0.016 × 资本积累率

因子得分系数矩阵以及因子分析的相关结果（包括因子载荷矩阵、旋轴后的因子载荷矩阵、因子转换矩阵、旋转后因子散点图和因子得分协方差矩阵）见附录 3。

经过因子分析法改造后的 12 个财务主因子是企业的异质风险因子，而经济周期因子和经济转型因子则是系统性风险因子，这两大类指标就构成了 SR-Logistic 模型的自变量组合。

2. SR-Logistic 模型的检验方法

建立 SR-Logistic 模型之后，需要对模型的拟合程度、变量显著性和模型的预测能力等进行检验。

（1）模型拟合度检验。通过回归得到模型的拟合数据之后，首先需要判别模型与样本的拟合程度。常用的拟合度检验值有 3 个统计量：$-2*LL$、Cox & Snell R^2（CS R^2）和 Nagelkerke R^2（N R^2）。

-2*LL 是针对最大似然估计的检验,习惯上用对数似然比值乘以-2 来度量模型对数据的拟合度,记作-2LL。模型的拟合程度越好,似然比值越高,-2LL 值就越小,如果模型 100%完美,似然比值等于 1,相应地-2LL 值为 0。

Cox & Snell R^2 和 Nagelkerke R^2 统计量的原理则类似于线性模型中的 R^2,是对 Logistic 模型变异中可解释部分的量化,Cox & Snell R^2 的计算公式如下

$$\text{Cox \& Snell } R^2 = 1 - \left(\frac{L(0)}{L(B)}\right)^{\frac{2}{N}} \qquad (7-10)$$

式中,L(0)为方程中只包含常数项时的似然比值,L(B)为方程包含设定变量时的似然比值,N 为样本量。Nagelkerke R^2 的计算公式如下

$$\text{Nagelkerke } R^2 = \frac{R^2}{R^2_{max}} \qquad (7-11)$$

式中,$R^2_{max} = 1 - [L(0)]^{\frac{2}{N}}$,反映由回归方程解释的变异百分比。

SR-Logistic 模型的拟合程度越好,Cox & Snell R^2 和 Nagelkerke R^2 的值则越大。其中,Cox & Snell R^2 的最大值不可能为 1,而 Nagelkerke R^2 的最大值可以为 1。

(2)变量显著性检验。对于较大样本的系数检验,使用基于卡方分布的 Wald 统计量。当自由度为 1 时,Wald 值为变量系数与其标准差的比值的平方。Wald 检验的缺陷在于当回归系数的绝对值变大时,其标准差将发生更大的变化,Wald 值就会变得很小,导致无法拒绝回归参数为零的原假设。所以,当变量的系数很大时,不应该依据 Wald 检验来进行变量显著性检验,这时可替代的有 LR 检验和 Conditional 检验。其中,LR 检验是依据最大偏似然估计所得的似然比统计量的概率值,Conditional 检验的依据则是条件参数估计的似然比统计量的概率值。

系数检验的顺序有两种,一种是向前逐步选择法,另一种是向后逐步选择法。其中,向前逐步选择法是指将变量依次添加到模型里,然后通过 Wald 检验、LR 检验或者 Conditional 检验来判断新加入的变量是否显著;向后逐步选择法则相反,首先是把所有的变量都放进模型里面,再根据某种检验的统计量从小到大剔除不显著的变量,直到最后剩下的变量都通过显著性检验。

（3）模型判别能力检验。建模的最终目的在于预测，所以 Logistic 模型应用于实务当中对信用风险的判别能力是最重要的，对模型判别能力的检验也是最关键的检验。

模型的判别能力检验可以分为静态和动态两种方法，其中静态判别能力检验主要是根据回归方程对实证样本进行预测的结果和实际观察值之间的差异来判断模型的准确度。SPSS 软件提供了详细的判别效果表，从分类表中即可得出模型判别的准确度。

模型的最终判别效果除了受模型的判别能力影响之外，还可能受到设定的分界点的影响。为了克服这一缺陷，需要引入动态检验法，即受验者工作特征分析（Receiver Operating Characteristic，ROC）。ROC 检验最初用于检测无线电信号的噪声，后来 Lusted 等将 ROC 检验应用到临床医学的诊断当中，到现在已经成为在临床医学研究当中普遍使用的统计技术。目前，ROC 检验除了在临床研究中得到大量应用之外，也已经成为统计领域里的一种标准化的、用途广泛的判别检验方法（万柏坤等，2006）。

ROC 检验的原理是在 0~1 自动生成多个诊断阈值（即临界点），然后比较模型在多个诊断阈值条件下的敏感性以及特异性曲线的差异。因此，ROC 检验是一种动态检验方法，而且可以消除临界点的主观设定对模型准确度的影响。

ROC 检验首先是根据自动生成的诊断阈值，得出一条 ROC 曲线，其次计量 ROC 曲线下方的面积（Area Under the Curve，AUC）作为评价模型的 ROC 曲线特性的参数。理论上 AUC 的取值范围是 0.5~1，一般情况下 AUC 大于 0.7 时模型才是有意义的，可以投入使用。AUC 值越接近 1，说明模型的准确度越高。运用 ROC 检验确定模型准确度的划分标准如表 7-5 所示。

表 7-5　ROC 检验的国际划分标准

AUC 值	模型表现	模型等级
<0.5	差	
0.5~0.7	一般	★
0.7~0.8	好	★★
0.80~0.85	较好	★★★
0.85~0.90	很好	★★★★
0.9~1.0	非常好	★★★★★

资料来源：武剑：《商业银行经济资本配置与管理——全面风险管理之核心工具》，中国金融出版社 2009 年版，第 131 页。

第七章 基于系统性风险因子的违约概率测算模型

第二节 系统性风险因子影响违约概率的行业和地区差异分析

上文建立的 SR-Logistic 模型框架是把各行业、各地区的样本企业看作一个整体，并没有考虑系统性风险因子对企业影响的差异。然而，系统性风险因子虽然对所有借款企业的信用风险有共同影响，但是不同行业或地区的借款企业受到系统性风险因子影响的机制、范围、程度等都是不一致的，所以在用 SR-Logistic 模型进行违约概率测算过程中要充分考虑这些差异因素。

一、系统性风险因子影响违约概率的行业差异

系统性风险因子对不同行业的借款企业信用风险的影响存在差异，主要由以下几点原因造成：

首先，系统性风险因子对企业违约概率的影响需要由行业渠道来传导，而不同行业的信用风险与宏观经济环境的关联度是不同的。一方面，不同的行业对经济周期的敏感性不同，有些行业受经济周期的影响比较大，如房地产行业、金融业和高档消费品行业等；有些行业受经济周期的影响却相对较小，如医药、农业和基础消费品行业。另一方面，不同的行业对经济周期的反应时滞也不一致，如我国在 1998 年东南亚金融危机中最先受到冲击的是沿海的出口加工业；2008 年下半年在全球经济衰退影响下，也是沿海出口加工业最先出现大批的企业破产。因此，行业因素可以将经济周期对企业的影响放大或者缩小、加速或者减缓。所以，不同行业的企业对经济周期因子的敏感程度是不一样的。同理，不同行业的企业受经济转型的影响也可能有不同。分行业检验可以提高模型的准确度。肖北溟（2004）设计了"因子得分调整系数"来反映各行业的信用风险对宏观经济变量的敏感程度，如表 7-6 所示。根据他的研究结论，在样本行业中石油化工业受宏观经济的影响最明显；通信设备制造业受宏观经济的影响最不显著。

表 7-6　不同行业的信用风险对宏观经济的敏感系数

行业	因子得分调整系数	行业	因子得分调整系数
房地产行业	1.83	零售业	2.65
矿业	1.57	农业	1.57
冶金行业	2.05	机械制造业	1.33
化学工业	1.87	日用电子制造业	2.75
计算机制造业	1.80	石油化工业	2.86
交通设备制造业	1.81	通信设备制造业	1.13

资料来源：肖北溟：《宏微观分析相结合的信贷风险预测模型研究》，《金融论坛》2004 年第 10 期，第 57—61 页。

其次，不同行业之间都存在不同程度的经济联系，使得不同行业的借款企业之间存在不同的违约相关性。各行业的划分既体现了社会大分工的要求，同时也意味着各行业之间的相互依赖和紧密联系。现在任何一个行业都不可能脱离与其他行业的联系而独立存在。从微观的角度来看，行业间的经济联系主要表现为上下游企业间的供应链关系、商业信用关系等，如水泥业与建筑业的景气度密切相关，而建筑业又和房地产业的景气度有着紧密联系。房地产企业的违约就会通过商业信用链条向上游产业传递，依次影响建筑企业、水泥生产企业以及其他相关企业的信用风险。标准普尔公司的行业违约相关系数矩阵如表 7-7 所示。

表 7-7　标准普尔公司计算的行业违约相关系数矩阵

单位：%

	汽车	消费品	能源	金融	建筑	化工	高科技	保险	娱乐	房地产	通信	交通	公共设施
汽车	2.44												
消费品	0.87	1.40											
能源	0.68	−0.42	2.44										
金融	0.40	0.44	−0.37	0.60									
建筑	1.31	1.45	0.01	0.55	2.42								
化工	1.15	0.96	0.19	0.22	0.95	1.44							
高科技	1.55	1.07	0.27	0.30	1.45	0.84	1.92						
保险	0.17	0.27	0.26	−0.05	0.31	0.12	−0.03	0.91					
娱乐	0.93	0.79	−0.37	0.52	1.54	0.67	0.94	0.28	1.74				
房地产	0.71	1.93	−0.27	1.95	1.92	−0.15	1.27	0.47	2.87	5.15			
通信	2.90	0.34	−0.11	0.30	2.27	1.03	1.25	0.28	1.61	−0.24	9.59		
交通	1.08	0.95	0.17	0.23	1.65	0.78	0.89	0.72	1.49	1.38	2.36	1.85	
公共设施	1.03	0.20	0.29	0.23	1.12	0.23	0.20	0.48	0.85	0.71	3.97	1.40	2.65

资料来源：标准普尔公司的 CreditPro 数据库。

可以看到行业内的违约相关系数普遍较高，最高达到 9.59%（通信行业），而最低的则是 0.60%（金融行业）。再看不同行业间的违约相关系数，差异则更加显著：公共设施行业和通信行业的违约相关系数为 3.97%，超过不少行业内违约相关系数；能源行业和消费品行业、娱乐业、房地产业、通信业的违约相关系数则均为负值。

最后，每个行业都有其行业自身的风险因素。根据我国《银行信贷登记咨询系统》对借款企业的行业划分，总共分为 19 个行业。这 19 个行业有不同特点，有的属于朝阳行业，有的属于夕阳行业；有的是国家保护行业，有的是充分竞争的行业。不同行业各自的特点决定了有各自的风险特征。例如，我国航空业的三大航空公司在 2008 年就因为国际油价高涨而集体出现巨亏，因此航空企业信用风险的行业特性就十分显著。又如，2003 年的 "非典" 期间，各行业普遍受到影响，特别是商业、旅游业等；但是医药行业、电子商务业等少数行业却因此而受益。商业银行如果不考虑行业的特殊性则会出现对行业信用风险的错估以及错失获利的机会。

贾海涛、邱长溶（2009）利用某国有商业银行提供的 2003~2005 年的短期贷款数据分析企业违约的行业分布，发现不同行业的违约率有着较大差异，如图 7-4 所示。

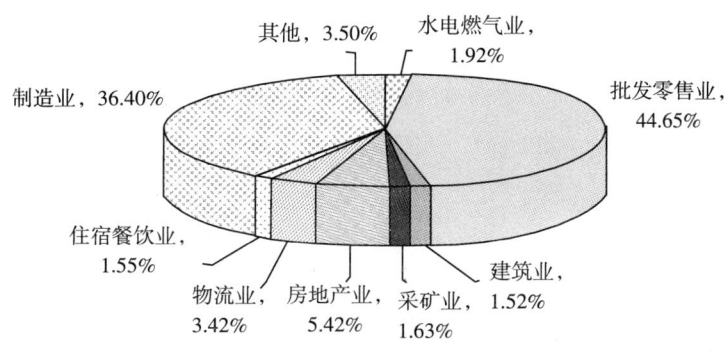

图 7-4　贷款违约率的行业分布

数据来源：贾海涛、邱长溶：《宏观因素对贷款企业违约率影响的实证分析》，《现代管理科学》2009 年第 2 期，第 67-72 页。

在利用 SR-Logistic 模型对具体借款企业进行风险评估时，除了要考虑信用风险的行业差异之外，还有以下两点理由：①同样的财务因子对不同行业的企业的影响可能有较大的差异，如果把不同行业的借款企业作为一个整体进行检验,也许会导致模型的拟合程度不高以及丢失重要的风险因子。②Logistic 模型本身要求有一定的样本配比,就是样本的正常企业和违约企业的比例要限制在一定的范围之内。研究表明,最佳的样本配比是正常企业:违约企业 = 5:1,当样本配比太大时,模型的拟合效果就会出现下降的趋势(石晓军,2006)。在总体的样本当中正常企业与违约企业的比例是 20:1 左右,所以可能会影响拟合效果。

因此,需要对 SR-Logistic 模型要进行分行业检验,计算分行业的 SR-Logistic 拟合模型。

二、系统性风险因子影响违约概率的地区差异

中国地域广阔,各个地区在经济发展水平、经济转型的进程、市场化程度以及企业的信用意识等方面有很大差异,这导致企业信用风险也存在较为显著的地区差异和区域特征。

一方面,我国不同省份的经济发展水平呈现显著的不平衡特征。大量研究指出,我国经济存在着由于不同地区之间生产力和经济发展水平的不平衡而导致的地区二元经济结构,也就是经济发达地区与不发达地区的并存。地区二元经济结构可以用威廉逊系数来衡量。威廉逊系数又称加权变异系数(用 V_w 表示),由美国经济学家威廉逊(Williamson,J. 1965)首先使用,是用来反映地区经济发展差异,也就是度量地区二元经济结构状况,其公式如下

$$V_w = \frac{1}{\overline{Y}} \sqrt{\sum_{i=1}^{n}(Y_i - \overline{Y})^2 \frac{P_i}{P}} \qquad (7-12)$$

其中,Y_i 为第 i 个省或直辖市的人均国内生产总值,$\overline{Y}$ 为全国人均国内生产总值,n 为省和直辖市的数量,P_i 为第 i 个省或直辖市的人口,P 为全国总人口。威廉逊系数越大说明地区经济差距越大,地区二元经济结构越强;反之则地区二元经济结构越弱。我国 1990 年以来的威廉逊系数如图 7-5 所示。

另一方面,我国不同省份的市场化程度也存在较大的差异。中国经济改革研究基金会的国民经济研究所编制了 2005 年各个省份的经济市场化相对指数(见图 7-6),可以看到不同省份的市场化程度差异。

第七章 基于系统性风险因子的违约概率测算模型

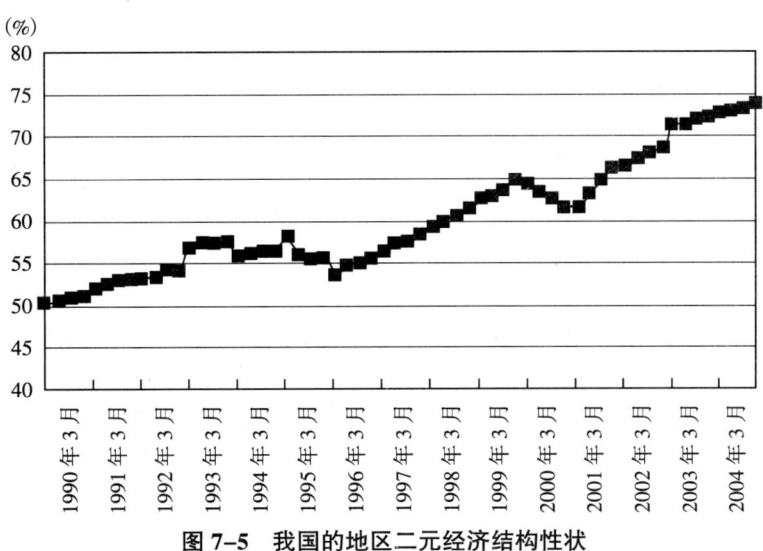

图7-5 我国的地区二元经济结构性状

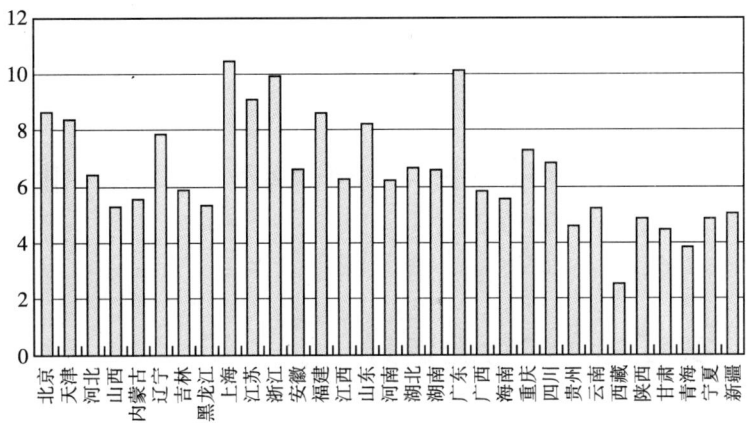

图7-6 我国各省（直辖市、自治区）经济市场化相对指数
数据来源：中国经济改革研究基金会网站 http://www.neri.org.cn.

2005年市场化程度最高的是上海，市场化指数为10.41，广东、浙江、江苏、福建、山东、北京和天津等沿海省份及直辖市的经济市场化指数也均在8以上；辽宁、四川、重庆、湖南、湖北、江西、河南、安徽、河北等则属于第二梯队，经济市场化指数在6~8；其他的省份则属于经济市场化程度较低的地区，主要是东北地区的黑龙江和吉林、沿海的海南、中部的山西以及西部地区的大部分省份，其中经济市场化程度最低的是西藏，

· 121 ·

指数值仅为 2.5，相当于上海的 24%。经济市场化程度的巨大差异说明我国不同地区所处的经济转型阶段可能完全不同，比如上海、广东等地已经基本消除了计划经济体制的影响并建立起了社会主义市场经济体制的基本框架；中西部地区的一些省份则可能还是在半计划经济半市场经济的环境下发展。那么对于不同省份的企业来说，宏观经济对其违约概率的影响也可能有质的区别。

此外，不同地方的企业信用环境也存在较大差异。例如，东部沿海地区的市场经济程度相对较高，地方政府更加注重本地区信用体系建设，强调本地区的企业客户要讲究诚信，要更好地建设地区信用环境，企业的信用意识相对来说好一些，这些地区的企业信用风险相应的要低一些；西部欠发达地区，经济发展相对落后，信用体系建设相对滞后，企业违约风险可能相对高一些。

所以，不考虑宏观经济风险因子对企业信用风险影响的地区差异也同样会导致模型的不稳定和结果的不精确，有必要利用分地区数据对 SR-Logistic 进行检验。

第三节　分行业 SR-Logistic 模型的实证分析

一、实证样本的行业选择

上一节的分析已经说明了有必要利用分行业数据对 SR-Logistic 进行检验。按照证监会公布的《上市公司行业分类指引》，上市公司一共可分为 13 大类行业和一个综合类，如表 7-8 所示。

为了提高模型检验的精确度，还需要对部分行业进行剔除、合并与分拆，最后选定 14 个行业分类如表 7-9 所示。金融业企业的财务比率明显异于非金融企业，所以大量的相关实证研究通常都剔除掉金融机构。本书也在研究样本中剔除掉金融行业。除此之外，还要剔除一些不存在违约企业或者正常企业比重过大的行业。部分行业的企业数量过少，则需要进行合并。另外，制造业因为样本企业数量过多，占据了所有样本企业数目

第七章 基于系统性风险因子的违约概率测算模型

表 7-8 证监会上市公司行业分类

代码	上市公司行业	代码	上市公司行业
A	农、林、牧、渔业	H	批发和零售贸易
B	采掘业	I	金融、保险业
C	制造业	J	房地产业
D	电力、煤气及水的生产和供应业	K	社会服务业
E	建筑业	L	传播与文化产业
F	交通运输、仓储业	M	综合类
G	信息技术业		

资料来源：证监会《上市公司行业分类指引》，2001 年。

表 7-9 本书实证分析的行业

行业	证监会行业代码	行业	证监会行业代码
农业	A	电机器材及仪表机械	C76+C78
食品饮料	C0	其他制造业	C9
服装	C13	电力	D01
石化塑胶	C4	交通运输与仓储业	F
电子制造业	C55	房地产业	J
金属非金属*	C6	社会服务业	K
普通机械	C71	传播与文化产业	L

注：*金融非金属行业是包括金属制品业、非金属矿物制品业、黑色金属冶炼及压延加工业、有色金属冶炼及压延加工业。

的很大一部分，所以需要根据二级分类进行分拆。

本书实证样本为 1997~2007 年的年度数据，数据来源是国家统计局、人民银行和锐思数据库。实证所用软件为 SPSS13.0。

二、分行业 SR-Logistic 模型的回归过程

Logistic 模型回归通常使用基于卡方分布的 Wald 检验作为自变量选择的依据，但是当变量回归系数的绝对值很大时，Wald 检验会失效。本书的实证经常出现估计系数很大的情况，所以这里不采用 Wald 检验，转而选择用 Backward Conditional，即以条件参数估计似然比统计量的概率值作为变量选择依据，并采用向后逐步选择法剔除不显著的变量。

1. 分行业 SR-Logistic 模型的拟合度检验

分别对每个行业进行回归，即可以得到 14 个拟合的 SR-Logistic 模型，

首先要检验模型的拟合程度。

SPSS 提供了以下 3 个统计量：-2* 对数似然比值（-2LL）、Cox & Snell R^2（下面简写为 CS-R^2）和 Nagelkerke R^2（下面简写为 N-R^2），对 SR-Logistic 模型的拟合度检验结果如表 7-10 所示。

表 7-10　分行业 SR-Logistic 模型拟合程度检验

行　业	-2* 对数似然比值 （-2LL）	Cox & Snell R^2 值 （CS-R^2）	Nagelkerke R^2 值 （N-R^2）
农业	0.00	0.59	1.00
食品饮料	51.24	0.39	0.73
服装	0.00	0.49	1.00
石化塑胶	25.39	0.40	0.91
电子制造业	0.00	0.43	1.00
金属非金属	47.99	0.40	0.83
普通机械	0.00	0.29	1.00
电机器材及仪表机械	18.24	0.50	0.91
其他制造业	0.00	0.45	1.00
电力	0.00	0.18	1.00
交通运输与仓储业	0.00	0.38	1.00
房地产业	0.00	0.40	1.00
社会服务业	0.00	0.31	1.00
传播与文化产业	0.00	0.68	1.00

从表 7-10 可以看到：-2LL 在 10 个行业中的统计值为 0（实际上是非常接近于 0，非零数字出现在小数点后第 6 位），在其他 4 个行业的统计值也均小于 50，属于可接受范围。CS-R^2 除了在水电煤气行业的值较小之外，在其他行业的统计值均较大。N-R^2 的统计值也相应地在 10 个行业中等于 1，普遍在 0.7 以上，所以各个行业模型的拟合效果都比较好。

综上所述，模型在各个行业的拟合效果都比较好，系统性风险因子对各行业企业的信用水平有显著影响，这也说明有必要建立包含系统性风险因子的 Logistic 模型。

2. 分行业 SR-Logistic 模型的回归结果分析

SPSS 软件经过多步迭代之后生成各行业的 SR-Logistic 回归方程。由于篇幅所限，每个行业拟合的 SR-Logistic 回归方程没有一一列出，这里只报告各个行业方程中经济周期因子和经济转型因子的估计参数，如表 7-11 所示。

表 7-11 分行业 SR-Logistic 模型回归结果

行业	GDP 增长率	通货膨胀率	企业所有制多元化指数	金融市场化指数	外贸依存度
农业	2065.42	—	−1104.39	—	543.42
食品饮料	—	—	32.77	—	−22.62
服装	—	1232.10	818.25	—	−459.26
石化塑胶	—	−89.38	28.74	—	—
电子制造业	—	—	—	—	3261.91
金属非金属	—	−129.69	—	—	23.28
普通机械	—	—	—	—	109.97
电机器材及仪表机械	—	−283.07	—	37.64	−97.37
其他制造业	—	—	—	383.88	−975.67
电力	—	1053.86	—	—	—
交通运输与仓储业	4129.41	−381.19	1003.60	—	—
房地产业	442.24	—	—	−121.36	—
社会服务业	—	2295.21	—	—	—
传播与文化产业	—	−829.51	—	—	—

表 7-11 中 5 个系统性风险因子在不同行业方程中的显著性并不一致，而且对企业信用风险的影响也是不同的。这证明了对 SR-Logistic 模型进行分行业检验的必要性。

下面分别考察它们对不同行业企业的信用风险的影响。

先看经济周期因子。GDP 增长率在 3 个行业方程当中通过显著性检验，而且其参数均为正值。GDP 增长率在部分行业方程中并不显著，这可能是因为它已经部分反映在企业的财务因子当中。农业、交通运输与仓储业、房地产业受经济周期的影响要比其他行业更加显著。

通货膨胀率对企业信用水平的影响则相对更加普遍，主要集中在第二、三产业。其中通货膨胀率在 5 个行业方程中的参数为负，说明通货膨胀增加了这些行业的成本压力，压缩盈利空间，从而增加企业的信用风险；在服装、电力和社会服务业的方程中的参数为正值，说明这些行业更多的是受益于通货膨胀。

经济转型因子当中，企业产权多元化指数共进入了 5 个行业方程。企业产权多元化指数在大多数方程中参数为正，说明企业所有制的多元化总体上有利于提高企业的信用水平。一方面，民营企业、外资企业等非公有制经济可以凭借相对更加灵活的机制和更高的运营效率提高企业总体的盈利能力和信用水平；另一方面，国有企业改革也发挥了重要作用，落后的国有企业在"抓大放小"政策之下破产或者被收购，而国家重点支持的国有企业则在实施股份制改革和公司治理结构改革之后逐渐走出困境，经营绩效不断改善，相应地提升了我国企业的总体信用水平。企业产权多元化指数的参数唯一为负值的是在农业方程，说明农业并没有受惠于企业所有制的多元化。农业属于高风险低收入行业，所以在国有企业改革当中农业企业并不处于有利地位，而民营经济当中真正发展农业的比重也相对偏低。所以，农业企业在市场化改革进程中还需要更多的政策扶持。

金融市场化指数在3个行业方程当中通过显著性检验，在电机器材及仪表机械业、其他制造业的方程中参数符号均为正，但是在房地产业的方程中参数为负，说明在金融体系市场化改革过程中，房地产业的风险在一定程度上被推高了，这是值得注意的。金融体系市场化改革的直接影响是金融机构实现真正意义上的商业化经营。在商业化经营压力之下，房地产项目以及房地产抵押贷款因为有较好的抵质押品而受到商业银行的欢迎。另外，我国房地产企业也普遍存在高杠杆经营的情况，利用少量的项目资本金和土地估值溢价就可以获得大量融资。金融体系的市场化并不必然能规避房地产市场的风险，美国次贷危机就是明证。所以，我国商业银行在市场化改革进程中需要更加强调风险管理。

外贸依存度一共进入了8个行业方程，其中在4个行业方程中参数为正，在4个行业方程中的参数为负。这说明对外开放一方面有利于提高部分企业的盈利能力和信用水平，另一方面也带来更激烈的市场竞争，对部分行业产生一定程度的冲击。自20世纪90年代中后期特别是加入WTO以来，我国经济对外开放程度不断提高，而我国各个行业也分享了对外开放带来的好处。但同时我国的对外型经济也存在过分依赖于廉价劳动力、附加值低下、技术含量不足和缺乏核心竞争力等缺陷。此次美国金融危机对我国的出口产业造成很大冲击，也充分暴露了我国外向型经济抗风险能力低下的问题。

综上所述，系统性风险因子对各行业企业的信用水平均有较显著的影响。这也进一步证明了建立包含系统性风险因子的Logistic模型的必要性。那么加入系统性风险因子能否提升Logistic模型的判别能力呢？下面对模型进行判别能力检验。

三、分行业 SR-Logistic 模型的判别能力检验

模型的判别能力检验可以分为静态和动态两种方法，其中静态检验由 SPSS 软件提供了详细的判别效果表，从分类表中即可得出模型筛选的准确度。而动态检验则是采用 ROC 方法来检验模型的判别能力。

1. 分行业 SR-Logistic 模型判别能力的静态检验

SPSS 软件提供的分析结果当中有判别效果表（Classification Table），据其则可对模型进行静态检验，结果如表 7-12 所示。

表 7-12 分行业 SR-Logistic 模型判别能力的静态检验结果

行业	观测值	预测值		正确率（%）	总体准确率（%）
		0	1		
农业	0	9	0	100.00	100
	1	0	46	100.00	
食品饮料	0	21	3	87.50	90.16
	1	15	144	90.56	
服装	0	7	0	100	100
	1	0	60	100	
石化塑胶	0	30	1	96.77	97.19
	1	9	317	97.23	
电子	0	5	0	100	100
	1	0	58	100	
金属非金属	0	32	1	96.96	96.62
	1	10	283	96.58	
普通机械	0	2	0	100	100
	1	0	47	100	
电机器材及仪表机械	0	24	1	96.00	98.90
	1	1	158	99.40	
其他制造业	0	4	0	100	100
	1	0	41	100	
电力	0	3	0	100	100
	1	0	145	100	

续表

行业	观测值	预测值		正确率（%）	总体准确率（%）
		0	1		
交通运输与仓储业	0	9	0	100	100
	1	0	132	100	
房地产业	0	10	0	100	100
	1	0	131	100	
社会服务业	0	5	0	100	100
	1	0	105	100	
传播与文化产业	0	14	0	100	100
	1	0	42	100	

表 7-12 是各行业 Logistic 模型的预测值与实际观测值的比较，下面以 A 行业和 C0 行业为例进行说明。A 行业有 9 个违约企业和 46 个正常企业样本，而根据 SR-Logistic 模型预测出的违约企业数和正常企业也分别为 9 和 46，所以预测值和实际观测值高度一致，总体准确率为 100%，说明模型的判别能力很强。C0 行业中 24 个违约企业样本中有 21 个被准确预测，有 2 个出现了误判，准确率为 87.5%；159 个正常企业样本中有 144 个被准确预测，而 15 个被误判，准确率为 90.56%；总体准确率则为 90.16%。

14 个行业 SR-Logistic 模型当中总体准确率达到 100% 的有 10 个，而且总体准确率全部都在 90% 以上。David West（2000）、吴世农（2001）、于立勇和詹捷辉（2004）等采用财务指标作为自变量的 Logistic 模型的准确率普遍为 80%~90%。SR-Logistic 模型的准确率普遍高于传统的 Logistic 模型，说明考虑系统性风险因子的 Logistic 模型可以有效提高模型的判别能力。

2. 分行业 SR-Logistic 模型判别能力的动态检验

为了消除静态检验的主观性影响，需要采用 ROC 方法来对 SR-Logistic 模型进行动态检验。各个行业 SR-Logistic 模型的 ROC 曲线图请见附录 D，而根据 ROC 曲线的 AUC 统计值如表 7-13 所示。

可以看到 AUC 的值在 10 个行业模型当中等于 1，而且在所有行业模型中都在 0.95 以上，说明模型具有很高的准确度。所以，无论是静态检验还是动态检验都证明了包含系统性风险因子的行业 SR-Logistic 模型具有较强的判别能力，可以准确地分辨出样本企业是属于违约企业还是正常企业。

表 7-13 分行业 SR-Logistic 模型 ROC 检验的 AUC 值

行业	AUC	标准差	显著性水平	95% 水平下的置信区间	
				下限	上限
农业	1.0000	0.0000	0.0000	1.0000	1.0000
食品饮料	0.9539	0.0238	0.0000	0.9072	1.0006
服装	1.0000	0.0000	0.0000	1.0000	1.0000
石化塑胶	0.9975	0.0017	0.0000	0.9942	1.0008
电子	1.0000	0.0000	0.0000	1.0000	1.0000
金属非金属	0.9876	0.0089	0.0000	0.9702	1.0050
普通机械	1.0000	0.0000	0.0180	1.0000	1.0000
电机器材及仪表机械	0.9967	0.0027	0.0000	0.9914	1.0020
其他制造业	1.0000	0.0000	0.0011	1.0000	1.0000
电力	1.0000	0.0000	0.0030	1.0000	1.0000
交通运输和仓储业	1.0000	0.0000	0.0000	1.0000	1.0000
房地产	1.0000	0.0000	0.0000	1.0000	1.0000
社会服务业	1.0000	0.0000	0.0000	1.0000	1.0000
传播与文化产业	1.0000	0.0000	0.0000	1.0000	1.0000

第四节 分地区 SR-Logistic 模型的实证分析

一、实证样本的地区选择

第三节的实证分析是把样本企业按照行业进行划分，实证结果证明了分行业的 SR-Logistic 模型可以进一步提高模型的准确度，有助于得到针对各个不同行业的信用风险因子。同样的道理，也有必要按照分省的 SR-Logistic 模型来进行违约概率测算。

如果对我国的 31 个省（直辖市、自治区），都进行检验的话工作量比较大，而且对于本书的意义也不大，所以挑选了 8 个代表性的省份进行检验，其中东部地区的是黑龙江、广东、浙江和福建；中部地区的是湖南、河南；西部地区是云南、陕西。

二、分地区 SR-Logistic 模型的回归过程

和分行业的 SR-Logistic 模型回归一样，本节采用 Backward Conditional 统计值作为变量选择的依据，并采用向后逐步选择法剔除不显著的变量。

1. 分地区 SR-Logistic 模型的拟合度检验

分别采用上述 8 个省的数据对 R-Logistic 模型进行回归，即可以得到 8 个省的 SR-Logistic 拟合方程。首先要检验模型的拟合程度，检验结果如表 7–14 所示。

表 7–14 分地区 SR-Logistic 模型拟合程度检验

地区	–2* 对数似然比值 (–2LL)	Cox & Snell R^2 值 (CS-R^2)	Nagelkerke R^2 值 (N-R^2)
黑龙江	5.55235E-06	0.58057122	0.99999997
广东	4.6628E-06	0.42208692	0.99999995
浙江	31.36245485	0.27326094	0.79966626
福建	3.77649E-05	0.45186601	0.99999971
湖南	4.52446E-07	0.48267719	0.99999999
河南	2.49694E-06	0.50511058	0.99999997
云南	1.00019E-06	0.44615941	0.99999998
陕西	6.7938E-06	0.61434841	0.99999993

从表 7–14 可以看出，其中–2LL 在 8 个省级模型中的统计值基本为 0，只有在浙江省的模型中为 31.36，但属于可接受范围。CS-R^2 也是除了在浙江省模型中的值较小之外，在其他省的模型中的统计值均比较大；N-R^2 的统计值也相应地在 7 个省级模型中接近于 1，即便在浙江省模型中也大于 0.7。综上所述，模型在各个地区的拟合效果都比较好。

2. 分地区 SR-Logistic 模型的回归方程

SPSS 软件经过多步迭代之后生成各地区的 SR-Logistic 回归方程，如表 7–15 所示。

表 7–15 显示，各个地区的信用风险决定因素也是不一样的。例如，浙江省的 SR-Logistic 方程中，显著的系统性风险因子变量只有一个经济周期因子和一个经济转型因子；陕西省的 SR-Logistic 方程则包含了全部三个经济转型因子。相比于经济周期因子，经济转型因子在更多的地区

第七章 基于系统性风险因子的违约概率测算模型

表 7-15 分地区 SR-Logistic 模型回归结果

地 区	GDP 增长率	通货膨胀率	企业所有制多元化指数	金融市场化指数	外贸依存度
黑龙江	1576.91	—	—	663.23	—
广东	—	—	—	-142.10	253.45
浙江	556.23	—	58.03	—	—
福建	—	-2038.51	—	—	1309.64
湖南	—	—	—	28.96	48.26
河南	—	-1609.28	—	—	353.28
云南	8167.72	—	—	-276.14	—
陕西	—	—	1533.54	301.51	-1284.76

SR-Logistic 方程中通过显著性检验，说明在地区层面的信用风险计量当中，经济转型因子对企业信用风险的系统性影响比经济周期因子略显著。同时，无论对于经济转型因子还是经济周期因子，在不同地区的 SR-Logistic 方程中的符号都不完全相同，但基本是一致的。

下面具体分析各个系统性风险因子在模型中的意义。先看经济周期因子。GDP 增长率进入了 3 个省级模型，参数均为正；通货膨胀率进入了两个模型，而且参数均为负。这和前面的理论分析都是一致的。

企业产权多元化指数进入了浙江省和陕西省的方程，并且参数均为正，说明无论是在经济转型较快的地区还是在经济转型较慢的地区，企业所有制的多元化对企业的信用水平都主要体现为积极作用。

金融市场化指数在各个不同省份模型之中的参数也是正负不一。结合前面分行业 SR-Logistic 模型的实证结果可以发现在经济转型三个方面的因子当中，金融市场化对企业信用风险的影响是比较复杂的。这是因为金融市场化与其他两个方面的经济转型不同，并不直接作用于企业的信用风险，而是通过金融机构与企业之间的关系来间接影响企业的信用水平。所以，在全国层面的 SRF 模型当中，金融市场化指数作为系统性风险因子是显著的；但是如果把分析视角深入到行业层面或者地区层面，其特殊性就表露出来。说明还需要进一步研究。

外贸依存度在广东、福建、湖南以及河南四省的模型当中参数均为正，而在陕西省的模型中参数为负。这说明对外贸易的发展对东部和中部地区企业的信用水平有积极的影响，而陕西省作为西部省份却无法在对外贸易之中获益，反而加大了企业的信用风险。这是因为企业在开拓国际市场的同时，也意味着暴露在国际市场风险之下。如果出口的产品在质量、技术含量等方面不具有竞争力的话，在国际市场的波动面前的抗风险能力较弱，也就不可避免带来了风险。

综上所述，系统性风险因子对各地区企业的信用水平普遍有显著影响，和分行业 SR-Logistic 模型的实证检验结果是一致的。

三、分地区 SR-Logistic 模型的判别能力检验

1. 分地区 SR-Logistic 模型判别能力的静态检验

首先根据 SPSS 提供的分类效果表进行静态判别能力检验，结果如表 7-16 所示。8 个省的 SR-Logistic 模型中，有 7 个模型的总体准确率为 100%，只有浙江省模型的总体准确率在 100% 以下，但也达到 97.48%。说明各个省级模型均具有较为满意的判别能力。

表 7-16 分地区 SR-Logistic 模型判别能力的静态检验结果

地区	观察值	预测值		正确率（%）	总体准确率（%）
		0	1		
黑龙江	0	24	0	100	100
	1	0	129	100	
广东	0	10	0	100	100
	1	0	118	100	
浙江	0	15	2	88.24	97.48
	1	6	294	98	
福建	0	14	0	100	100
	1	0	143	100	
湖南	0	5	0	100	100
	1	0	44	100	
河南	0	9	0	100	100
	1	0	71	100	
云南	0	6	0	100	100
	1	0	63	100	
陕西	0	11	0	100	100
	1	0	49	100	

2. 分地区 SR-Logistic 模型判别能力的动态检验

为了弥补静态判别能力检验在确定临界点时的主观性缺陷，实证同样需要运用 ROC 方法来对模型进行动态检验。各个地区模型的 ROC 曲线图请见附录 E，而基于 ROC 曲线的 AUC 统计值如表 7-17 所示。

表 7-17 分地区 SR-Logistic 模型 ROC 检验的 AUC 值

地 区	AUC	标准差	显著性水平	95% 水平下的置信区间	
				下限	上限
黑龙江	1	5.01E-09	8.1E-15	1	1
广东	1	3.58E-09	1.62E-07	1	1
浙江	0.9905	0.0059	1E-11	0.9788	1.0023
福建	1	0	0.017173	1	1
湖南	1	0	0.00028	1	1
河南	1	0	1.15E-06	1	1
云南	1	4.63E-09	5.7E-05	1	1
陕西	1	0	2.62E-07	1	1

可以看到 AUC 的值在 8 个分地区 SR-Logistic 模型当中都是等于或者约等于 1，进一步验证了模型具有很高的准确度。所以，无论是静态检验还是动态检验也都证明了分地区 SR-Logistic 模型可以很准确地判别出样本企业是属于违约还是正常。

上述实证结果显示：分行业和分地区的 SR-Logistic 模型均具有较好的拟合效果，各个系统性风险因子在不同行业或者地区的模型当中表现出不同程度的显著性，并且具有经济学意义。对 SR-Logistic 模型的判别能力检验证明了 SR-Logistic 模型比传统的 Logistic 模型具有更高的风险判别能力。

经过第五、第六两章的工作，笔者建立了符合我国实际情况的信用风险度量 SR-Logistic 模型。SR-Logistic 模型因为加入了系统性风险因子，所以能够较客观、及时地反映宏观经济环境变化对企业违约概率的影响。运用 SR-Logistic 模型测算的违约概率就不仅仅是由企业的历史信用状况决定，还考虑了未来的系统性风险因子的影响。所以，商业银行可以结合对宏观经济的预测，运用 SR-Logistic 模型更科学地测算企业的违约概率。

第八章 基于宏观经济预测的系统性风险度量

商业银行信用风险度量是"向前看"的,即要求度量商业银行在未来要承担的信用风险。本章将宏观经济分析、SRF 模型、SR-Logistic 模型,并融入压力测试方法以及基于频带划分的 CreditRisk+模型方法进行有机结合,以系统性风险因子预测为基础,度量银行在未来不同宏观经济情景下的信用风险,总结出基于宏观经济预测的系统性风险度量方法。

第一节 我国宏观经济的变化趋势分析

违约概率是"向前看"的估计值,经济资本也是用来覆盖银行在未来一定时期内的非预期损失,而违约概率和经济资本要求都受未来宏观经济环境的影响。因此,商业银行信用风险度量的首要工作是分析我国宏观经济的变化趋势。

一、我国经济周期的变化趋势

2008 年美国金融危机以来,我国经济经历了从下滑到止跌回稳,再到逐渐复苏的过程。随着世界经济进入"后金融危机"时期,我国经济是迅速进入繁荣阶段还是继续保持经济复苏的步伐?或者出现再一次的经济衰退?下面对我国 2010 年及以后一段时间的经济周期变化趋势进行分析。

1. 我国宏观经济运行的国际环境变化趋势

我国经济从 2008 年第三季度开始出现下滑的一个重要外部原因是美

国金融危机以及全球经济衰退。在经济全球化的背景下，我国经济已经和世界经济紧密结合，而且外贸依存度高达60%以上，对外贸易成为我国经济增长的重要推动力，所以外部环境对我国经济周期的走向有着重要影响。特别是美国和欧洲等西方发达国家是我国出口产品的最主要市场，它们的经济复苏情况在很大程度上影响我国出口产业的外需恢复程度，所以对经济周期预判的重要内容之一就是预测世界经济的发展趋势。

从2007年3月美国次贷危机爆发到2009年9月，这场危机已经持续了整整31个月。种种迹象表明，金融危机对美国经济的影响已经逐步削减，美国经济可能已经触底。美国2008年以来的季度GDP环比增长率如图8-1所示。

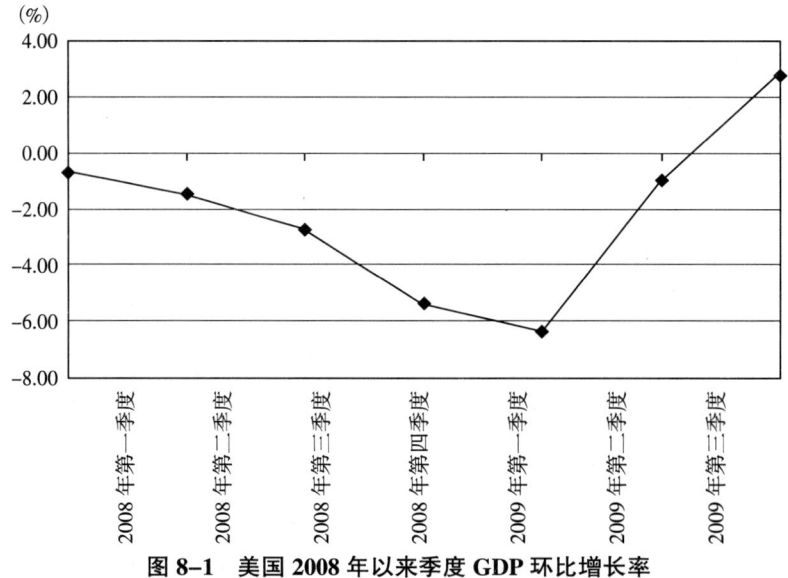

图8-1 美国2008年以来季度GDP环比增长率

数据来源：国务院发展研究中心报告《全球主要经济体出现"探底"迹象》，国务院发展研究中心网站http://www.drcnet.com.cn/DRCNET.Channel.Web/。

从环比数据来看，美国经济在2009年第一季度开始触底，并在第二季度开始回升，到第三季度已经出现正增长。失业率也在7月首次出现回落，为9.4%，与6月的9.5%相比下降了0.1个百分点。① 以上这些数据都显示

---

① 国务院发展研究中心：《全球主要经济体出现"探底"迹象》，http://www.drcnet.com.cn/DRCNET.Channel.Web/。

美国经济衰退情况正在缓解,并有望开始进入经济复苏阶段。

对于美国未来的经济增长,美国经济顾问委员会(CEA)、美国国会预算委员会(CBO)和两家较权威的民间咨询机构——蓝筹普查公司与宏观经济咨询公司分别发表了预测报告,如表8-1所示。

表8-1 2009~2010年美国经济增速预测

预测机构	2009年(%)	2010年(%)
美国经济顾问委员会	-1.2	3.2
美国国会预算委员会	-0.9	2.6
蓝筹普查公司	-1.6	2.4
宏观经济咨询公司	-1.3	3.7

资料来源:美国经济顾问委员会网站 www.whitehouse.gov/administration/eop/cea。

欧元区的经济也出现触底现象,欧盟统计局在2009年8月公布的数据显示欧元区第二季度的环比GDP增长率为-0.1%,比第一季度2.5%的降幅有了显著好转;同比增长率为-4.6%,同样好于第一季度-4.9%的纪录。欧元区内最大的两个经济体——德国和法国在2009年第二季度的GDP增长率也结束了连续为负值的局面,均出现0.3%的增长。但是欧元区内其他经济体的表现仍不尽如人意。意大利和荷兰2009年第二季度经济分别萎缩0.5%和0.9%。

日本2009年第二季度的GDP也比上季度增长了0.9%,按年率计算增长3.7%,也为5个季度以来首次出现正增长。这主要是得益于亚洲地区经济复苏带来的出口增长以及麻生政府出台的一系列刺激经济政策。

总结上述数据,世界主要国家的经济已经在深度衰退当中逐步企稳,但是并不意味着很快就可以恢复经济的增长。美国政府对于复苏进程将异常缓慢也有充分的认识,如奥巴马在2009年8月11日指出,尽管有迹象显示企业投资回暖,但美国经济仍未"脱离险境";萨默斯则表示,此次金融危机严重打击了金融系统,重创了实体经济,因而复苏将是缓慢的,"我们将有很长的路要走,问题不是在一星期、一个月甚至一年内产生的,也不会在一星期、一个月甚至一年内解决"。克鲁格曼也认为,全球经济完全复苏可能还需要两年甚至更长时间。①

---

① 朱周良:《生产率飙升6.4%,美经济复苏起步?》,《上海证券报》2009年8月13日。

所以，我国经济增长的外部环境最糟糕的时期已经过去，但是国际市场前景尚不明朗，形势依旧严峻，所以不能期待很快就可以显著的改善。这就决定了不能把我国经济复苏的希望寄托在国际市场回暖、外需恢复上，而国内的消费和投资才是我国经济走向的决定因素。

2. 我国经济周期的变化趋势

我国经济在金融危机中的表现要远远好于世界各主要国家，在"金砖四国"中也是最好的。随着政府"一揽子"经济刺激计划的政策效应逐步显现，扩内需、保增长取得积极成效。经济增长在 2009 年第一季度触底的基础上出现了明朗的回升态势，季度 GDP 增长率从 2009 年第一季度的 6.1% 最低点上升到第四季度的 9.5%，2009 年全年的 GDP 增速为 8.7%，在世界各国当中率先走出经济衰退，如图 8-2 所示。

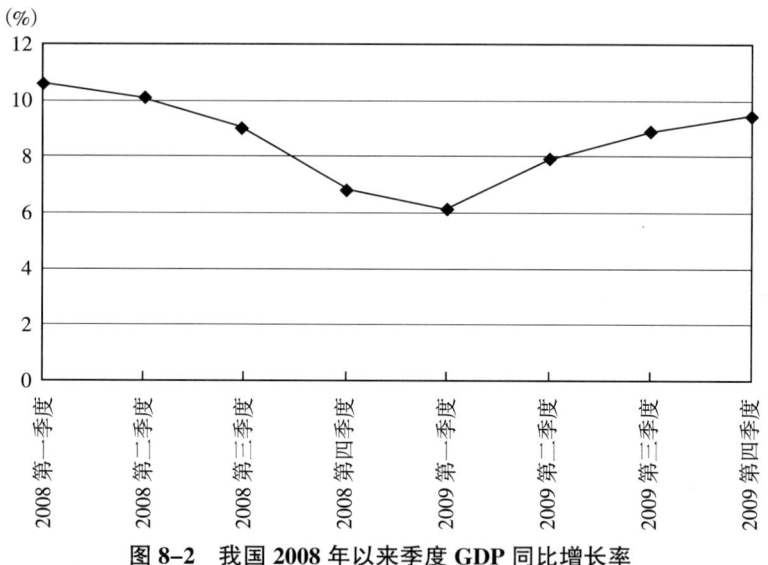

图 8-2 我国 2008 年以来季度 GDP 同比增长率

数据来源：中国统计局网站 http：//www.stats.gov.cn/。

我国经济的探底企稳在较大程度上得益于政府及时实施积极的财政政策和宽松的货币政策，及时有效地扩大了国内需求，弥补了外需大幅度下滑形成的需求缺口。2009 年经济增长的最主要动力是来自国家 4 万亿元的投资计划，说明国家的经济刺激政策对保持经济稳定增长发挥了十分重要的作用。但是，国家的投资计划对经济增长能否形成长期的推动作用需要进一步的观察。如果投资的高增长不可持续,那么投资下降带来的不利影响该如何消除?在出口不振而且前景依然不明朗的情况下,消费就成了可以接替投资成为我国经济增长引擎的最主要选择。然而,消费不足一直是我国经济结构性失衡的关键问题,2009年消费贡献率的上升更多的不是因为自身的原因,而是净出口的贡献率大幅下降,使得消费对GDP的贡献相对提高。

我国通货膨胀率在2009年以来也呈现U型反转的态势,如图8-3所示。CPI指数在2009年2月下跌至98.4之后,连续9个月维持100以下,陷入轻度的通货紧缩;然后在2009年11月上升至100.6,并开始逐步攀升,在2010年2月受传统假日春节的影响,升至102.7,而在3月略微回落到102.4。

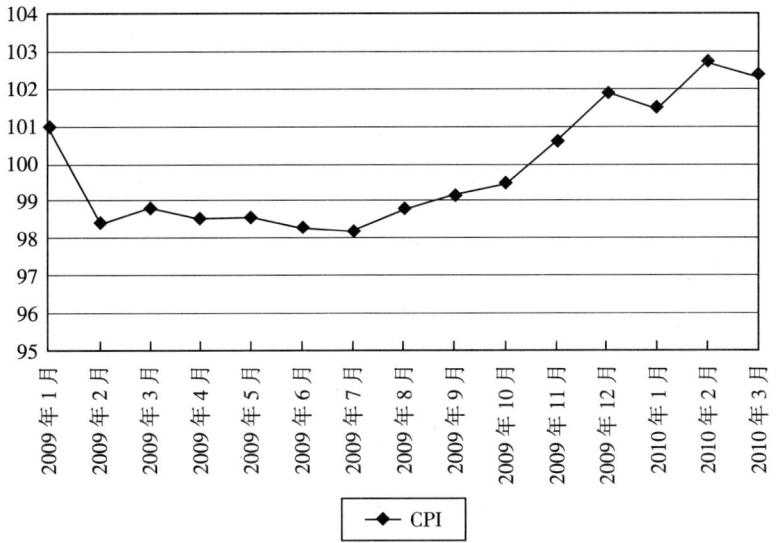

图8-3 我国2009年以来月度CPI指数

数据来源:中国统计局网站 http://www.stats.gov.cn/。图中为当月的CPI指数,以上年同期价格为100。

因为货币供应量在2009年大幅增加,对通货膨胀的影响开始逐步显现,通货膨胀预期正在加强,也引起了货币政策当局的关注。中国人民银行行长周小川于2010年4月24日在IMF部长级会议上表示:"中国将综合运用货币、财政等多种政策工具,密切关注价格走势和管理好通货膨胀预期。"①

综上所述，我国在金融危机后经济发展依然面临较多不确定性。经济增长的困难和不利因素主要包括以下几个方面：宏观政策对经济的刺激效应可能会逐步减弱；刺激政策在通货膨胀压力下有可能逐步退出；部分行业和领域的调整不充分，产能过剩、过度竞争、利润下降等不利因素影响实体经济投资的扩张；外向型产业集中的发达地区占经济总量比重高，增速较低；出口导向的劳动密集型产业不能迅速回暖，对就业和收入及消费影响较大。政府也对我国经济面临的挑战有充分的认识，提出要改变经济增长方式、优化经济结构、调整收入分配结构和加大力度刺激消费的增长。

二、我国经济转型的发展趋势

和经济周期相比，对经济转型方向的预测更加复杂，主观可控性更强，而且有可能会出现新的系统性风险因子是前文的分析中没有出现的，所以需要考虑的因素更多。国务院在2010年4月发布的《关于2010年深化经济转型重点工作的意见》，简要列出了2010年改革的9项重点任务（见表2-1），下面在本书关于经济转型因子的研究范围之内，具体分析我国2010年及以后一段时间的经济转型的方向和趋势。

1. 企业产权制度变革的方向

目前，我国已经基本建立了以公有制为主体、多种所有制经济共同发展的基本经济制度。在此基础上，中国共产党十六届三中全会提出了要建立"归属清晰、权责明确、保护严格、流转顺畅"的现代产权制度的目标，由此可以对我国企业产权制度变革的方向进行判断。

（1）国有企业的改革与发展。对于国有企业改革，往往被形象地表述为"国退民进"，然而这个词语未必能客观、科学地反映国有经济和非公有制经济的发展历史或者将来的发展趋势。我国的经济转型并不是以完全西方模式的市场经济为目标，而是以建立社会主义市场经济作为改革的目标。社会主义市场经济除了包含有市场经济的一般共性外，还坚持社会主义制度，特别是在所有制结构上坚持以公有制为主体。要保证公有制的主

---

① 《周小川：密切关注价格走势管理通胀预期》，《中国证券报》2010年4月26日。

体地位，国有企业就必须控制涉及国家安全的行业，重大基础设施和重要矿产资源，提供重要公共产品和服务的行业，以及支柱产业和高新技术产业中的重要骨干企业。这就决定了国有经济不是无限度地"后退"甚至削减的，所以"国退民进"不会成为长久不变的发展趋势。再回头重新审视始于 20 世纪 90 年代的国有企业改革，虽然把"国退民进"作为当时改革的重要原则和指导方针，但并不是改革的最终目的，改革的最终目的是实现国有企业的脱困和现代化发展。所以，2003 年国资委成立后，国企改革的思路从坚持"拆分"、"消除垄断"调整为更加强调"兼并重组"、"整合"。虽然兼并重组、整合等往往也伴随着国有企业的减少和收缩，但指导方针已经从以"退"为主转变为要在重点领域做大做强。这和我国加入世界贸易组织有着直接关系。加入世界贸易组织之后，我国在直接面对世界性大公司的竞争时，不能依靠民营企业在短时期内成长起来以与之抗衡；国有企业在改革旧有机制、卸掉历史包袱后，自身所独有的资源优势、规模优势就凸显出来。自 2006 年以来，国有企业在规模、盈利能力以及对国民经济的影响力等方面都有了较大的改观。随着国有企业在公司治理、激励机制方面的不断完善，在兼并重组、产业整合方面的不断努力，还有国有资产资本化带来的升值，可以预见国有企业在较长一段时期里都将继续保持在国民经济中的地位，并对宏观经济发展发挥举足轻重的作用。

综上所述，国有企业改革与发展的总体方向将是有退有进，并在重点领域把国有企业做大做强，特别是加快推进中央企业联合重组和资源整合，提升中央企业的竞争力。2003 年国资委成立时，中央企业户数为 196 户；到 2009 年底，数量已经减为 128 户。国资委在 2006 年底出台的《关于推进国有资本调整和国有企业重组的指导意见》中提出到 2010 年，国资委履行出资人职责的企业调整和重组至 80~100 家，并努力培育 30~50 家具有国际竞争力的大公司大企业集团。

要实现在 2020 年建立完善的社会主义市场经济体制的目标，国有企业改革还需要在以下几个方面取得突破：第一，推进国有经济战略性的调整和国有企业战略的改组；第二，推进国有企业公司制改革，包括投资主体的多元化和法人治理结构的规范化建设；第三，推进国有企业垄断行业的改革；第四，进一步完善国有资产的管理制度，2003 年已经建立了国有资产管理委员会，但是在国有资本经营预算制度、实现所有权与经营权的分离等方面还需要进一步的完善。

（2）非公有制企业的发展。在国有经济快速进步的同时，非公有制经济也是在一个较为宽松的制度和政策环境当中继续发展。2003年，中国共产党的十六届三中全会中审议通过的《中共中央关于完善社会主义市场经济体制若干问题的决定》（以下简称《决定》）就明确了要"大力发展和积极引导非公有制经济"的指导思想，包括要清理和修订限制非公有制经济发展的法律法规和政策，消除体制性障碍；放宽市场准入；让非公有制企业在金融财税、土地使用、外贸等领域享受与其他企业享受同等待遇；改进对非公有制企业的服务和监管等。2007年胡锦涛主席在党十七大报告中也明确指出要"毫不动摇地鼓励、支持、引导非公有制经济发展，坚持平等保护物权，形成各种所有制经济平等竞争、相互促进新格局"。2010年3月温家宝总理在十一届全国人民代表大会上的《政府工作报告》中指出，要"加快大型国有企业的公司制改革，实现产权多元化，要加快推进垄断性行业改革，积极引入竞争机制；着力营造多种所有制经济公平竞争的市场环境，更好地促进非公有制经济发展"。国务院发展改革委员会在2009年5月发布的《关于2009年深化经济转型工作的意见》中具体提出要"加快研究鼓励民间资本进入石油、铁路、电力、电信、市政公用设施等重要领域的相关政策，带动社会投资"。

因此，非公有制经济的发展环境可以得到较为充分的制度保障，也已经被社会各个层面视为常态，非公有制经济的发展也已经形成稳定的预期。同时，非公有制企业将可以获得更多的机会进入国有企业所在的垄断性行业，而国有企业也将向非公有制企业的一些优势领域渗透。所以，国有企业和非公有制企业之间将展开更全面的竞争。

另外，国有企业和非公有制企业之间的界限也将越来越模糊。2003年的《决定》指出了完善社会主义市场经济体制的重要任务之一是完善以公有制为主体、多种所有制经济共同发展的基本经济制度，包括"积极推行公有制的多种有效实现形式，大力发展国有资本、集体资本和非公有资本等参股的混合所有制经济，实现投资主体多元化"。2005年开始的股权分置改革更为上市公司国有股权的流动打破了制度障碍，随着越来越多的限售非流通股解禁，将越来越难区分一些上市公司到底是国有上市公司还是民营上市公司。综上所述，国有经济与非公有制经济将在较长一段时期内处于共同发展、相互竞争的关系，还会出现越来越多的混合所有制经济形式，国有经济与非公有制经济之间的区别也许会越来越模糊，混合所有制经济将是我国企业产权制度变革的重要方向。

2. 金融体系改革的发展趋势

作为金融体系改革的最核心内容，商业银行体制改革已经取得了突破性的进展，其中四大国有商业银行的股份制改革的基本完成是重要的标志，但并不意味着商业银行体制改革就此成功，源自银行内部的信用风险的制度根源就此消失。上文从预算约束硬化和资本约束硬化两个方面分析了银行体制改革对自身信用风险的影响。在股份制企业制度下，我国商业银行的资本约束硬化程度已经大大提高，预算软约束也在一定程度上消除，但是预算软约束的基础并没有完全清除。因此，商业银行体制还需要继续深化改革。

根据银行不良贷款生成的逻辑链条，只要银行承担着政策性负担，就会存在不同程度的预算软约束，进而影响银行信用风险。日本与韩国银行业改革的经验表明：股份制改革并不能完全有效抵制政府对银行的干预。日本和韩国的银行业实行了股份制，但还是会因为政府的干预而出现企业和银行整体的"预算软约束陷阱"，使企业投资过度，不讲效益，银行缺乏风险意识，导致风险最终在银行体系中逐渐积累（王一江、田国强，2004）。而且，我国国有商业银行的股份制改革并不能等同于私有化过程，政府在改革过程更是积极注入资本金，而在国有银行进行股份制改革并上市后，国有产权在其中的比重虽然下降了，但是通过控股手段实际掌握的金融资产不是减少了，而是增加了。所以，股份制改革虽然在很大程度上使得国有商业银行实现了商业化运作，但是没有消除政府对银行的股权掌握，也没有从根本上改变政府继续干预银行运作的制度安排。在这样的制度安排下，虽然政府不在银行的微观经营层面施加干预，但是依然可能要求银行配合政府的宏观经济政策，这从某种程度上讲依然是一种政策性负担，也就有可能给我国商业银行带来预算软约束。

我国商业银行在2008年末和2009年初的新增贷款情况也可以从一个侧面说明政策性负担的存在。2008年第三季度，我国经济增长受美国金融危机影响而出现下滑。经济周期风险的加大会提高监管资本和经济资本的要求，从而约束信贷规模。商业银行新增信贷规模也相应地从9月开始缩小，并在11月出现了多年罕见的负增长，达到-2546.10亿元（见图8-4）。根据同样的逻辑，2008年12月的新增贷款应该继续萎缩，而且在往常年份商业银行到年末的时候已经基本完成全年信贷计划,所以12月的新增贷款规模都不会太大。然而从图8-4可以看到,2008年12月的新增贷款额出现突然增长,达到7645.09亿元,几乎相当于当年1月的新增贷款额。2009年第一季度,实际GDP同比增幅继续下滑到6.1%的新低,而新增贷款额却在1月和3月先后创出1.65万亿元和1.89万亿元的单月放贷历史纪录。据统计,2009年全年的实际新增人民币信贷金额达到了9.59万亿元,相当于2008年的近2倍。

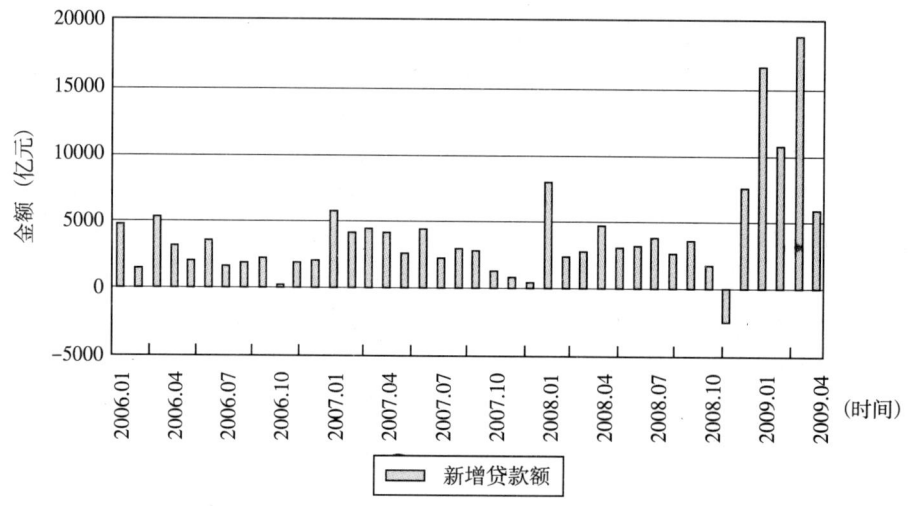

图8-4 我国商业银行2006年以来的月度新增贷款额

新增贷款的大幅增加显然和经济周期环境相矛盾,和商业银行审慎经营的原则也是不符的,其最合理的解释就是银行为了支持政府的经济刺激政策而实行积极的信贷政策。据统计,这些贷款大部分都是支持中央和地方政府的投资项目,或者与十大产业振兴计划有关。由于数据可得性的限制,本书无法获知这些贷款的营利性情况。但是无论营利性如何,这些贷款都包含着政策性目标,因此2008年12月以来激增的贷款包含有政策性负担的成分,虽然未必和商业银行的盈利目标是冲突的。惠誉评级在2009年6月19日发布的报告也指出:中国银行业的风险根源在于银行肩负着通过提高信贷来促进经济增长的重任,而且近期的信贷水平似乎已经远远超过了财政刺激方案的范畴。既然这些贷款包含有政策性负担的成分,那么商业银行就可能要求政府提供相应的补贴,或者在这些贷款出现违约时要求政府承担损失或者以其他形式提供补贴。所以,我国商业银行即便是在股份制改革基本完成之后,也依然存在一定程度上的预算软约束。

王一江、田国强(2004)通过考察韩国和日本的银行改革情况,指出我国国有商业银行的股份制改造还不能从根本上改善银行的资产质量和提高风险管理水平,最关键的应该是处理好政府与银行的关系,并认为要重视外资在银行改革中的战略重要性。施华强(2004)也指出:以改制上市为手段的国有商业银行综合改革并不必然导致国有商业银行不良贷款的持续下降,还需要有相关的配套措施。如果没有配套措施,反而可能会强化预算软约束预期,也就难以消除不良贷款的内生性。

因此从商业银行风险管理的制度建设来看,我国银行体制的改革还没有完全结束,需要继续进行下去。在社会主义市场经济体制下,政府依然会保留对银行业的部分控制权,但是还需要进一步理清政府与银行之间的委托—代理关系,这就涉及两方面的改革措施:一方面是政府要进一步完善国有金融资产管理体制,对政府控制的商业银行设定规范、科学的经营目标,把对商业银行的控制与影响保持在一个合理的范围之内;另一方面是商业银行应继续完善法人治理结构,真正建立有激励和约束的商业银行经营管理体制。既要吸收借鉴当前成熟和先进的公司治理结构,又要根据我国的实际情况,规范股东会、董事会、监事会和经营管理者的权责,形成畅通的信息沟通机制和权力机构、决策机构、监督机构以及经营管理机构之间的制衡关系。除此以外,还需要进一步消除国有商业银行作为国有企业预算软约束支持体的角色,适当降低银行业的集中度以降低单个银行倒闭的负外部性,以及继续完善商业银行的市场退出机制等。

金融体系改革其他方面,包括金融监管体系改革、利率市场化、金融市场发展、金融对外开放以及金融法律制度建设等都还没有完全到位,还需要进一步的努力。金融监管体系改革方面,在金融混业经营的趋势下需要不断完善金融监管协调机制;在我国银行业全面实施《巴塞尔新资本协议》将是银行业监管的重要趋势。利率市场化方面,人民币存贷款利率的限制将全面放开,风险定价将成为越来越重要的信用风险管理手段。金融市场发展方面,股票市场、债券市场的发展可能会导致金融"脱媒"趋势,宏观经济风险可以更大程度地分散于多个金融市场而不必集中于商业银行体系。金融对外开放方面,汇率波动限制的进一步放开、资本项目的放开、人民币的国际化都是重要的发展目标,将给商业银行带来更多的风险因素,包括汇率风险、国际资本流动的冲击,等等。金融法律制度建设方面,金融立法、金融执法的进一步完善将是主要发展方向,可以进一步保障银行的合法权益,有利于降低商业银行的信用风险。

3. 对外开放的发展趋势

改革开放以来,我国对外开放的总体特征可以概括为充分利用国内资源而争夺和占领国际市场,其中利用国内资源包括利用我国人力资源、土地等要素价格低廉以及环境成本低下的优势等,而争夺国际市场则体现为我国的对外贸易顺差和外汇储备的快速增长(魏杰,2008)。这样的对外开放模式有效地促进了经济增长和推动了我国经济转型的发展。但是,随着内外部环境的变化,这样的对外开放战略带来的弊端也逐渐显露出来。首先,国内经济结构出现了明显的失衡,经济增长过分依赖于出口和投资,而出口又是引致投资的重要因素。在消费不足的经济结构下,经济增长没能转化为人民生活水平的提高和福利增进,降低了经济增长的应有意义。其次,出口拉动型的经济增长模式导致我国经济缺乏内在的稳定基础,受到国际经济波动的影响较大。此次美国金融危机就对我国经济造成较大冲击。再次,国际收支出现严重失衡,外汇占款过大导致货币供给过多,从而出现了流动性过剩,给我国宏观经济调控带来困难。最后,对外出口本质上是将本国的资源用于国外居民的消费,而低廉的资源价格意味着我国总体福利的受损。在经济发展到一定阶段之后,这样的对外出口方式是不可持续的。

2009年12月的中央经济工作会议以及2010年3月的全国人民代表大会都明确了要加快转变经济发展方式,推动经济进入内生增长的发展轨道。在这一政策指导思想下,对外贸易、利用外资、对外投资以及国际经贸合作的发展方向是:

(1)在国际市场尚未完全恢复、国内产业结构调整背景下,对外贸易的重要发展方向是开拓新兴市场、优化产品结构和注重对外贸易的平衡。坚持实施市场多元化战略和以质取胜战略,推进加工贸易转型升级。

(2)利用外资和对外投资将共同发展。国家政策将鼓励中外企业加强研发合作,引导外资投向高端制造业、高新技术产业、现代服务业、新能源和节能环保产业,这和国家发展战略型新兴产业的目标是一致的。在利用外资的区域分布上,中西部地区将获得较快发展。对外投资则倾向于利用境外的天然矿产资源和先进技术，为企业自身发展服务。

（3）国际经贸合作方面，我国将努力改善与发达国家的经贸关系，深化与发展中国家的互利合作。政府将积极应对和妥善处理与发达国家的贸易摩擦，保护出口产业的复苏；同时努力开辟和拓展新的国际市场，加快建设东盟自由贸易区、加强与非洲国家的经济合作等。

第二节　商业银行系统性风险因子预测

上文根据我国当前的宏观经济形势以及国家制定的经济增长和经济转型目标，分析了经济周期的变化趋势以及经济转型的发展趋势。但是，根据这些趋势分析还不能直接得到商业银行信用风险度量所需的系统性风险因子的预测值。从银行风险管理的角度，需要较全面地预测各种情况出现的可能性，并客观评估各种情况可能给银行信用风险带来的影响，才能实现审慎的风险管理。因此，银行除了要对宏观经济的主要变化方向进行预测之外，还需要考虑通盘考虑可能出现的其他各种情景。在宏观经济情景预测的基础上，再确定系统性风险因子的预测值。

一、宏观经济情景预测

以上文对宏观经济变化趋势的分析为基础，下面分别对经济周期和经济转型可能出现的不同情景进行预测。

1. 经济周期的情景预测

综合各方面的因素，我国经济周期的未来走势有三种可能的情景：

第一种，城乡居民消费需求得到有效释放，消费结构升级合理，产能过剩压力显著减轻，带动相关轻工业和重化工业生产、投资增长加速，政府投资对民间投资的拉动效应明显；同时国际市场需求回暖，对外贸易稳步回升；资产价格上涨得到有效控制，通胀预期有所减弱。经济运行在相对稳固、健康的基础上进入高增长、低通胀的扩张周期。

第二种，政策效果在集中释放以后开始弱化，政府投资受到财政赤字压力不能维持快速增加，而民间投资因为投资环境没有根本改善而增长缓慢；消费刺激政策的边际效应逐步减弱，居民消费受制于收入水平而不能快速增长；发达国家经济出现"二次探底"，国际市场需求增长乏力，对外贸易出现零增长。宏观经济保持低速增长，仍处于复苏阶段。

第三种，经济结构失衡的问题没能得到有效解决，政府投资难以为继，民间投资也出现负增长；居民消费也遇到增长"瓶颈"；国际市场需求进一步萎缩，贸易保护主义有所加强，对外贸易重陷低迷；宽松的货币政策和扩张的财政政策没能达到预期效果，反而导致资产价格过快上涨，通胀压力持续增加，最终把经济带入低增长、高通胀的滞涨阶段。

从经济发展的内外条件看，经济运行出现第一种情形的积极因素正在积累，而出现第二种情形的可能性正逐渐下降，但出现第三种情况的风险依然存在。根据2009年12月的中央经济工作会议的精神，如果能采取切实措施加快调整经济结构和收入分配结构，转变经济增长方式，扩大消费需求，提高消费占GDP比重及对经济的贡献，改变对出口和投资过度依赖的增长模式，将可以使我国经济发展朝着第一种情形的方向发展；如果依然停留于原有的经济格局、经济增长方式和宏观经济政策手段，则难以实现经济的可持续发展，可能会出现后面两种更坏的情形。

2. 经济转型的情景预测

经济转型包含三个方面的内容，下面也分别从这三个方面进行情景预测。

（1）企业产权制度变革的情景预测。上文分析了国有企业改革和非公有制企业发展的主要方向，但是国有企业改革能否进一步深化，非公有制企业能否继续快速发展依然存在不确定因素。可以把我国未来一段时期内企业产权制度变革的可能情景概括为以下几种情景：

第一种，国有企业的改革按照预定目标继续深化，顺利实现在非重点领域的收缩，国有企业普遍建立起现代企业制度，并培养出具有国际竞争力的大型国有企业集团；非公有制企业的经营环境继续改善，在与国有企业的公平竞争当中继续发展。国有企业和非公有制企业的总体收益水平不断提高。

第二种，国有企业产权改革没能在根本上解决经营效率低下的问题，而依赖于行业垄断获取较高的利润；非公有制企业的经营环境没有显著的改善，也难以进入国有企业占据的垄断行业。国有企业继续获得垄断收益而非公有制企业的收益增长缓慢。

第三种，国有企业没能继续深化改革，而是凭借垄断、规模、资金成本和体制优势进行扩张，对非公有制企业产生挤出效应；非公有制企业的经营环境出现恶化，民间投资出现萎缩。国有企业的扩张反而导致了生产效率的进一步降低，并带来经营风险；非公有制企业的经营环境持续恶化，非公有制经济出现萎缩。

上述三种情景当中，出现第一种情景需要国家的经济转型政策得到较好的贯彻，改革措施得到较好的执行，但出现的概率相对而言是比较大的；出现第二种情景的可能性还是有的，也具有一定的现实条件；第三种情景出现的概率则相对较小。

（2）金融体系改革的情景预测。综合考虑上文金融体系改革各个方面的发展趋势，并结合对商业银行信用风险的可能影响，可以得到以下三种可能的情景：

第一种，商业银行经营体制进一步优化，产生政策性负担的制度基础得以有效消除；金融监管制度进一步完善；利率市场化提高了银行的风险管理能力；多层次金融市场的发展分担了银行体系要承担的宏观经济风险；金融体系的有序开放没有给银行体系造成负面冲击；金融法律制度有显著的完善，对商业银行信用风险的下降产生了积极作用。

第二种，商业银行良好的盈利状况使得经营体制的改革没有得到重视，银行在政府影响之下发放的贷款也因为经济保持较快增长而没有爆发较大的风险；金融体系其他方面的改革进展缓慢，但是对商业银行的信用风险没有产生较显著的系统性影响。

第三种，政府为了实现宏观经济目标而加大对银行的干预，造成企业和银行整体的"预算软约束陷阱"，而经济环境恶化导致了大量风险的暴露；在现实条件并不充分的情况下实施《巴塞尔新资本协议》，使银行监管陷入混乱；过快的利率市场化导致了银行间的恶性竞争，反而弱化了银行对风险的防范能力；其他金融市场没能分担宏观经济风险，反而给银行造成更大的冲击；人民币汇率波动和国际资本流动加大了商业银行的信用风险；金融法律制度在新形势下暴露出更多的缺陷。

上述三种情况当中，第一种情景是最好的情况，但是最终能否出现在很大程度上取决于金融体系改革的决策者以及执行者能否对金融体系的现实情况有客观的认识，并能确定科学的改革目标；出现第二、第三种情景的概率则依次递减。

（3）对外开放的情景预测。因为在对经济周期的情景预测部分已经有关于对外贸易的总量分析，所以这里不再涉及而主要关注我国在对外开放政策及其实施、对外贸易的相关产业结构、投资交流以及经贸合作等方面的变化，可以概括为以下三种可能的情景：

第一种，我国能够有效实施对外贸易的市场多元化战略和以质取胜战略，加工贸易的转型升级顺利进行；顺利吸引外资进入新兴产业和中西部地区，通过对外投资掌握更多的重要资源；无论是与发达国家还是发展中国家的经贸合作都取得较大进展，形成宽松的国际经贸合作环境。企业可以在对外开放的进一步深化当中获得相应的收益，并有效提高了抗风险能力。

第二种，我国虽然努力实施既定的对外开放政策，但总体上没能改变以初级产品和劳动密集型产品为主的出口产品结构，对外贸易依然保持重数量轻质量的特征；外资保持净流入，但没有按照政策预期进入新兴产业和中西部地区，也没能带来显著的技术进步；我国与发达国家的贸易摩擦继续出现，但是与其他国家的经贸合作有一定进展。企业虽然依然可从对外开放当中获得收益，但是抗风险能力依然低下，受国际冲击的可能性较大。

第三种，我国的对外贸易出现很不利的局面：人民币升值导致生产成本提高，其他国家的产品进一步挤占了国际市场；国外的需求出现萎缩，并且贸易摩擦和贸易争端不断升级，多重压力导致外贸依存度出现大幅下降；因为对外贸易产品的竞争力下降，外资大规模撤离并流向竞争国家；我国与发达国家的贸易摩擦升级为贸易争端甚至贸易战，与发展中国家的经贸关系也因为对国际市场的争夺而出现紧张局面。对外开放形势的恶化直接影响企业的收益状况，出现普遍的亏损甚至倒闭。

上述三种情况当中，要想完全达到第一种情况的理想状态还存在一定的难度，彻底改变现有的对外开放格局还需要较长的时间；在短期内则要解决出口产品结构优化、合理引导外资、应对与发达国家的贸易摩擦等第二种情景下的诸多现实问题；至于第三情景出现的概率相对较小，但是人民币升值、出口产品竞争、贸易争端等因素的冲击需要银行高度重视。

二、基于压力测试方法的系统性风险因子预测

前面分别对经济周期、经济转型预测了三种可能的情景，下面还需要

第八章 基于宏观经济预测的系统性风险度量

在宏观经济情景预测的基础上，确定各个系统性风险因子的具体的预测值。为了把定性的宏观经济情景预测转化为定量的系统性风险因子预测值，本书借鉴压力测试的方法来实现这一目标。

压力测试是指银行假设性地把经营环境模拟成各种极为不利的情景，测试自身的资产、负债及资本在压力情景下的结果。压力测试的重要基础是假设压力情景，而压力情景可以用若干个关键性指标表示，如GDP增长率、通货膨胀率、贷款利率、汇率、财政赤字、失业率等，还可以包括股票价格指数、房地产价格指数、石油价格、银行间拆借利率等重要变量，这些指标即可称为冲击因子。所以，压力情景假设也就是确定冲击因子的大小。对比压力测试和本书的信用风险度量思路，可以发现上节已经预测的宏观经济情景就相当于压力测试当中的压力情景；而SRF模型已经确定的系统性风险因子：GDP增长率、通货膨胀率、企业产权多元化指数、金融市场化指数和外贸依存度就相当于是冲击因子。因此，借鉴压力测试的压力情景假设方法并根据SRF模型可以得出各个系统性风险因子的预测值。

目前的压力测试研究及相关实践还没有对压力情景假设方法确定一个被普遍接受的标准，但从商业银行的实践来看主要有两种方法：历史情景法和预测情景法。历史情景法就是以历史上发生过的最坏的宏观经济和金融市场情景为基础来构造压力情景，也就是采用历史的冲击因子数据。巴塞尔委员会就主张银行在进行压力测试时，"模拟的压力环境应该包括过去时期的市场波动"（BIS，1996）。预测情景法则是银行根据对宏观经济和金融市场变化趋势的分析来预测未来发生概率极小的宏观经济情景，据此设计压力情景，即仅根据对未来宏观经济情景的主观性预测来确定冲击因子的大小。实际的压力测试通常综合运用这两种方法来确定冲击因子的具体数值，本书也采用综合法来预测信用风险度量所需的系统性风险因子。

在数据可得范围之内，可以得到各个系统性风险因子的最大值、最小值和均值，如表8-2所示。其中，GDPGR和INF的数据范围是从统计年鉴获得的改革开放以来（1978~2007年）的数据，而EPDI、FTD和FLI的数据范围则和上文的样本期一致（1997~2007年）。

将历史数据和预测的宏观经济情景相结合，可得到具体的系统性风险因子预测值。根据SRF模型的实证结果，GDPGR、EPDI、FTD和FLI和违约概率是负相关关系，而INF和违约概率是正相关关系。综合上节对经

表8-2 系统性风险因子历史数据的统计特征值

	GDPGR (%)	INF (%)	EPDI (%)	FLI (%)	FTD (%)
最大值	15.20	24.10	65.13	2.70	66.85
最小值	3.80	-1.40	40.76	1.60	31.81
均值	9.90	5.20	51.36	2.18	47.62

济周期、经济转型预测的三种情景，可得到较好、一般和较差三种宏观经济情景，根据表8-2可以分别确定这三种宏观经济情景下各个系统性风险因子的大小，如表8-3所示。

表8-3 三种宏观经济情景下的系统性风险因子预测值

系统性风险因子 宏观经济情景	经济周期		经济转型		
	GDPGR (%)	INF (%)	EPDI (%)	FLI (%)	FTD (%)
较好	15.20	-1.40	65.13	2.70	66.85
一般	9.90	5.20	51.36	2.18	47.62
较差	3.80	24.10	40.76	1.60	31.81

表8-3确定的各个系统性风险因子的预测值基本都反映了较好、一般和较差三种预测的宏观经济情景。以较差的宏观经济情景为例，GDP增长率的预测值低至3.80%，并且通货膨胀率的预测值高达24.10%，可以说是属于经济陷入滞涨的极端情况，和上节经济周期的第三种预测情景是一致的；EPDI低至40.76%，即非国有经济出现了较严重的萎缩，和企业产权制度变革的第三种预测情景也是一致的；FLI跌至1.60，意味着金融体系改革出现了较大问题，金融市场化指数出现大幅下滑，和金融体系改革的第三种预测情景相吻合；而FTD为31.81%，对应的是1998年的历史数据，当时我国正处于亚洲金融危机后最困难的外贸环境，也基本反映了对外开放的第三种预测情景。

下面在这三种宏观经济情景下对商业银行的信用风险进行度量。

第八章 基于宏观经济预测的系统性风险度量

第三节 系统性风险度量过程

基于上面对不同系统性风险因子的预测，可以进行信用风险度量，首先测算银行各笔贷款的违约概率，然后得出贷款组合的损失分布，进而计量贷款组合的非预期损失，即非预期损失。

一、基于 SR-Logistic 模型的违约概率测算

运用 SR-Logistic 模型来预测违约概率可以选择分行业模型也可以采用分地区模型。因为分行业的 SR-Logistic 模型得到了涵盖 14 个行业的实证结果，而分地区的 SR-Logistic 模型只是涵盖了 8 个省，所以这里选择分行业 SR-Logistic 模型，首先估计各个借款企业的 C^* 值，然后通过映射方法来预测相应贷款的违约概率。

将三种条件下的系统性风险因子和作为控制变量的财务因子[①]代入表 8.7 中的行业方程，可得到各个企业的 Z 值。再将 Z 值代入 Logistic 模型的方程

$$C^* = \frac{1}{1+e^{-Z}} \tag{8-1}$$

可以得到各个企业的预测 C^* 值，其取值范围是在 0~1。根据表 8-1 设定的 C^* 值与违约概率的映射关系，可以测算出贷款在较好、一般和较差三种宏观经济情景下的违约概率，散点图分别如图 8-5、图 8-6 和图 8-7 所示。

对比图 8-5 至图 8-7 可以看出：随着宏观经济情景的恶化，违约概率接近 18%的企业越来越多，而违约概率接近 2%的企业越来越少。这充分验证了经济周期和经济转型因子对企业违约概率的影响。

---

① 因为不考虑系统性风险对特异风险的影响，所以各个企业的财务因子均是取其在样本期内的均值。

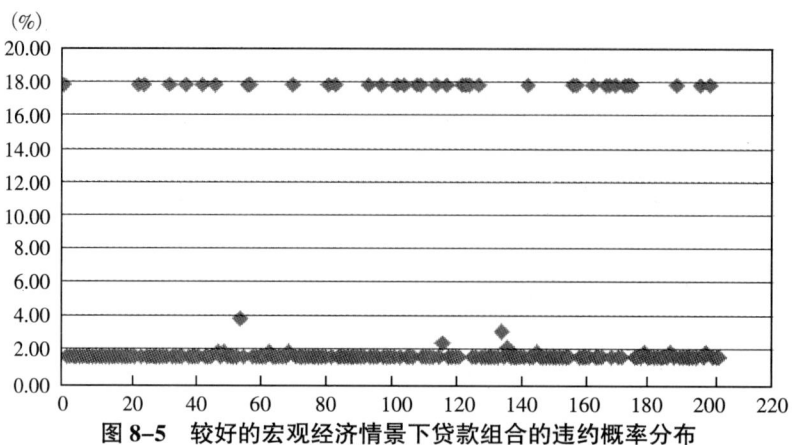

图 8-5　较好的宏观经济情景下贷款组合的违约概率分布

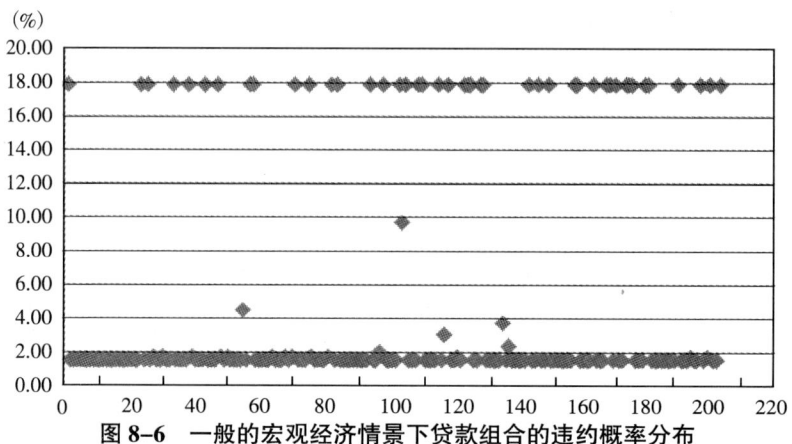

图 8-6　一般的宏观经济情景下贷款组合的违约概率分布

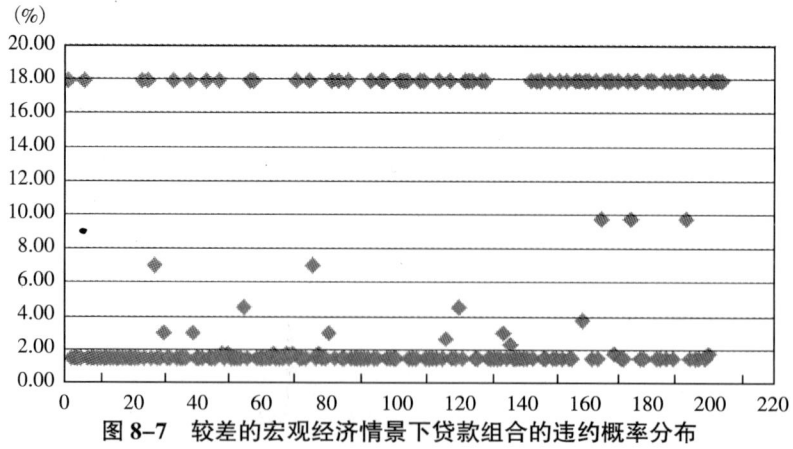

图 8-7　较差的宏观经济情景下贷款组合的违约概率分布

第八章 基于宏观经济预测的系统性风险度量

二、不同宏观经济情景下贷款组合的非预期损失计量

违约概率只是信用风险的基本要素。在现代商业银行信用风险管理中,度量信用风险的更核心指标是非预期损失。在计算出三种宏观经济情景下各个借款企业的违约概率之后,可进一步计算出贷款组合的 VAR,再通过设定置信水平,得出相应的非预期损失。

计量非预期损失的前提是确定贷款组合的损失分布,而损失分布的计算则要采用相关模型。CreditRisk+模型是主流的风险计量模型当中能够计算出损失分布的模型之一,而且具有数据要求相对较少、具有显式解等优点,所以受到较广泛的应用。本书将采用基于频带划分的 CreditRisk+模型来计算贷款组合的损失分布,进而计量一定置信水平下的非预期损失。

1. 基于频带划分的 CreditRisk+模型基本原理

CreditRisk+模型是由瑞士信贷第一波士顿银行提出使用的。CreditRisk+模型采用 Poisson 分布模拟违约事件个数分布,再通过频带划分将违约事件个数分布转化为违约损失分布,最后利用违约损失概率之间的递推关系式来计算贷款组合的损失分布。彭建刚等(2008)通过改进频带划分方法,提出了采用基于频带划分的 CreditRisk+模型,其计算原理如下。

首先,CreditRisk+模型引入一个用辅助变量 z 来定义的概率生成函数为

$$F(z) = \sum_{n=0}^{\infty} p(n) z^n \tag{8-2}$$

其中,n 表示违约事件的个数。通过对 F(z) 进行变换和泰勒展开,得到

$$F(z) = e^{\mu(z-1)} = e^{-\mu} e^{\mu z} = \sum_{n=0}^{\infty} \frac{e^{-\mu} \mu^n}{n!} z^n \tag{8-3}$$

根据组合中单笔贷款违约概率很小的假设,贷款组合在 1 年内发生 n 个违约事件的概率为

$$p(n) = \frac{e^{-\mu} \mu^n}{n!} \tag{8-4}$$

式(8-4)即为 Poisson 分布。预期的违约事件个数 μ 是 Poisson 分布的唯一参数。分布的形式与组合中贷款的数量无关,而且在给定假设下,分布也独立于单笔贷款的违约概率。

在此基础上，CreditRisk+模型通过采用频带划分的方法，把违约事件分布转换为损失分布：先把经过违约损失率调整后的暴露按照金额从小到大的顺序进行排列，再把这一序列划分成若干个频带，并且根据实际情况设定风险暴露的一个基准单位，这样风险暴露、预期损失以及非预期损失都可以表示为 L 的若干倍，划分频带后，损失可以用基准单位的整数倍数表示。

频带划分是 CreditRisk+模型计算的关键步骤。在实际划分频带时，每个频带内贷款笔数不能太少，频带内各笔贷款暴露之间相差不能太大，否则计算就会产生较大的误差。如果数据分布不均匀，瑞士信贷第一波士顿银行采用的四舍五入或向上取整的方法来确定基准单位和频带个数就有可能会出现某个频带内贷款笔数不足，或者某些贷款的实际暴露和公共敞口之间差异较大的问题，最终影响整个计算的精度。基于此，彭建刚等（2008）对频带划分方法提出了改进，主要体现在以下两个方面：一方面，对组合内贷款的分组是按照笔数来均匀划分频带，并且设定频带内贷款笔数的下限，如果低于这个下限就减少频带数，保证每个频带内贷款的数量能满足泰勒展开的要求；另一方面，对暴露的基准单位 L 不是采用四舍五入法或向上取整法，而是以加权平均为基础来确定，就是算出加权平均值后，再取其最接近的整数作为基准单位。如果加权平均值与最接近的整数之间相差较大，就对该频带内的贷款笔数进行微调，直至加权平均值取整的误差足够小为止。

经过频带划分之后，可以得到违约损失的概率生成函数 G(z)

$$G(z) = \sum_{n=0}^{\infty} p(\text{loss} = n \times L) z^n \tag{8-5}$$

式（8-5）中，$n \times L$ 即损失的总和。因为贷款组合的暴露是相互独立的，那么各个频带之间也应该是相互独立的，则贷款组合损失的概率生成函数可以表示为

$$G(z) = \prod_{i=1}^{m} G_i(z) \tag{8-6}$$

整个贷款组合中，每一个频带内的贷款集都可以看作是一个小组合，因此有

$$G_j(z) = \sum_{n=0}^{\infty} p(n) z^{n v_j} = \sum_{n=0}^{\infty} \frac{e^{-\mu_j} \mu_j^n}{n!} z^{n v_j} = e^{-\mu_j + \mu_j z^{v_j}} \tag{8-7}$$

进一步可以得到整个贷款组合的损失概率生成函数为

$$G(z) = \prod_{j=1}^{m} e^{-\mu_j + \mu_j z^{v_j}} = e^{-\sum_{j=1}^{m}\mu_j + \sum_{j=1}^{m}\mu_j z^{v_j}} \tag{8-8}$$

最后，可以通过循环递归公式来对损失分布函数进行求解。对于 n 个整数，一个 $n \times L$ 损失的概率可以用 A_n 来表示。根据 G(z) 的定义式（8-6）及其泰勒展开式，有

$$p(\text{loss} = n \times L) = \frac{1}{n!} \frac{d^n G(z)}{dz^n}\Big|_{z=0} = A_n \tag{8-9}$$

将式（8-9）代入式（8-5）并用 Leibniz 公式推导出损失分布的递归式

$$A_n = \sum_{j: v_j \leq n} \frac{\varepsilon_j}{n} A_{n-v_j}, \quad n = 0, 1, 2\cdots \tag{8-10}$$

式（8-10）即为 CreditRisk+ 模型计算贷款组合损失分布的公式。其中递归关系的初始项，即起点概率 A(0)（即贷款组合损失为 0 的概率）的计算公式为

$$A(0) = G(0) = e^{-\mu} = e^{-\sum_{j=1}^{m}\frac{\varepsilon_j}{v_j}} \tag{8-11}$$

根据式（8-10）和式（8-11）就可算出整个贷款组合的损失分布。

经过改进的 CreditRisk+ 模型具有更高的精确度，所以本书采用改进后的 CreditRisk+ 模型来计算贷款组合的损失分布，进而计算经济资本。

2. 不同宏观经济情景下的非预期损失计量

运用基于频带划分的 CreditRisk+ 模型计量经济资本还需要有违约风险暴露和违约损失率的数据。由于本书采用的是上市公司的数据，不能获得每家样本企业贷款的违约风险暴露和违约损失率数据。考虑到这两项参数对本书的实证分析结论不会产生实质性的影响，所以借鉴彭建刚、吕志华（2009）的做法来获得样本企业贷款的违约风险暴露数据。首先，对样本企业进行随机排序，然后假设各家样本企业贷款的违约风险暴露计算公式如下：EAD = 0.1 × i，i 为上司公司的序号，0.1 的参数值对实证结果没有影响。违约风险暴露的单位可以不作设定。对于违约损失率则假设贷款均为信用贷款，按照《巴塞尔新资本协议》的经验值，违约损失率均设为 0.45。

对于确定的贷款组合，只要划分了频带，即可确定每个频带的贷款笔数，乘以违约概率即可得到每个频带的预期违约个数；预期违约个数乘以

经过违约损失率调整后的公共风险暴露就得到每个频带的预期损失。然后运用 Panjer 算法可以得到贷款组合的损失分布以及 99.9% 的置信水平下的 VAR 值。VAR 值减去预期损失就是非预期损失，即贷款组合在 99.9% 的置信水平下占用的经济资本。

不同宏观经济情景下的经济资本计量结果分别如表 8-4~表 8-6 所示。

表 8-4　较好的宏观经济情景下贷款组合的频带划分

频带	公共风险暴露	贷款笔数	预期违约个数	预期损失
1	1	21	0.4804	0.4804
2	3	20	0.9552	2.8656
3	5	24	1.0453	5.2265
4	7	21	0.8095	5.6665
5	9	23	1.0005	9.0045
6	11	21	1.6317	17.9487
7	13	24	0.5483	7.1279
8	15	20	1.4451	21.6765
9	17	25	1.0382	17.6494
10	18	4	0.2237	4.0266

表 8-5　一般的宏观经济情景下贷款组合的频带划分

频带	公共风险暴露	贷款笔数	预期违约个数	预期损失
1	1	21	0.4804	0.4804
2	3	20	0.9627	2.8881
3	5	24	1.0530	5.2650
4	7	21	0.9803	6.8621
5	9	23	1.0876	9.7884
6	11	21	1.8042	19.8462
7	13	24	0.8827	11.4751
8	15	20	1.4451	21.6765
9	17	25	1.3623	23.1591
10	18	4	0.3870	6.9660

表 8-6 较差的宏观经济情景下贷款组合的频带划分

频带	公共风险暴露	贷款笔数	预期违约个数	预期损失
1	1	21	0.6437	0.6437
2	3	20	1.0396	3.1188
3	5	24	1.0530	5.2650
4	7	21	1.0473	7.3311
5	9	23	1.4904	13.4136
6	11	21	1.8282	20.1102
7	13	24	1.2020	15.6260
8	15	20	2.2049	33.0735
9	17	25	2.5034	42.5578
10	18	4	0.7136	12.8448

贷款组合均被划分为 10 个频带，而且各个频带在三种宏观经济情景下的公共风险暴露以及贷款笔数也都是一致的，这和上面对贷款风险暴露的假设有关；但是预期违约个数则出现较大差异。

对比表 8-4 和表 8-6 各个频带的预期违约个数，可以发现较差的宏观经济情景下的预期违约个数普遍高于较好的宏观经济情景下的预期违约个数。相应地，每个频带上贷款组合的预期损失也受宏观经济风险的影响。三种宏观经济情景下贷款组合的损失分布如图 8-8 所示。

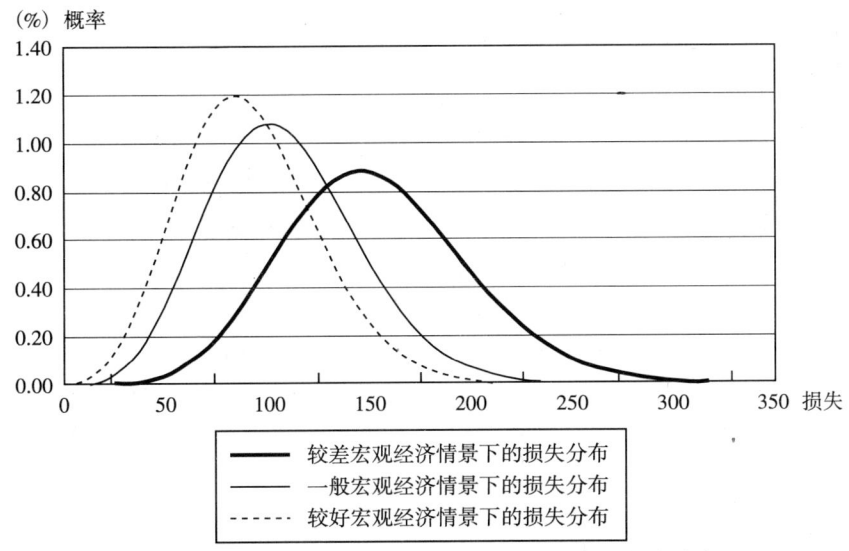

图 8-8 三种宏观经济情景下贷款组合的违约损失分布

可以看到，损失分布均具有较显著的偏峰厚尾特征，和彭建刚、张丽寒、刘波等（2008）的结果是基本一致的。这三条曲线按照峰位从左到右依次排列，分别是较好的宏观经济情景、一般的宏观经济情景和较差的宏观经济情景下的贷款损失分布曲线。这说明宏观经济环境越差，贷款组合的潜在损失就越大。

贷款组合在三种宏观经济情景下的预期损失、99.9%置信水平下的VAR和相对应的经济资本计算结果如表8-7所示。

表8-7　三种宏观经济情景下贷款组合的非预期损失

宏观经济情景	预期损失	VaR（99.9%置信水平）	非预期损失
较好	91.67	214.00	122.33
一般	108.41	242.00	133.59
较差	153.98	315.00	161.02

可以看到，银行贷款组合的非预期损失在较好的宏观经济情景下为122.33单位，在一般的宏观经济情景下为133.59单位，而在较差的宏观经济情景下则上升到161.02单位。实证结果显示：银行贷款组合的非预期损失随着宏观经济情景的恶化而出现显著上升。因为非预期损失的上升意味着要占用更多的经济资本，所以贷款组合的经济资本要求受未来不同的宏观经济情景的直接影响。

总结本章的研究，可以得出基于系统性风险因子预测的信用风险度量方法。这一信用风险度量方法对于我国商业银行信用风险度量和管理水平的提高有着积极意义。

在信用风险度量层面，基于系统性风险因子预测的信用风险度量能有效地量化未来的宏观经济变化对商业银行信用风险的影响，因此在一定程度上可以帮助商业银行改变基于"摩根规则"的信用风险度量模式，不再只根据历史数据来预测银行当前及未来要承担的信用风险。根据度量结果，商业银行可以更科学地预测自身要承担的信用风险。

在信用风险管理层面，基于系统性风险因子预测的信用风险度量方法可以帮助商业银行实现更主动的信用风险管理，进而缓释经济资本的顺周期性，满足宏观审慎监管的要求。第三章已经指出经济资本顺周期性的根源在于银行主要根据债务人的历史信用状况来确定其在未来一定时期内的信用水平，即银行对未来信用风险的判断主要受当前及过去的宏观经济状况影响。在这一摩根规则之下,宏观经济的波动就通过银行的信用风险度量传递到经济资本的波动。如果运用本章提出的基于系统性风险因子预测的信用风险度量方法,经济资本却受到未来宏观经济情景的影响。因此,在经济繁荣阶段,银行可以在信用风险度量当中充分考虑经济可能会出现衰退的预期,提高贷款组合的经济资本要求,从而提前控制风险;在经济萧条阶段,银行也可以根据对经济复苏的预期来降低贷款的违约概率和贷款组合的经济资本要求,从而更积极地发展业务。所以,基于系统性风险因子预测的信用风险度量方法能帮助银行消除经济资本的顺周期性,满足宏观审慎监管的要求。

在技术层面,基于系统性风险因子预测的信用风险度量方法将宏观经济分析方法和多项信用风险度量技术(包括压力测试方法、SRF 模型、SR-Logistic 模型以及基于频带划分的 CreditRisk+模型)有机地结合在一起。这一度量方法实现了宏观分析和微观分析的融合,能帮助商业银行有效地防范系统性风险。商业银行可以根据同样的思路来改进其他类型风险的度量方法。

第九章 系统性风险"MM"管理法

前文已经构建了系统性风险度量模型并进行了实证分析。本章将在此基础上提出面向系统性风险的"MM"管理法。"MM"管理法是指宏观（Macro）与微观（Micro）相结合的管理法，即把宏观层面的经济分析方法与微观层面的风险管理技术有机结合，实现对系统性风险的科学防范和处置。

MM 管理法是以系统性风险因子动态预测为基础，测算银行信贷资产组合在未来不同宏观经济情景下的经济资本要求；并在建立经济资本顺周期缓释机制的基础上，构建起包括经济资本预算、配置和评估的系统性风险经济资本管理体系来实现日常的系统性风险管理；同时开展基于 SR-Logistic 模型的系统性风险压力测试，作为非日常的系统性风险管理的重要工具。

第一节 系统性风险因子动态监测

为了实现对信用风险的科学度量，我国商业银行应该加强对影响信用风险的系统性风险因子的监测。我国人民银行、银监会等都公布大量的宏观经济统计信息和分析报告，如人民银行每季度发布的《货币政策执行报告》都对国内外的宏观经济形势、金融市场运行情况等进行详细分析，并对未来的宏观经济进行展望和提出下一阶段货币政策的主要思路。银监会发布的统计数据和年报等也提供对国际、国内经济金融形势的分析。这些都为我国商业银行对系统性风险因子实施有效监测提供了条件和外部的监管指引。

一、系统性风险因子之间的互动关系

前文建立的 SRF 模型和 SR-Logistic 模型虽然较全面地涵盖了系统性风险因子，但是没有考虑各个系统性风险因子之间的相互作用关系。然而，现实的经济系统中各个系统性风险因子之间往往有着千丝万缕的联系，这在信用风险度量模型中难以充分体现。那么银行信用风险管理者在宏观经济预测当中就要进行更深入和细致的分析，最终目标也不再是得到单个系统性风险因子的预测值，而是对宏观经济风险的整体预判。商业银行在信用风险度量当中，系统性风险因子之间的作用关系是需要重点关注的。

（1）经济周期因子之间的相互作用关系。GDP 增长率、通货膨胀率以及其他经济周期因子之间往往都存在一定的相互作用关系。以 GDP 增长率和通货膨胀率为例，对于大多数国家来说，高增长低通胀都是最理想的经济增长态势，但高增长通常是和高通胀伴随的。就以我国而言，GDP 增长率和通货膨胀率的相关性在一定程度上是比较明显的。几年来我国经济增长主要表现为投资拉动和出口拉动，2009 年投资对经济增长的贡献率更达到了 92.3%。① 投资必须要有相应的货币供给和信贷投放作为支撑，所以我国货币供给通常都维持在较高的增长水平上。出口创汇在意愿结售汇制度以及人民币升值预期之下也可能导致中央银行以外汇占款的形式增加基础货币。所以，我国经济在高速增长的同时，往往也伴随着通货膨胀。

还有在 SRF 模型的实证检验中没通过显著性检验的贷款利率，也和通货膨胀率之间有密切的相关关系。抑制通货膨胀是货币政策的重要目标，而货币政策的重要工具之一正是利率，所以在很多情况下，利率是由人民银行根据通货膨胀的情况来进行调整的。利率的变化又会改变融资成本，影响货币供应量，进而影响通货膨胀率和 GDP 增长率。所以，在商业银行信用风险管理实践中，也要重视利率和其他经济周期因子之间的关系。

（2）经济转型因子对经济周期因子的作用关系。经济转型是我国经济增长的重要推动力量，所以对经济周期也有显著影响。如国有企业改革极大地提高了国有企业整体的经营绩效，也使国有企业为经济增长做出了重

---

① 数据来源：中国国家统计局网站，http://www.stats.gov.cn/。

第九章 系统性风险"MM"管理法

要贡献。

银行体制改革也可以通过影响银行的预算软约束,间接作用于通货膨胀。钟伟、宛圆渊(2001)指出:对于强政府干预性的国家而言,银行预算软约束的存在使得控制国内信贷的膨胀成为一件非常困难的事情。银行信贷扩张往往又是我国投资过热的重要支撑和加速器(江曙霞等,2006),投资过热的一个直接后果就是投资品价格的上升,再由 PPI 向 CPI 传导,形成成本拉动型通货膨胀。所以,银行预算软约束与通货膨胀之间也存在内在的关联性。我国银行体制的进一步深化改革能否有效消除银行预算软约束,也就在一定程度上成为影响通货膨胀的制度性因素。

因此,在监测影响信用风险的系统性风险因子时,需要重点关注系统性风险因子之间的作用关系。

二、系统性风险因子的监测

因为数据的局限性,有很多重要的系统性风险因子没能进入 SRF 模型,但是并不意味着那些因子对商业银行信用风险没有影响。银行在信用风险度量中同样要对这些系统性风险因子给予足够的关注,实施更全面的系统性风险因子监测。

经济周期方面,需要考察的系统性风险因子有房地产价格、财政支出、利率等。房地产价格是反映经济周期的重要变量,同时房地产作为银行贷款重要的抵押物,其价格的波动应该对商业银行的信用风险有着重要影响。本书在分析违约风险暴露的周期性波动时已通过例子说明了房价波动对违约风险暴露的影响。房价波动同样会影响违约概率和违约损失率,房价越高,违约概率和违约损失率就越低;房价越低,违约概率和违约损失率就越高。财政政策一直是我国政府重要的宏观经济政策,其对我国经济的影响是十分显著的,所以财政支出也是要重点考察的经济周期变量。利率因子虽然在本书 SRF 模型的实证当中不具有显著性,但依然是重要的宏观经济变量。而且,利率因子在模型中不显著可能是受到利率市场化程度的影响,那么随着利率市场化程度的提高,商业银行实行风险定价的条件将越来越成熟,这必然会影响银行的信贷政策并对借款企业的行为产生不同的约束效应。所以,在利率市场化进程中,利率对商业银行信用风险的作用会越来越显著。

经济转型方面需要考察的系统性风险因子就更加复杂。改革开放以来，我国的经济转型在产品市场和企业层面都取得了巨大的成就，但收入分配制度改革和要素市场改革还没有取得突破性的进展，将是我国未来经济转型的重要内容。这两项改革内容由于历史数据不足并且难以量化，不能在 SRF 模型中体现，因此要在银行的信用风险度量工作中进行重点监测。

收入分配制度改革主要包括户籍制度改革、劳动力薪酬制度改革以及社会保障制度建设三个方面。这三个方面的改革都已经正在进行或者已经开始了改革试点，但是因为在一定程度上已经超出纯经济的范围，而涉及社会和政治层面的问题，特别是社会保障制度涵盖了医疗、教育、养老、失业、保障性住房等各方面的复杂问题，所以改革的进程将十分曲折。收入分配制度改革将直接影响企业的人力成本，同时又通过改变居民收入而影响产品市场的需求，因此对商业银行信用风险的影响会比较复杂。

生产要素包括土地、劳动力和资金三大方面，其中劳动力要素的改革可以划入收入分配制度改革的范畴，所以要素市场改革主要是解决土地和资金要素的价格扭曲和流动性限制问题。土地市场改革包括城乡土地市场一体化、土地流转制度、土地定价机制等。我国过去对城乡土地的制度性分割越来越阻碍土地要素的合理定价和流转，并在城市化进程中产生了很多矛盾。土地市场的改革涉及经济、法律、政治等多方面的问题，并对相关主体的利益产生较大影响。资金市场改革或者说金融市场改革，是和金融体系改革联系在一起的。我国的金融体系改革已经在金融市场多元化、金融机构多元化、国有银行体制改革等方面取得了长足的进步，但是还有民间金融的规范发展、利率的进一步市场化、人民币汇率生成机制、资本项目开放等问题需要更深入的改革。资金市场改革可以直接影响企业的资金成本和融资结构，因此也必然会相应地影响商业银行信用风险。

在对系统性风险因子实施更全面监测的基础上，要注意及时调整 SRF 模型的系统性风险因子。上文通过对 SRF 模型的实证分析确定了 GDP 增长率、通货膨胀率、企业产权多元化指数、金融市场化指数和外贸依存度 5 个系统性风险因子。商业银行也可以采用自身的数据来得到更有针对性的系统性风险因子。但这些系统性风险因子并不是一成不变的，随着各方面宏观经济环境的变化，有一些系统性风险因子可能显著性出现下降，而有一些原来不显著的系统性风险因子可能变得显著了。因此，SRF 模型中的系统性风险因子需要进行及时的调整，以保证 SRF 模型能满足商业银行实际信用风险度量的要求。因为 SR-Logistic 模型的系统性风险因子来自于 SRF 模型,所以 SRF 模型的调整会对 SR-Logistic 模型也带来影响。在调整 SRF 模型的系统性风险因子时,除了要考虑因子在 SRF 模型中的显著性水平之外,还要考虑因子的调整会不会影响 SR-Logistic 模型的拟合度以及对信用风险的判别能力。

第二节 经济资本的顺周期缓释机制

本书在第三章分析了经济资本的顺周期性问题。经济资本的顺周期性会影响其抵御风险的能力。在经济繁荣阶段,由于企业信用状况的改善,银行可能会降低信贷业务的经济资本要求,因此在经济繁荣的顶峰时银行的经济资本水平相对于贷款的信用风险可能过低,以至于无法在后续的经济下行周期里充分覆盖非预期损失,影响银行的稳健经营。在经济衰退阶段则刚好相反,可能因为对风险的高估而占用过多的经济资本,错失业务发展的机会。

本书第七章提出了基于系统性风险因子预测的信用风险度量方法,将其用于经济资本计量可以帮助商业银行缓解经济资本的顺周期性,但同样需要经济资本计量在其他方面的改进,才能充分发挥这一作用。这可以从经济资本计量的输入端和输出端两方面入手。

一、经济资本计量输入端的顺周期缓释机制

计量经济资本时要输入的各个风险要素(如违约概率、违约损失率、违约风险暴露等)的顺周期性是经济资本顺周期的直接根源。因此,可以从经济资本输入端着手,通过熨平这些风险要素的顺周期波动来缓释经济资本的顺周期性。其中,最重要的是对违约概率测算方法的改进。本书基于系统性风险因子预测的信用风险度量方法可以缓解经济资本的顺周期性,但这一方法要依据不同信用等级的历史违约概率数据来得到最终的条件违约概率,因此该度量方法能在多大程度上缓解经济资本的顺周期性还受到历史违约概率的测算方法的影响。因此,商业银行为了充分缓解经济

资本的顺周期性，要改进历史违约概率的测算方法。

按照时间跨度的不同，目前主要的历史违约概率测算方法可以分为时点法（Point-in-time，PIT）和跨周期法（Through-the-cycle，TTC）两大类。典型的时点法主要根据债务人的当前信息来测算违约概率。这种方法是度量借款者在经济周期中某一时点上的信用风险，而没有考虑经济周期对企业违约风险的影响，因此具有明显的周期波动性，在经济扩张时期时点法估计的违约概率是处于下降趋势；反之在经济衰退时期则是上升趋势。跨周期法是在各种可能的经济环境下，综合估计借款企业在整个经济周期内的信用风险。因为考虑了经济周期因素，所以用跨周期法计算的违约概率相对比较稳定。大多数信用评级机构都是使用跨周期法进行信用评级，因为不愿意在短期内频繁调整评级，只有当经济衰退对借款企业信用等级的影响超过预期水平时，经济衰退才引发借款企业评级下降。

Saurina和Trucharte（2006）、Jean-charles Rochet（2008）、Brunnermeier等（2009）的比较实证分析都证明，基于时点法模型计算的资本要求的波动性远远高于基于跨周期法计算的资本要求（见表9-1）。

表9-1 不同评级方法下的PD和资本要求比较

单位：%

年份	时点评级法		跨周期评级法		长期平均法	
	PD	资本要求	PD	资本要求	PD	资本要求
1991	2.27	2.53	2.49	2.68	2.41	2.63
1992	2.55	2.72	2.80	2.87	2.55	2.72
1993	2.91	2.93	2.56	2.72	2.73	2.83
1994	2.18	2.47	2.33	2.57	2.55	2.71
1995	1.24	1.73	2.30	2.55	2.22	2.50
1996	0.96	1.46	2.04	2.37	1.97	2.32
1997	0.61	1.07	1.87	2.25	1.74	2.15
1998	0.41	0.81	1.60	2.04	1.55	2.00
1999	0.49	0.92	1.61	2.05	1.49	1.95
2000	0.66	1.14	1.58	2.02	1.43	1.90
2001	0.59	1.06	1.54	1.99	1.37	1.85
2002	0.54	0.99	1.49	1.95	1.32	1.80
2003	0.44	0.85	1.41	1.89	1.27	1.76
2004	0.58	1.04	1.36	1.84	1.22	1.71

注：该表取自Saurina, Trucharte. An Assessment of Basel II Procyclicality in Mortgage Portfolio. *Banco De España Working Paper* 0712, 2006: 31-32。

第九章 系统性风险"MM"管理法

由此可见，采用时点法还是跨周期法测算违约概率会显著影响经济资本防范信用风险的能力。如果采用时点法，则每次计量的经济资本所能覆盖的信用风险大小是不一样的，在经济繁荣时期覆盖的信用风险较少而在经济衰退时期覆盖的信用风险较多，所以波动幅度比较大；如果采用跨周期法，则计量的经济资本能较充分地覆盖信用风险，所以波动性不大。

在防范宏观经济风险的目标下，要综合考虑并灵活运用时点法和跨周期法进行经济资本管理。经济资本的顺周期性起源于计量经济资本的风险变量的周期性波动，特别是采用时点法来计量风险参数可以大大提高经济资本的风险敏感度。银行往往更倾向于用时点法来进行经济资本管理，所以监管当局有必要对银行采用的内部风险模型进行一定程度的指引或者限制，要求银行综合、灵活地运用时点法和跨周期法进行经济资本管理。时点法和跨周期法各自有着独特的价值，其中跨周期法计量的违约概率比较稳定，所以可用于确定经济资本限额和制定长期的信贷策略；而时点法计量的违约概率对风险变化比较敏感，则可用于贷款定价和授信决策等。这样可以在经济资本管理的不同阶段充分利用时点法和跨周期法的积极作用，在一定程度上降低顺周期性。

二、经济资本计量输出端的顺周期缓释机制

从经济资本计量的输出端考虑顺周期缓释机制，可以在经济资本计量出来后，通过乘上一个逆周期乘数来进行修正，从而消除经济资本的顺周期性。目前经济资本的逆周期乘数尚未得到普遍研究，但是监管资本的逆周期乘数设计已经产生一些研究成果，商业银行可以加以利用。

逆周期乘数一般是依据经济周期变量来构建。Michael B. Gordy 等（2006）以指数函数的形式构建了一个逆周期乘数，其表达式为

$$\mu_t = e^{[a(\omega_0 x_t + \omega_1 x_{t-1} + L + \omega_k x_{t-k}) - a^2/2]} \tag{9-1}$$

式（9-6）中，x_t 为宏观经济指标，其权重参数满足 $\omega_0^2 + \omega_1^2 + \omega_2^2 + L + \omega_k^2 = 1$，$a$ 为控制平滑效果的参数，而 $a^2/2$ 项的作用在于保证 $E[\mu_t] = 1$。

Rafael Repullo 等（2009）为 G20"金融监管与宏观经济稳定"会议提出了以标准正态累积分布函数为基础的逆周期乘数，其具体形式为

$$\mu_t = 2N(\alpha x_t) \tag{9-2}$$

其中，x_t 是经济周期变量，α 为控制平滑效果的参数，N(·) 为标准正态累积分布函数。Rafael Repullo 等分别用 GDP 增长率、信贷增长率和股票市场收益率作为宏观经济变量得到不同的逆周期乘数，通过对比发现用 GDP 增长率构建的缓释乘数具有最好的缓释效果。

Michael B. Gordy 等（2006）和 Rafael Repullo 等（2009）的研究成果都可以运用于设计经济资本的逆周期乘数。然而，GDP 增长率是一个滞后指标，而经济资本要覆盖的是银行信贷资产在未来的风险，所以用 GDP 增长率构建的逆周期乘数具有前瞻性不足的缺点。为了提高逆周期乘数的前瞻性，可以考虑选择宏观经济景气预警指数中的先行指标作为基准，或者将先行指标与 GDP 增长率相结合，形成更加科学合理的逆周期乘数，真正起到削峰填谷的作用。

我国银行监管部门在致力于监管资本顺周期问题的同时，也要关注经济资本的顺周期问题。对实施经济资本管理的商业银行，银行监管部门要加强相应的指引，如参照监管资本的逆周期机制，引导商业银行建立经济资本的顺周期缓释机制，指导商业银行实施更科学合理、能满足宏观审慎监管要求的经济资本管理。

第三节 系统性风险经济资本管理体系

在实现系统性风险经济资本计量的基础上，需要在以下三个方面建立系统性风险的经济资本管理体系，如图 9-1 所示。

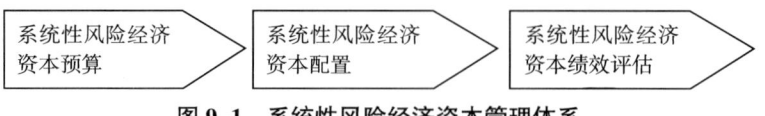

图 9-1 系统性风险经济资本管理体系

一、系统性风险经济资本预算

系统性风险经济资本预算是指确定整个银行和分支机构（或业务条

线）在下一年用于覆盖整体系统性风险的经济资本限额。系统性风险经济资本预算包括在总行层面确定全行的经济资本限额以及在分支机构（或业务条线）之间对限额进行分配。

总行层面的经济资本预算首要考虑的是经济资本限额必须能充分涵盖全行外汇资产的系统性风险在下一年的非预期损失；此外还要考虑自身资本金规模、经营战略、内部风险管理要求、监管要求、预期资本成本等因素。① 因为经济资本最终来源于银行的资本金，所以经济资本限额不能超过自身的资本金。

系统性风险经济资本限额可以分为已占用经济资本和可配置经济资本两部分

$$\text{EC 限额} = \text{占用 EC} + \text{可配置 EC} \tag{9-3}$$

其中，已占用经济资本等于现有业务系统性风险的非预期损失，而可配置经济资本则是用来覆盖新增业务的系统性风险，因此可配置经济资本在很大程度上就决定了银行在未来一年的业务增长空间，是系统性风险经济资本管理的一个重要变量。

在完成了整个银行的系统性风险经济资本预算之后，要把 EC 限额分配到各个分支行和业务线。在不考虑其他因素的情况下，经济资本分配相当于经济资本计量的逆过程。考虑系统性风险在组合层面的分散化效应，分行层面的经济资本限额之和并不等于却可能大于总行的经济资本限额，如图 9-2 所示。

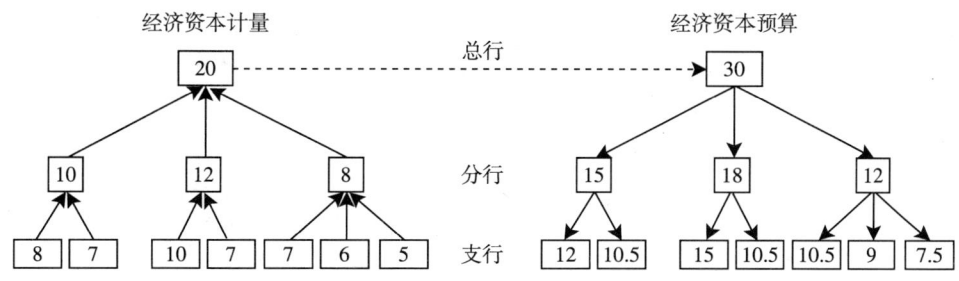

图 9-2　系统性风险经济资本计量及预算分配基本原理

---

① Kaas 等（2001）、Goovaerts 等（2004）基于风险残余概念提出的经济资本配置方法其实就是在经济资本预算阶段如何确定最优经济资本限额，使得经济资本成本和风险残余之和最小。

该银行在总行、分行和支行三级计量的经济资本如图9-2所示，其中总行一级计量的占用经济资本为20单位。现在预算的经济资本限额为30单位，即相当于占用经济资本的150%，那么各分支行的经济资本限额可以按照同样的比例算得。当然，也可以根据各自与上级行经济资本的比例算得，如图9-2中左边第一家分行的占用经济资本是总行的50%，所以其经济资本限额 = 30 × 50% = 15。这样的分配方法是基于很多简单化的假设，可以采用更复杂的方法，如根据风险贡献的大小、根据违约概率与违约损失率的变化来分配经济资本，而在实务当中则还要依据绩效考核因素。

系统性风险经济资本的分配要注意以下三个问题：

（1）经济资本分配并不是等额分配，而是超额分配。经济资本分配也是考虑了风险分散化效应，所以在有模型支持的前提下，分行层面经济资本限额之和可以大于总行的经济资本限额（15 + 18 + 12 = 45 > 30）。

根据Denault（2001）提出的经济资本"完全配置"原则，银行各分支行所分配的经济资本之和应等于全行计量的经济资本。但是，在银行实务中却不可能将分配给分支行的经济资本限额设定为各分支行的业务在全行业务中的风险贡献。因为在分支行层面计量的业务系统性风险一般大于其在整个银行资产组合中的风险贡献，如果所分配的经济资本限额就只等于风险贡献，可能已经无法覆盖存量业务的非预期损失，就无从支持业务的增长。所以，实现系统性风险经济资本有效管理的一个重要保证就是要在每一个组合层面都可以进行独立的经济资本计量和配置，而"超额"分配就是满足这一保证的关键手段。

（2）经济资本分配不应该是增量经济资本（可配置经济资本）分配，而应该是总量经济资本分配，即对整个经济资本限额的分配。在实务当中确实有银行是实行增量经济资本分配的，但这是一种比较粗放的经济资本管理模式，不适合在系统性风险经济资本管理当中使用。合理的系统性风险经济资本分配应该是针对总的经济资本限额而不是增量经济资本，理由有以下两点：

第一，由于系统性风险具有显著的波动性，占用经济资本在下一个年度内会发生较大变动，所以可配置经济资本也相应波动。如果银行实行增量经济资本分配，就相当于把可配置经济资本视为不变的了。当存量业务的系统性风险上升、占用经济资本侵蚀了可配置经济资本时，就有可能出现业务实际的非预期损失超过经济资本限额的情况，经济资本管理就变得

第九章　系统性风险"MM"管理法

没有意义了。

第二，新增敞口和存量敞口之间可能存在相关性，从而可能会影响到对新增敞口的业务决策。银行如果实行增量经济资本分配就是忽略了这部分相关性。

所以，系统性风险经济资本管理最合理有效的做法是对总的经济资本限额进行分配，然后在具体业务层面根据占用经济资本的变动来调整可配置经济资本，再进行经济资本配置。

（3）实务当中的经济资本分配过程可以概括为以下几个步骤：

首先，总行根据外币业务的发展规划、各分行的绩效考评、外汇资产规模、资产质量等一系列因素提出经济资本的初次分配方案。其次，各分行根据总行的初次分配方案、综合经营计划和自身情况，提出经济资本的追加申请或者退回申请。最后，总行根据分支行的反馈意见对初次分配方案进行调整，确定各分支行和业务部门的经济资本限额。在年中也可以根据实际情况对分配的经济资本限额进行一两次调整。

允许分支行提出经济资本追加或者退回申请是十分重要的制度安排，是实现经济资本合理分配的必要条件。在追求经济资本使用率最大化的目标之下，各分支行会根据自身的实际情况和业务发展目标提出合理的经济资本追加或者退回申请，促进提高经济资本的使用率。

二、系统性风险经济资本配置

系统性风险经济资本在层层分配到业务层面之后，经济资本管理工作就是把经济资本在各项外币业务之间进行配置，这是经济资本管理的核心工作。经济资本分配是银行内部的资源调配，而经济资本配置则是在外币业务层面进行实质的风险管理并创造价值的过程，博弈的双方也由上下级行变为银行与客户，因此在某种程度上可以看作是对业务的选择和决策过程。经济资本配置的主要工作包括以下两个方面：一是对存量敞口的管理；二是对新增敞口的决策。

（1）存量敞口管理。对于经济资本配置来说，管理存量敞口的主要工作包括以下几个方面：首先，对存量外币业务进行绩效考评（计算RAROC等）；其次，通过绩效考评来判断存量外币业务的"性价比"；最后对"性价比"不高（如RAROC值较低）的外币业务进行积极管理（比如重定价、资产转让、资产证券化等)。

(2) 新增敞口决策。经济资本配置最重要的内容是对新增业务的风险贡献进行判断,并结合业务收益、成本分析进行业务决策,这是经济资本配置的核心功能。

对于基层行来说,分配到的经济资本限额扣除掉存量业务占用的经济资本,就是可配置经济资本。下一年内的外币业务直接受到可配置经济资本的约束,可以简单地用公式表示如下

新增敞口的系统性风险非预期损失 ≤ 可配置系统性风险 EC　　(9-4)

当然,新增业务还要满足营利性条件(如 RAROC ≥ 最低 RAROC 要求等),因此需要在不同的风险—收益特性的业务之间进行选择,这可以看作把可配置经济资本在不同的业务之间进行分配,以实现业务决策的最优化。

在式(9-4)约束下的经济资本配置是一种增量经济资本配置,是目前很多商业银行实行的配置方法。增量经济资本配置隐含了这样一个假设条件:新增敞口和原有敞口之间不存在相关关系,即不会改变已占用经济资本。但是这个假设却可能与事实不符,因为在系统性风险管理当中,新增敞口可能和存量敞口之间系统性风险的相关性是显著存在的,因此新增敞口会改变存量敞口所占用的经济资本。

在这种情况下,就需要在一个更大的范围内进行业务决策,即把存量敞口也包含在内,追求整体业务规模及结构的最优化。这时,经济资本配置的范围已经涵盖了整个经济资本限额,因此可以称为全额经济资本配置。

系统性风险经济资本配置要在全面的经济资本配置框架下进行,注重与信用风险及其他市场风险的均衡管理。

三、系统性风险经济资本绩效评估

到了年末,银行需要评估当年系统性风险经济资本管理的绩效。根据经济资本管理的三个目标,可以得出系统性风险经济资本管理评估的标准如下

第九章 系统性风险"MM"管理法

$$\begin{cases} \text{EVA 目标} \\ \text{RAROC 目标} \\ \text{经济资本占用} \leqslant \text{经济资本限额} \\ \dfrac{\text{占用 EC}}{\text{EC 限额}} \to 1 \end{cases} \quad (9-5)$$

第一、第二和第三目标的评估标准已经广泛运用于银行的风险管理以及绩效考核，本文不再赘述。第四目标，即经济资本占用率目标，却尚未得到实践的重视。比如，有的银行仅仅规定占用经济资本不能超过经济资本限额，而对节余部分没有考核。经济资本占用率目标可以促进分支行提高经济资本使用的效率，但更重要的是可以有效约束分支行在经济资本分配阶段的非理性"抢蛋糕"行为。

在缺乏经济资本占用率要求的情况下，经济资本分配的依据主要是绩效考核，而分支行往往倾向于争取更多的经济资本限额。因为经济资本限额越多，在第 t 年的业务开拓空间就越大，可能创造的利润也越多。然而，经营绩效好的分支行在最大限度争取到经济资本限额之后却不必然会对它充分利用。一定地域内的优质客户是有限的，分支行扩大业务规模可能会受到客户资源的制约，如果要避免经济资本的闲置，可能就要接受次优客户，收益递减规律会导致 RAROC 的相应下降。分支行如果要保持原有较高的 RAROC 水平，就未必追求经济资本利用的最大化，造成外汇资源的浪费。但是，经营绩效较差的分支行却因为在经济资本分配当中处于不利地位，可能想进一步扩大业务规模却受到经济资本限额的制约。于是会出现这样一种情形：有的分支行存在系统性风险经济资本闲余，而有的分支行却面临系统性风险经济资本不足的困难，这显然不是一种最优的分配状态。

经济资本占用率要求就可以有效地减少这种情况的发生。如果分支行无法达到经济资本占用率目标，就要接受相应的惩罚，就不会再一味地争取越多越好的经济资本限额，而是根据自身切实的需要来提出申请，有利于实现经济资本分配的"帕累托改进"。所以，下面重点分析针对经济资本占用率目标的评估。

假设在第 t 年末重新计量系统性风险经济资本，记为 EC_{t+1}，并对比 EC_{t+1} 和第 t 年的 EC 限额。在理想状态下，EC_{t+1} 和 EC 限额应该是相等的，也就是系统性风险经济资本占用率等于 1。当然，理想状态是难以达

经济周期、经济转型与商业银行系统性风险管理

到的,在达到前面几个目标的情况下,往往会出现经济资本占用率小于 1 的情况。但也不能简单地断定没有达到经济资本占用率目标,而需要看经济资本占用率和 1 相差多大。所以,可以设定一个容许区间,当经济资本占用率落在这个区间之内时,则认为达到了经济资本占用率目标,可用下式表示

$$\mathrm{ECER} = \frac{\mathrm{EC}_{t+1}}{\mathrm{EC}\text{限额}} \subset [\mathrm{ECER}^L, 1] \tag{9-6}$$

其中,ECER 表示经济资本占用率(Economy Capital Engross Rate),ECER^L 则表示容许区间的下限。

进一步地,为了体现评估标准的层次性,可以设置多重容许区间,即容许区间的下限有 $\mathrm{ECER}^L > \mathrm{ECER}^{L2} > \mathrm{ECER}^{L3} > \cdots$ 当 ECER 落在 $[\mathrm{ECER}^L, 1]$ 区间内时,即完全达到了经济资本占用率目标;当 ECER 只落在 $[\mathrm{ECER}^{L2}, 1]$ 区间之内时,属于基本达到经济资本占用率目标;当 ECER 只落在 $[\mathrm{ECER}^{L3}, 1]$ 区间之内时,则是部分达到经济资本占用率目标;当 ECER 落在 $[\mathrm{ECER}^{L3}, 1]$ 区间外时,则意味着没有达到经济资本占用率目标。

但要注意的是,EC_{t+1} 是在第 t 年末计算的,反映的是第 t + 1 年的占用 EC;而 EC 限额却是在第 t 年初设定的,这样计算的经济资本占用率是恰当的吗?要回答这个问题,必须进一步区分占用 EC 和 EC 限额在实务当中的不同含义。

首先,经济资本所包含的"风险期间"要素是会因为计量时间的不同而发生改变的。第 t 年初计算的 EC_t 所能涵盖的是 $[t, t+1]$ 期间内的非预期损失;在第 t 年中计算的 $\mathrm{EC}_{t+6/12}$ 涵盖的是 $[t+6/12, t+18/12]$ 期间的非预期损失;而在第 t 年年末计量的 EC_{t+1} 涵盖的则是 $[t+1, t+2]$ 期间内的非预期损失。

其次看第 t 年初设定的 EC 限额,却不仅仅是针对 EC_t 设置的上限,同样也是在 $[t, t+1]$ 期间其他时点计量的占用 EC 如 $\mathrm{EC}_{t+6/12}$、$\mathrm{EC}_{t+8/12}$……的上限,所以 EC 限额是可以约束在 $[t, t+1]$ 期间计量的所有占用 EC,自然包括 EC_{t+1}。

然而,以上分析也说明了 $\frac{\mathrm{EC}_{t+1}}{\mathrm{EC}\text{限额}}$ 只是 $[t, t+1]$ 期间的最后一个时点的经济资本占用率,而没有考察在 $[t, t+1]$ 期间其他时点上的经济资本

占用率，因此是远远不够的。在 t + 1 时点上的占用 EC 很接近 EC 限额但是在 t + 5/12、t + 10/12 等时点上的占用 EC 则和 EC 限额差距较大。所以，有必要考核 [t, t + 1] 期间的经济资本占用率。如果要考核任意时点上的经济资本占用率，显然是不必要也不现实的。较为可行的替代办法就是在一年当中选择若干个观察点（如 12 个），然后在每个观察点上进行经济资本占用率评估。

第四节 基于 SR-Logistic 模型的系统性风险压力测试

一、系统性风险压力测试方法

20 世纪 90 年代以来，商业银行为了评估宏观经济的巨大冲击可能给银行造成的极端不利影响，开始广泛应用压力测试作为重要的风险管理工具。压力测试可以针对信用风险、市场风险、操作风险、流动性风险等进行全面的评估，对于我国商业银行来说信用风险压力测试无疑是最重要的内容。

压力测试受到银行监管的高度重视，如《巴塞尔新资本协议》的第二支柱明确指出："监管当局应直接运用压力测试结果判断银行是否应持有高于第一支柱计算的资本要求；……监管当局应要求银行确保资本水平能同时满足第一支柱的资本要求和压力测试反映的结果。"巴塞尔银行监管委员会于 2008 年又公布了《稳健的压力测试实践和监管原则》，鼓励拥有复杂业务的大型银行开展压力测试。国际上较为典型的信用风险压力测试系统有欧洲中央银行开发的 ECB 系统和瑞典国家银行开发的 SR 系统。ECB 系统主要考察违约概率受宏观经济压力情景的影响，而假设违约风险暴露和违约损失率数据是定值（Castren 等，2009）。此外，国际金融组织和各国中央银行也开发了众多的压力测试模型，如国际货币基金组织（IMF）和世界银行（World Bank）于 1999 年发起金融稳定评估项目（FSAP）、英格兰银行开发的 GVAR 模型（Alessandri 等，2009）、意大利央行开发的 BOI's 季度模型（Flori 等，2008）、日本央行开发的宏观因素 VAR 模型（Bank of Japan，2007）等。这些模型都把信用风险压力测试作为重要内容。信用风险压力测试的方法很多，由于各个国家以及各个银行的情况各异，还没有形成相对统一的标准。

和常规的信用风险度量方法不同，信用风险压力测试是针对极端情景进行的。其基本思想是通过设定各种不利的宏观经济和金融市场情景，根据假设情景下可能的冲击因子变动情况来测算信贷资产的潜在损失。本书第七章就是借鉴压力测试的思想，预测未来不同的宏观经济情景，并测算贷款相应的违约概率以及贷款组合的经济资本。

信用风险压力测试大体上可以分为两大步骤：一是情景假设；二是损失计量。其中情景假设已经在第七章进行较详细的阐述。损失计量即测算银行在极端压力情景下可能要承担的信用风险损失。损失计量需要先构建一个计量模型，估计出信用风险的各个要素（如 PD、LGD、EAD 等）与冲击因子之间的关系，然后根据压力情景所对应的系统性风险因子来计算银行信贷资产的潜在损失。科学的计量模型是压力测试的重要基础。压力测试的计量模型大多数是以 Wilson（1997）和 Merton（1974）的研究为基础。Wilson（1997）提出的 CPV 模型是重要的度量信用风险的宏观因素模型，CPV 模型直接对企业信用等级转移概率与系统性风险因子之间的关系建模，采用 Logistic 函数形式来反映它们之间的非线性关系，从而在宏观经济波动冲击下模拟出违约概率值。以 Merton（1974）的期权理论为基础建立的结构化模型是运用期权定价思想来测算公司违约概率，假设违约概率取决于公司市场价值的波动，而公司市场价值波动又源自于宏观经济的冲击。结构化模型需要较严格的市场假设，我国目前还不具备那样的条件；而 CPV 模型则相对直观，易于理解，在我国的适用性相对更强。但是，CPV 模型的缺陷在于忽略了影响信用风险的微观因素，尤其是企业的个体特征。因此，需要把 Wilson（1997）的建模思想与银行微观层面的信用风险度量技术结合起来。本书建立的 MF-Logistic 模型既包含有系统性风险因子，又涵盖了反映企业个体特异风险的财务因子，所以能较好地满足信用风险压力测试的要求，在数据要求能得到满足的情况下，可以把 SR-Logistic 模型作为信用风险压力测试的基础。

基于 SR-Logistic 模型的信用风险压力测试方法如图 9-3 所示。

第九章 系统性风险"MM"管理法

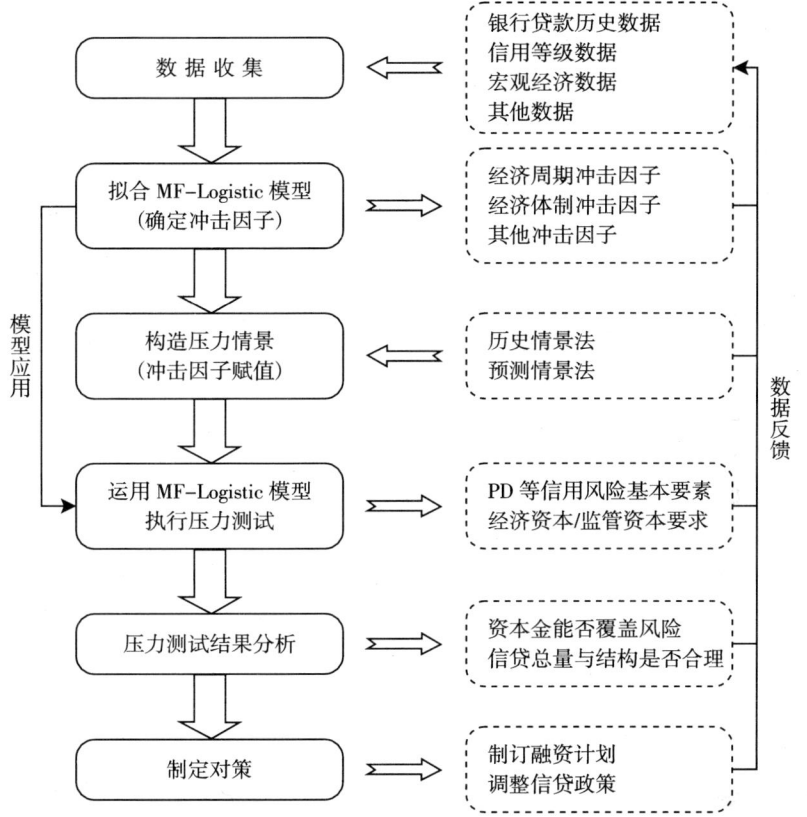

图 9-3 商业银行基于 SR-Logistic 模型的信用风险压力测试方法

商业银行运用基于 SR-Logistic 模型进行信用风险压力测试，首先要根据自身贷款的历史数据、客户信用等级数据、宏观经济及其他相关数据得出拟合 SR-Logistic 模型，确定在模型中显著的宏观经济冲击因子以及其他冲击因子；然后运用历史情景法或者预测情景法来构造压力情景，也就是对各冲击因子进行赋值；再采用拟合的 SR-Logistic 模型来计算信用风险的基本要素。当然，本书 SR-Logistic 模型主要是测算 PD，而 LGD、EAD、R、M 等风险要素可以通过其他途径测算。进而，银行可以计量贷款组合的经济资本要求。除此以外，测算监管资本也是银行压力测试的重要目标。中国银监会于 2009 年公布的《商业银行资本充足率监督检查指引》中第十二条明确指出"商业银行应将压力测试作为内部资本充足评估程序重要组成部分，压力测试应覆盖各业务条线所面临的主要风险，并应充分考虑宏观经济变化对风险和资本充足率的影响"。根据这一指引，银行需要通过压力测试来进行内部的资本充足评估。

在得到信用风险压力测试结果之后，银行还要对结果进行分析，主要包括两方面的分析：第一，资本金能否覆盖风险；第二，信贷总量和结构是否合理。对于第一个方面，如果分析结果是否定的，则银行要制订融资计划以增加资本金。对于第二个方面则还要进行具体分析。如果信贷总量过大，则要压缩信贷规模；如果信贷总量过小，则要制定更积极的信贷政策。信贷结构的合理与否则涉及不同银行各自的信贷结构问题，可以在行业及地区层面做进一步的信用风险压力测试。

二、行业及地区层面的系统性风险压力测试

信贷结构主要是指商业银行发放贷款的组成部分和构成状况，根据划分的依据不同，有行业结构、地区结构等。如本书第六章分行业及分地区SR-Logistic拟合模型所示，系统性风险因子对不同行业或地区贷款信用风险的影响各不相同。银行在数据条件允许的情况下，可以得到分行业或者分地区SR-Logistic拟合模型，因此可以在行业及地区层面进行信用风险压力测试。

行业及地区层面的信用风险压力测试方法和如图9-1所示的方法是基本一致的，而不同行业或地区间压力测试的最大差异在于选择的宏观经济冲击因子不同。根据SR-Logistic模型，不同行业或地区的贷款信用风险受宏观经济冲击的影响大小主要由两方面的因素决定：第一，行业或地区SR-Logistic模型中具有显著性的系统性风险因子个数；第二，系统性风险因子参数的符号及大小。那么通过分行业和分地区SR-Logistic模型的实证结果，可以判断出不同行业和地区的贷款信用风险受宏观经济冲击的影响大小。

下面以本书实证分析得出的分行业SR-Logistic拟合模型为例进行分析，首先考察系统性风险因子的数量。从表9-2可以看出：系统性风险因子最多的是农业、服装、电机器材及仪表机械、交通运输与仓储业4个行业SR-Logistic模型，系统性风险因子数均达3个，说明这四个行业的贷款信用风险受宏观经济冲击的影响相对较大；食品饮料、石化塑胶、金属非金属、其他制造业和房地产业的SR-Logistic模型系统性风险因子是两

个,说明这5个行业的贷款信用风险受宏观经济冲击的影响略次之;电子制造业、普通机械、电力、社会服务业、传播与文化产业的 SR-Logistic 模型只有1个显著的系统性风险因子,则这5个行业的贷款信用风险受宏观经济冲击的影响相对较弱。当然,上述分析是以假设其他条件相同作为前提的,而系统性风险因子参数的符号及大小就是另外的决定因素。如果将第六章各个行业 SR-Logistic 模型所确定的系统性风险因子作为压力测试的冲击因子,则可得到行业信用风险压力测试的宏观经济冲击因子如表9-2所示。表9-2按照每个宏观经济冲击因子参数的符号及大小进行排序,表中括号内的正负号表示的是在该行业模型中对应的宏观经济冲击因子参数的符号。

表9-2 行业信用风险压力测试的宏观经济冲击因子

系统性风险因子	GDP 增长率	通货膨胀率	企业产权多元化指数	金融市场化	外贸依存度
行业排序	交通运输与仓储业 (+)	社会服务业 (+)	交通运输与仓储业 (+)	其他制造业 (+)	电子制造业 (+)
	农业 (+)	服装 (+)	服装 (+)	电机器材及仪表机械 (+)	农业 (+)
	房地产业 (+)	电力 (+)	食品饮料 (+)	房地产业 (−)	普通机械 (+)
		石化塑胶 (−)	石化塑胶 (+)		水电煤气 (+)
		金属非金属 (−)	农业 (−)		金属非金属 (+)
		电机器材及仪表机械 (−)			食品饮料 (−)
		交通运输与仓储业 (−)			电机器材及仪表机械 (−)
		传播与文化产业 (−)			服装 (−)
					其他制造业 (−)

因为在 SR-Logistic 模型中因变量 C^* 反映的是借款企业的信用水平而不是信用风险,所以系统性风险因子的参数符号为正表示和贷款信用风险是负相关。观察任意一个行业 SR-Logistic 模型,不同的宏观经济冲击因子的参数的符号可能是不同的,因此在行业信用风险压力测试当中,宏观经济冲击会相互抵消。最典型的是 GDP 增长率和通货膨胀率,这两个宏

观经济冲击因子对贷款信用风险的作用方向是不一致的,往往在一定程度上会起到抵消的作用。

然后再看各宏观经济冲击因子在模型中参数的大小,绝对值越大,则对贷款信用风险的影响也越大。以企业产权多元化指数为例,参数最大的是交通运输和仓储业,接下来依次是服装行业、食品饮料行业、石化塑胶行业等等,所以交通运输和仓储业企业的信用水平对企业产权多元化指数的变化是相对最敏感的,在其他条件相同的情况下,企业产权多元化指数提高导致其信用风险下降的幅度是最大的。

因此,在行业层面进行信用风险压力测试可以进一步度量出在不同行业中企业信用风险受宏观经济冲击的大小。根据行业信用风险压力测试的结果,银行可以科学判断自身的信贷结构是否合理,进而做出相应的调整。

同样地,银行可以运用地区 SR-Logistic 模型,在地区层面进行信用风险压力测试,从而可以判断受宏观经济冲击的影响较大的地区,并通过调整银行内部的资源配置,在最大程度上规避宏观经济冲击造成的潜在损失。

结　论

本书以中国经济大周期转换、经济转型为背景，研究商业银行系统性风险的度量与管理问题。主要的研究结论如下：

（1）通过构建一个跨周期模型来诠释经济周期对商业银行信用风险的影响机制，刻画出了商业银行的预期损失和非预期损失跟随经济周期同步波动的特性。经济周期对商业银行信用风险的影响渠道是：经济周期首先影响企业的预期收入，然后对不同企业的违约概率产生不同的影响，进而使商业银行的预期损失与非预期损失出现顺经济周期的波动。

（2）企业产权制度变革对商业银行系统性风险有重要影响。两部门风险生成模型的分析结果显示：在商业银行信用风险取决于借款企业收入分布的情况下，企业产权制度变革会增加企业收入，使收入分布曲线向右移动，进而使银行贷款的损失分布曲线向下移动。所以，企业产权制度变革能降低商业银行系统性风险。

（3）金融体系改革对我国商业银行系统性风险存在双重硬化效应，即会促进商业银行的预算约束和资本约束硬化，进而对商业银行信用风险产生制度性影响。预算约束硬化会弱化商业银行在信贷决策中的冒险倾向和复活投机倾向，相应地改变借款人的预期，弱化借款人的逆向选择和道德风险，进而影响银行的信用风险。资本约束的硬化则要求银行提高对贷款的风险甄别能力，降低信贷扩张冲动，熨平经济周期的过度波动，再通过经济周期影响银行的信用风险。

（4）对外开放在增加企业收入的同时也会加大企业收入的波动性，因而对银行信用风险产生双向的影响。对外开放三阶段模型的分析结果显示：对外开放使得企业收入增加，因此银行的贷款损失分布曲线也相应地下移；但同时对外开放也导致影响企业收入的因素增多，因此加大企业收入的波动性，则会抵消银行贷款损失分布曲线下移的幅度。所以，对外开放对商业银行信用风险的影响机制是双向的，不同于其他经济转型因子。

（5）基于SRF模型的实证分析结果确定了五个系统性风险因子，分别是经济周期因子GDPGR、INF和经济转型因子EPDI、FLI、FTD。经济转型因子对企业违约概率的影响与经济周期因子同样显著，说明经济转型因子也是我国商业银行信用风险度量要考虑的重要参数，也证明了SRF模型的理论意义及实用价值。

（6）SRF模型的实证分析结果显示：经济周期因子当中，经济增长和通货膨胀对违约概率的影响是相反的，而经济转型因子对违约概率的影响是一致的。其中，GDP增长率的提高有利于降低企业违约概率，但通货膨胀率上升却可能会伴随着企业违约概率的升高。经济转型因子中的企业产权多元化指数、金融市场化指数以及外贸依存度对借款企业违约概率存在一致的影响：在样本期内，随着国有企业改革及非公有制企业的发展、金融市场化程度的提高、外贸依存度的提高，我国商业银行的信用风险也相应下降。可以预期，国有企业的改革将进一步深化，非公有制经济可以获得更大发展，金融市场化程度也将继续提高，这些都有利于降低商业银行的信用风险；但是我国的外贸依存度不能保持上升态势而是出现了波动和反转，我国商业银行对此要重点关注。

（7）本书构建了基于系统性风险因子的SR-Logistic模型，采用分行业和分地区数据进行的实证分析结果显示：分行业和分地区的SR-Logistic模型均具有较好的拟合效果；各个系统性风险因子在不同行业或者地区的模型当中表现出不同程度的显著性，并且具有经济学意义；SR-Logistic模型比传统的Logistic模型具有更高的风险判别能力。SR-Logistic模型可以较客观、及时地反映宏观经济环境变化对企业违约概率的影响，因此结合对宏观经济的预测，商业银行可以更科学地测算企业违约概率。

（8）SRF模型和SR-Logistic模型分别吸取了CPV模型和Logistic模型的优点。CPV模型重点考察宏观风险因子而忽视了债务人的特异风险因子；Logistic模型则恰恰相反。本书建立信用风险度量模型的两步法实现了SRF模型和SR-Logistic模型的有机结合，并弥补了两个模型各自的缺陷，达到了本书把系统性风险因子用于信用风险度量、改进信用风险度量方法的目标。

（9）将宏观经济分析和信用风险度量有机结合，形成基于宏观经济预测的系统性风险度量方法。该方法首先分析我国经济周期和经济转型的变化趋势，然后根据 SRF 模型对系统性风险因子进行预测，并借鉴压力测试方法构建出未来三种不同的宏观经济情景，再运用 SR-Logistic 模型测算贷款的违约概率，进而采用基于频带划分的 CreditRisk+模型计量贷款组合的非预期损失。度量结果显示银行贷款组合的非预期损失随着宏观经济情景的恶化而出现显著上升，非预期损失的上升意味着要占用更多的经济资本，所以贷款组合的经济资本要求受未来不同的宏观经济情景的直接影响。基于宏观经济预测的系统性风险度量方法能有效量化未来宏观经济变化对商业银行系统性风险的影响，帮助商业银行改变基于"摩根规则"的信用风险度量模式，实现更具前瞻性的系统性风险防范；同时，有助于商业银行缓解经济资本的顺周期性，满足宏观审慎监管的要求。

（10）提出了系统性风险"MM"管理法，其核心内容包括对系统性风险实现动态监测、建立经济资本的顺周期缓释机制以及运用 SR-Logistic 模型开展信用风险压力测试等。"MM"管理法可以应用于我国商业银行的系统性风险管理实务。

商业银行系统性风险管理是一个博大精深的研究领域。本书研究的不足及进一步研究的方向有：①本书由于数据限制而采用上市公司数据来进行实证研究，如果采用实际的贷款数据将可获得更科学的 SRF 模型和 SR-Logistic 模型。②对经济转型因子进行量化并纳入到信用风险度量模型，还没有前人的研究可作借鉴，是本书的一次探索性研究，还存在片面性和不足。特别是随着改革的深入，经济转型因子相应也在变化。笔者将总结经验、吸取教训，进行更深入的研究。

附 录

附录1 贷款预期损失公式的数学推导

首先做出假设如下：

（1）分析期间为 $[0, T]$，贷款在期初的价值为 V_0，其中有一部分是违约风险暴露 EAD，违约概率为 PD，违约损失率为 LGD。

（2）违约过程是一个二项分布（Binomial）过程。

（3）违约概率、违约风险暴露和违约损失率之间是独立的。

（4）损失是随机变量，其分布服从某一密度函数 f（L）（不需限定具体表达式）。

用 $E[V_T]$ 表示贷款在期末的预期价值，则有：

$$E[V_T] = (1 - PD) \cdot V_0 + PD(V_0 - EAD \times LGD)$$
$$= V_0 - PD \times EAD \times LGD \tag{1}$$

则贷款的预期损失等于：

$$EL = V_0 - E[V_T] = PD \times EAD \times LGD \tag{2}$$

附录2　贷款非预期损失公式的数学推导

非预期损失可以用贷款价值 V_T 的波动表示为：

$$UL = \sqrt{\text{var}(V_T)} = \sqrt{E[V_T^2] - E[V_T]^2} \tag{3}$$

关于损失密度函数 $f(L)$ 有以下一般性命题成立：

$$\int f(L) \cdot dL = 1 \tag{4}$$

$$E(L) = \int L f(L) \cdot dL = LGD \tag{5}$$

$$E(L^2) = \int L^2 f(L) dL = \sigma_{LGD}^2 + LGD^2 \tag{6}$$

使用以上关系式可以推导出 $E[V_T^2]$ 的计算公式为：

$$\begin{aligned} E(V_T^2) &= (1-PD) \times V_0^2 + PD \times \int f(L)(V_0 - EAD \times LGD)^2 \cdot dL \\ &= (1-PD) \times V_0^2 + PD \times \int f(L)(V_0^2 - 2V_0 \times EAD \times LGD \\ &\quad + EAD^2 \times LGD^2) \cdot dL \\ &= (1-PD) \times V_0^2 + PD \times [V_0^2 - 2V_0 \times EAD \times LGD + EAD^2 \\ &\quad \times (\sigma_{LGD}^2 + LGD^2)] \end{aligned} \tag{7}$$

贷款在期末的价值 V_T 的方差是：

$$\begin{aligned} \text{var}(V_T) &= E[V_T^2] - E[V_T]^2 \\ &= EAD^2 \times [PD \times \sigma_{LGD}^2 + LGD^2 \times (PD - PD^2)] \end{aligned} \tag{8}$$

根据违约过程服从二项分布的假设，其方差为：

$$\sigma_{PD}^2 = PD \times (1-PD) \tag{9}$$

因此得到非预期损失（V_T 的标准差）的计算公式为：

$$UL = \sigma_{V_t} = EAD \times \sqrt{PD \times \sigma_{LGD}^2 + LGD^2 \times \sigma_{PD}^2} \tag{10}$$

附录 3 SR-Logistic 模型因子分析结果

附表 1 因子载荷矩阵

财务指标	主因子											
	1	2	3	4	5	6	7	8	9	10	11	12
流动比率	0.373	0.632	−0.038	0.190	0.072	0.143	−0.388	−0.008	0.113	−0.235	0.290	−0.232
速动比率	0.349	0.650	−0.036	0.210	0.075	0.135	−0.369	0.002	0.081	−0.228	0.311	−0.234
营运资金对资产总额比率	0.829	−0.019	−0.004	−0.031	0.008	0.110	−0.339	−0.077	0.009	0.207	−0.178	0.039
营运资金对净资产总额比率	−0.018	0.017	−0.005	0.130	−0.602	0.746	0.221	−0.006	0.026	0.053	0.030	0.017
资产负债率	−0.808	0.039	0.022	0.160	0.013	−0.117	0.320	0.091	0.074	−0.295	0.277	−0.055
所有者权益比率	0.808	−0.039	−0.023	−0.161	−0.013	0.117	−0.320	−0.091	−0.074	0.295	−0.276	0.055
流动负债比率	0.119	−0.012	−0.042	−0.928	−0.059	0.103	0.029	−0.031	0.022	−0.144	0.266	0.095
长期负债比率	−0.120	0.014	0.035	0.929	0.059	−0.103	−0.029	0.032	−0.022	0.144	−0.264	−0.095
权益对负债比率	0.368	0.857	−0.047	−0.032	−0.039	−0.046	0.085	0.005	−0.068	−0.132	0.049	−0.001
应付账款周转率	0.039	0.145	−0.008	−0.044	−0.026	−0.079	0.130	0.044	0.859	0.184	−0.121	−0.024
流动资产周转率	0.213	0.709	−0.033	−0.068	−0.065	−0.203	0.471	0.012	−0.121	0.069	−0.202	0.245
固定资产周转率	0.046	0.058	−0.004	−0.074	−0.013	−0.072	0.094	0.047	0.890	0.151	−0.038	−0.040
股东权益周转率	0.021	−0.022	0.004	−0.152	0.601	−0.748	−0.208	0.006	−0.010	−0.044	−0.023	−0.008
营业收入净利润率	0.053	0.044	0.986	−0.019	0.027	0.031	0.001	−0.017	0.009	−0.026	−0.004	0.012
资产报酬率	0.818	−0.307	−0.006	0.097	−0.062	−0.117	0.191	0.047	−0.017	−0.080	0.071	−0.013
总资产净利润率	0.825	−0.301	−0.003	0.080	−0.062	−0.095	0.137	0.030	−0.019	−0.035	0.015	−0.003
流动资产净利润率	0.697	−0.348	0.000	0.176	−0.213	−0.252	0.279	0.093	0.017	−0.267	0.198	−0.015
固定资产净利润率	0.623	−0.328	−0.011	0.186	−0.241	−0.272	0.268	0.101	0.097	−0.286	0.227	−0.019
边际利润率	0.053	0.035	0.969	−0.001	0.028	0.025	0.016	−0.014	0.010	−0.041	0.001	0.008
经营杠杆系数	0.023	0.035	0.012	−0.052	0.048	0.081	−0.097	0.919	−0.046	0.055	−0.022	0.026
综合杠杆	0.011	0.016	0.010	−0.056	0.042	0.072	−0.086	0.919	−0.051	0.078	−0.016	0.053
现金流量对流动负债比率	0.181	0.701	−0.027	−0.027	−0.082	−0.223	0.510	0.017	−0.177	0.127	−0.185	0.198
主营业务收入现金比率	0.045	0.036	0.962	−0.040	0.012	0.014	0.019	0.004	−0.003	0.010	0.004	−0.004
每股经营活动现金净流量	0.044	0.015	0.033	−0.023	0.010	−0.128	0.278	0.005	−0.191	0.662	0.319	−0.501
每股筹资活动现金净流量	0.042	−0.040	−0.011	0.338	0.234	0.139	−0.150	−0.051	0.109	−0.012	0.230	0.802
每股现金净流量	0.075	0.010	0.007	0.130	0.221	0.038	0.064	−0.051	−0.019	0.565	0.677	0.259
资本保值增值率	0.255	−0.084	−0.056	0.005	0.717	0.471	0.391	−0.013	0.018	−0.117	−0.083	−0.111
资本积累率	0.255	−0.084	−0.056	0.005	0.717	0.471	0.391	−0.013	0.018	−0.117	−0.083	−0.111

附表2 旋轴后的因子载荷矩阵

财务指标	主因子											
	1	2	3	4	5	6	7	8	9	10	11	12
流动比率	0.015	0.147	0.002	0.080	0.963	0.018	0.034	−0.004	0.008	0.038	−0.017	0.023
速动比率	0.009	0.114	0.003	0.100	0.966	0.015	0.049	−0.004	0.016	0.010	0.010	0.025
营运资金对资产总额比率	0.269	0.881	0.023	−0.007	0.202	0.049	−0.006	0.006	−0.002	0.036	−0.002	0.055
营运资金对净资产总额比率	−0.003	−0.003	−0.002	−0.001	−0.002	−0.004	−0.005	−0.995	0.000	0.006	−0.004	−0.001
资产负债率	−0.189	−0.962	−0.005	−0.044	−0.075	−0.039	0.076	0.000	−0.003	0.012	−0.008	0.007
所有者权益比率	0.189	0.962	0.003	0.044	0.075	0.039	−0.077	0.000	0.003	−0.012	0.008	−0.007
流动负债比率	0.000	0.068	−0.009	0.014	−0.026	0.015	−0.992	0.006	0.007	0.014	−0.010	−0.055
长期负债比率	0.000	−0.069	0.001	−0.013	0.028	−0.015	0.992	−0.006	−0.007	−0.014	0.011	0.056
权益对负债比率	0.017	0.106	0.003	0.704	0.625	−0.001	−0.093	−0.006	0.007	0.001	−0.030	−0.040
应付账款周转率	−0.012	0.012	−0.001	0.080	0.016	0.000	0.017	−0.004	−0.001	0.911	−0.012	−0.010
流动资产周转率	0.011	0.030	0.003	0.965	0.074	0.010	−0.020	0.010	−0.002	0.047	−0.007	0.008
固定资产周转率	0.034	−0.008	0.002	−0.030	0.026	0.002	−0.042	0.011	0.000	0.917	0.005	0.009
股东权益周转率	0.007	0.004	0.001	0.005	−0.011	0.006	−0.017	0.994	0.000	0.013	0.013	0.005
营业收入净利润率	−0.001	0.016	0.990	0.000	0.011	−0.003	0.004	0.001	−0.004	0.001	−0.006	0.007
资产报酬率	0.816	0.389	0.012	0.027	0.002	0.141	−0.008	0.014	0.000	−0.013	0.053	0.003
总资产净利润率	0.760	0.464	0.015	0.020	−0.011	0.130	0.000	0.010	0.000	−0.009	0.039	0.000
流动资产净利润率	0.965	0.109	0.008	0.010	0.007	−0.003	0.001	−0.001	0.000	−0.015	−0.009	−0.001
固定资产净利润率	0.937	0.033	−0.006	−0.011	0.029	−0.049	0.003	−0.004	−0.002	0.055	−0.021	0.007
边际利润率	0.020	−0.001	0.973	−0.001	0.010	0.005	0.015	0.001	−0.005	−0.001	−0.010	0.007
经营杠杆系数	0.002	0.003	0.006	−0.001	0.029	0.011	−0.004	0.000	0.934	0.000	−0.010	−0.014
综合杠杆	0.001	0.000	0.001	0.000	−0.005	−0.001	−0.009	0.000	0.935	0.000	0.006	0.006
现金流量对流动负债比率	0.010	0.001	0.004	0.977	0.045	−0.004	0.031	−0.002	−0.002	0.008	0.072	−0.033
主营业务收入现金比率	0.001	0.014	0.963	0.009	−0.014	−0.018	−0.009	0.001	0.017	0.001	0.031	−0.018
每股经营活动现金净流量	0.026	0.019	0.014	0.075	−0.063	0.010	0.059	0.009	0.001	−0.019	0.876	−0.379
每股筹资活动现金净流量	0.007	0.030	−0.004	−0.029	0.017	0.056	0.120	0.003	−0.006	−0.005	−0.077	0.948
每股现金净流量	0.014	0.006	0.003	−0.017	0.061	0.037	−0.044	0.016	−0.008	0.013	0.790	0.542
资本保值增值率	0.059	0.063	−0.008	0.003	0.016	0.994	−0.015	0.005	0.006	0.001	0.015	0.033
资本积累率	0.059	0.063	−0.008	0.003	0.016	0.994	−0.015	0.005	0.006	0.001	0.015	0.033

附表3 因子转换矩阵

Component	1	2	3	4	5	6	7	8	9	10	11	12
1	0.643	0.672	0.041	0.168	0.259	0.169	−0.077	0.013	0.011	0.026	0.034	0.022
2	−0.367	−0.043	0.038	0.690	0.610	−0.071	0.004	−0.017	0.021	0.083	0.006	−0.023
3	−0.006	−0.018	0.997	−0.032	−0.036	−0.046	0.032	0.004	0.009	−0.005	0.016	−0.008

续表

Component	1	2	3	4	5	6	7	8	9	10	11	12
4	0.196	−0.144	−0.024	−0.061	0.187	0.006	0.904	−0.136	−0.053	−0.056	0.034	0.243
5	−0.218	0.003	0.027	−0.083	0.069	0.723	0.059	0.602	0.045	−0.019	0.097	0.200
6	−0.278	0.148	0.028	−0.220	0.138	0.478	−0.105	−0.751	0.077	−0.076	−0.054	0.118
7	0.338	−0.411	0.015	0.520	−0.394	0.407	−0.029	−0.223	−0.096	0.115	0.190	−0.129
8	0.110	−0.116	−0.011	0.016	−0.004	−0.015	0.035	0.006	0.984	0.049	−0.020	−0.049
9	0.041	−0.073	0.007	−0.180	0.101	0.017	−0.024	−0.020	−0.053	0.959	−0.127	0.106
10	−0.311	0.403	−0.026	0.087	−0.308	−0.130	0.174	−0.055	0.078	0.196	0.736	0.033
11	0.252	−0.383	0.000	−0.230	0.394	−0.105	−0.335	−0.031	−0.025	−0.094	0.580	0.334
12	−0.027	0.075	0.007	0.267	−0.291	−0.138	−0.127	−0.016	0.049	−0.037	−0.235	0.862

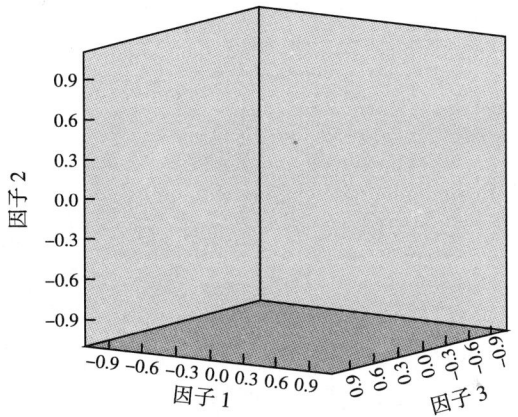

附图 1　旋转后因子散点图

附表 4　因子得分系数矩阵

财务指标	主因子											
	1	2	3	4	5	6	7	8	9	10	11	12
流动比率	0.005	−0.042	−0.001	−0.103	0.460	0.000	−0.004	0.003	−0.008	0.003	0.008	−0.027
速动比率	0.008	−0.055	−0.001	−0.094	0.462	0.000	0.001	0.003	−0.003	−0.015	0.026	−0.024
营运资金对资产总额比率	−0.054	0.318	0.001	−0.033	0.011	−0.025	0.038	0.001	−0.003	0.023	−0.010	0.022
营运资金对净资产总额比率	0.002	0.001	0.000	0.003	−0.007	0.003	−0.009	−0.503	0.000	0.007	0.010	0.006
资产负债率	0.103	−0.379	0.006	−0.006	0.066	0.029	−0.017	0.003	−0.001	0.003	0.006	0.013
所有者权益比率	−0.103	0.379	−0.006	0.006	−0.066	−0.029	0.016	−0.003	0.001	−0.003	−0.006	−0.013
流动负债比率	0.008	−0.030	0.001	−0.010	0.011	−0.005	−0.499	−0.003	−0.003	−0.007	0.005	0.026
长期负债比率	−0.007	0.029	−0.004	0.010	−0.010	0.005	0.499	0.003	0.003	0.007	−0.005	−0.026
权益对负债比率	0.005	−0.031	−0.001	0.232	0.207	−0.005	−0.046	−0.002	−0.003	−0.027	−0.030	−0.017

续表

财务指标	主因子											
	1	2	3	4	5	6	7	8	9	10	11	12
应付账款周转率	−0.018	0.017	−0.001	0.018	−0.025	0.002	0.027	−0.005	0.001	0.544	−0.005	−0.012
流动资产周转率	−0.003	0.001	0.000	0.436	−0.108	0.003	0.006	0.003	0.001	0.008	−0.038	0.052
固定资产周转率	0.006	−0.006	0.000	−0.036	0.001	0.001	−0.010	0.002	0.000	0.548	0.012	0.000
股东权益周转率	−0.001	−0.002	−0.001	0.000	0.000	−0.003	−0.002	0.503	0.000	0.004	−0.004	−0.001
营业收入净利润率	−0.005	−0.001	0.347	−0.002	0.003	0.004	−0.002	0.000	−0.005	0.000	−0.012	0.007
资产报酬率	0.246	0.013	0.000	0.007	−0.020	0.030	0.004	0.003	0.002	−0.014	0.020	−0.005
总资产净利润率	0.210	0.060	0.000	0.006	−0.037	0.023	0.015	0.001	0.001	−0.009	0.010	−0.008
流动资产净利润率	0.363	−0.133	−0.001	0.000	0.018	−0.034	−0.014	−0.003	−0.001	−0.020	−0.019	0.002
固定资产净利润率	0.367	−0.161	−0.005	−0.013	0.038	−0.053	−0.018	−0.004	−0.002	0.022	−0.024	0.008
边际利润率	0.006	−0.012	0.341	−0.003	0.005	0.008	0.002	0.000	−0.006	−0.001	−0.015	0.007
经营杠杆系数	0.000	−0.001	−0.001	−0.002	0.002	0.000	0.005	0.000	0.535	0.000	−0.004	−0.004
综合杠杆	−0.001	0.001	−0.002	0.004	−0.015	−0.007	0.002	0.000	0.536	0.000	0.007	0.014
现金流量对流动负债比率	−0.001	−0.005	−0.001	0.442	−0.118	−0.002	0.032	−0.004	0.002	−0.014	0.017	0.019
主营业务收入现金比率	−0.005	0.001	0.337	0.003	−0.009	−0.004	−0.007	−0.001	0.007	0.001	0.015	−0.009
每股经营活动现金净流量	−0.008	0.008	−0.003	−0.006	−0.006	0.003	0.047	−0.005	0.001	−0.002	0.625	−0.298
每股筹资活动现金净流量	−0.003	0.006	0.002	0.037	−0.039	−0.017	−0.001	−0.003	0.005	−0.008	−0.069	0.711
每股现金净流量	−0.001	−0.025	−0.003	−0.020	0.031	−0.028	−0.072	−0.006	0.001	0.008	0.560	0.401
资本保值增值率	−0.016	−0.030	0.003	−0.001	0.000	0.501	0.005	−0.003	−0.003	0.001	−0.014	−0.025
资本积累率	−0.016	−0.030	0.003	−0.001	0.000	0.501	0.005	−0.003	−0.003	0.001	−0.014	−0.025

附表5 因子得分协方差矩阵

Component	1	2	3	4	5	6	7	8	9	10	11	12
1	1.00	0.00	0.00	0.00	0.00	0.00	0.00	0.00	0.00	0.00	0.00	0.00
2	0.00	1.00	0.00	0.00	0.00	0.00	0.00	0.00	0.00	0.00	0.00	0.00
3	0.00	0.00	1.00	0.00	0.00	0.00	0.00	0.00	0.00	0.00	0.00	0.00
4	0.00	0.00	0.00	1.00	0.00	0.00	0.00	0.00	0.00	0.00	0.00	0.00
5	0.00	0.00	0.00	0.00	1.00	0.00	0.00	0.00	0.00	0.00	0.00	0.00
6	0.00	0.00	0.00	0.00	0.00	1.00	0.00	0.00	0.00	0.00	0.00	0.00
7	0.00	0.00	0.00	0.00	0.00	0.00	1.00	0.00	0.00	0.00	0.00	0.00
8	0.00	0.00	0.00	0.00	0.00	0.00	0.00	1.00	0.00	0.00	0.00	0.00
9	0.00	0.00	0.00	0.00	0.00	0.00	0.00	0.00	1.00	0.00	0.00	0.00
10	0.00	0.00	0.00	0.00	0.00	0.00	0.00	0.00	0.00	1.00	0.00	0.00
11	0.00	0.00	0.00	0.00	0.00	0.00	0.00	0.00	0.00	0.00	1.00	0.00
12	0.00	0.00	0.00	0.00	0.00	0.00	0.00	0.00	0.00	0.00	0.00	1.00

附录 4 各行业 SR-Logistic 模型 ROC 检验曲线图

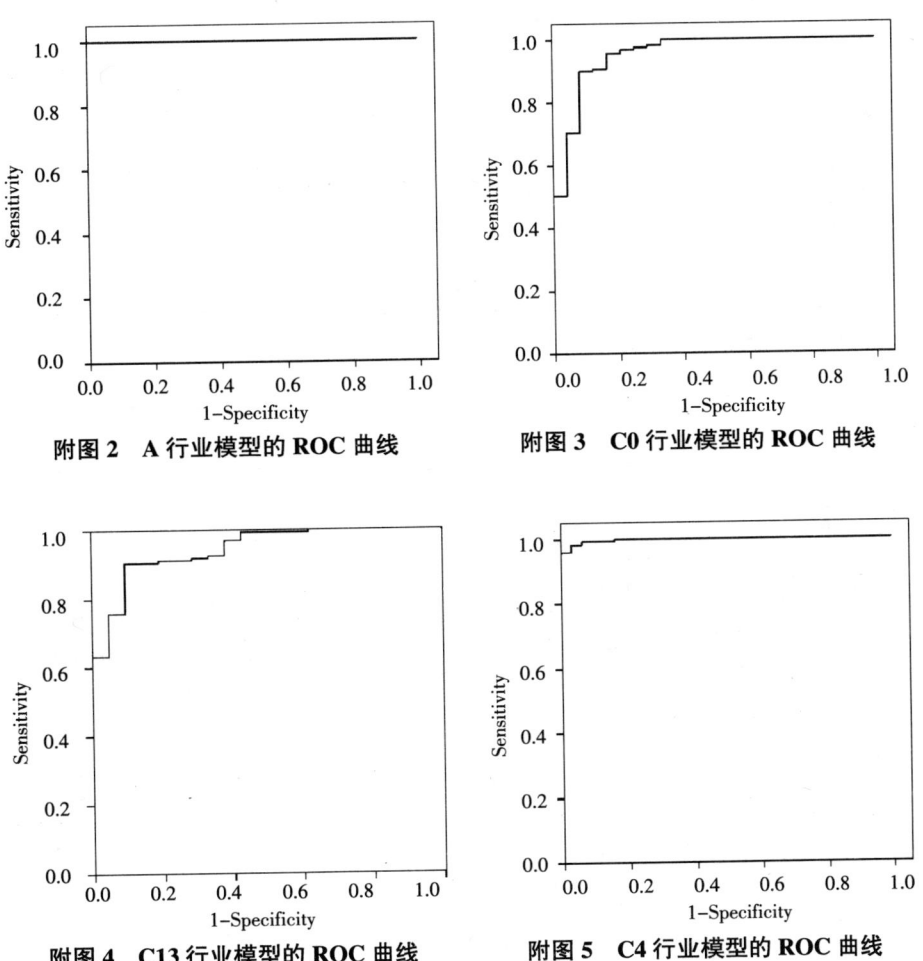

附图 2 A 行业模型的 ROC 曲线

附图 3 C0 行业模型的 ROC 曲线

附图 4 C13 行业模型的 ROC 曲线

附图 5 C4 行业模型的 ROC 曲线

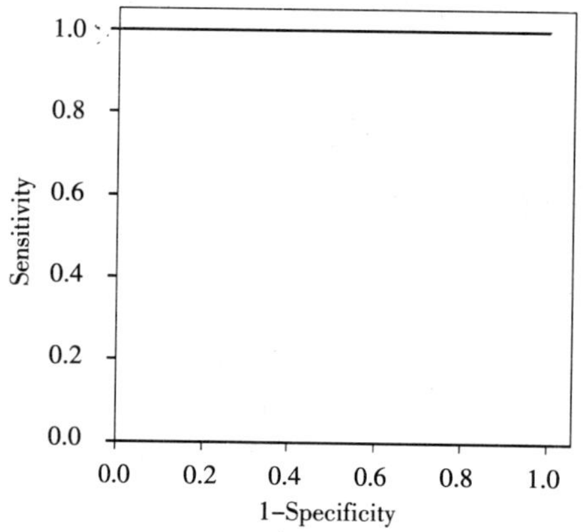

附图 6　C55 行业模型的 ROC 曲线

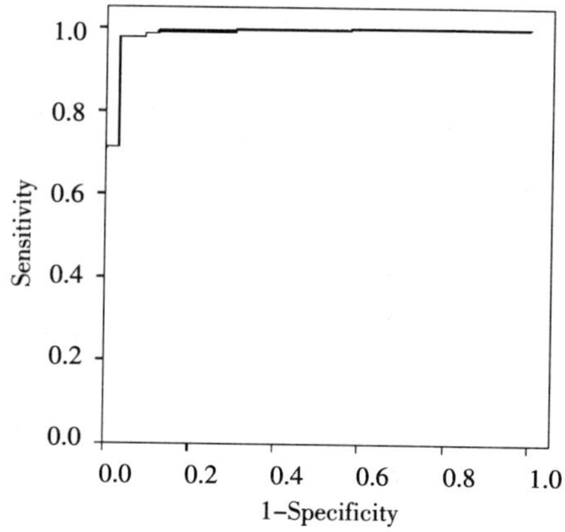

附图 7　C6 行业模型的 ROC 曲线

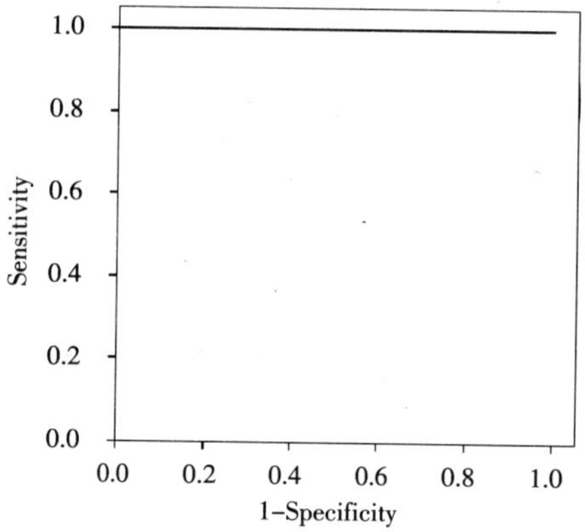

附图 8　C71 行业模型的 ROC 曲线

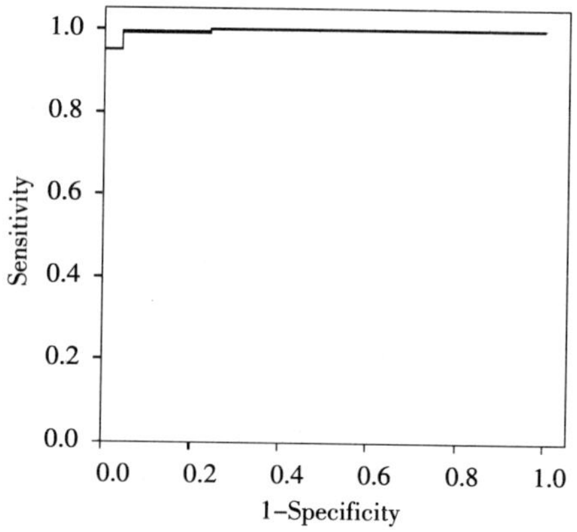

附图 9　C7-6/8 行业模型的 ROC 曲线

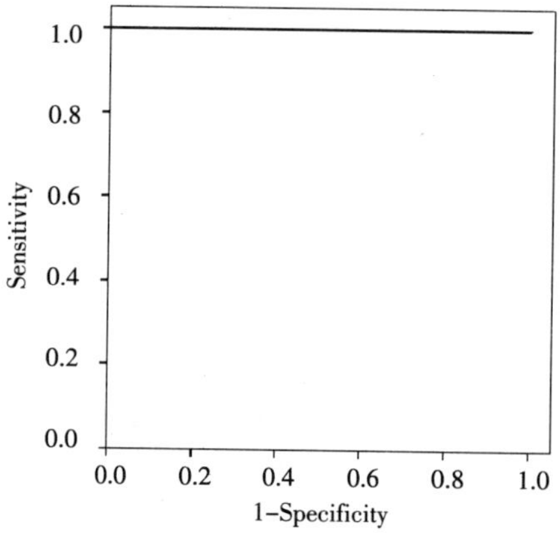

附图 10　C9 行业模型的 ROC 曲线

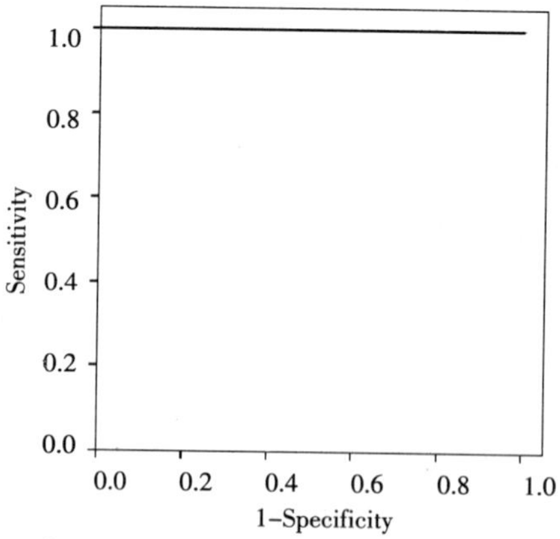

附图 11　D01 行业模型的 ROC 曲线

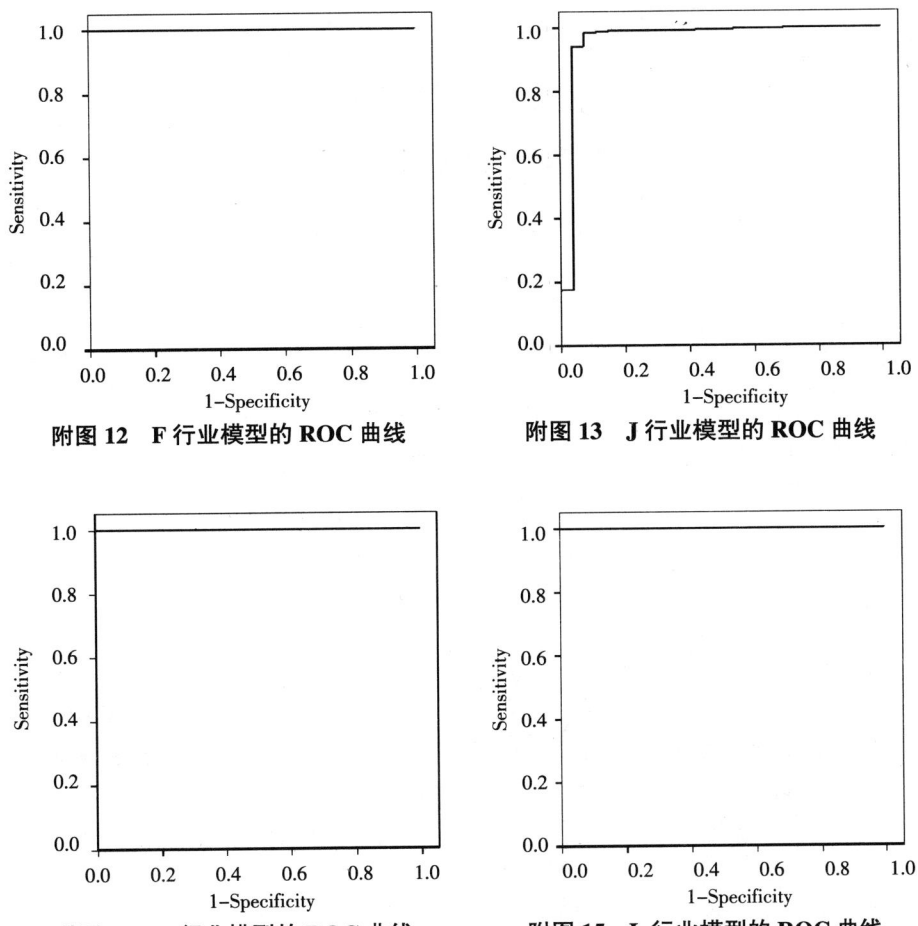

附图 12　F 行业模型的 ROC 曲线

附图 13　J 行业模型的 ROC 曲线

附图 14　K 行业模型的 ROC 曲线

附图 15　L 行业模型的 ROC 曲线

附录5 各省级 SR-Logistic 模型 ROC 检验曲线图

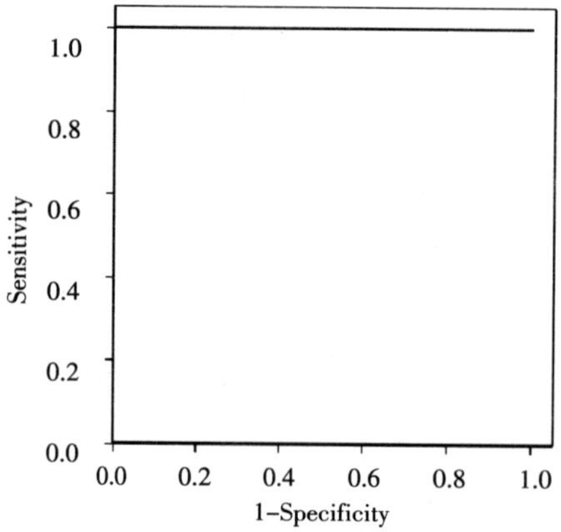

附图 16 黑龙江省模型的 ROC 曲线

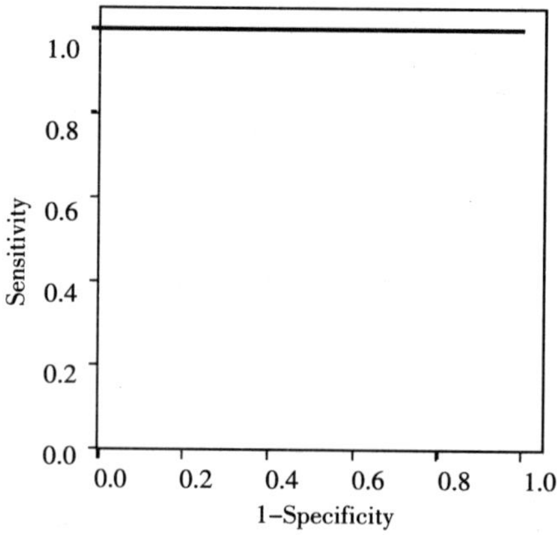

附图 17 广东省模型的 ROC 曲线

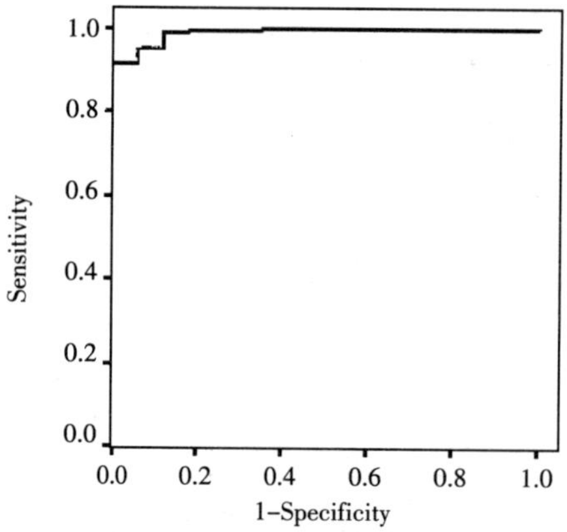

附图 18 浙江省模型的 ROC 曲线

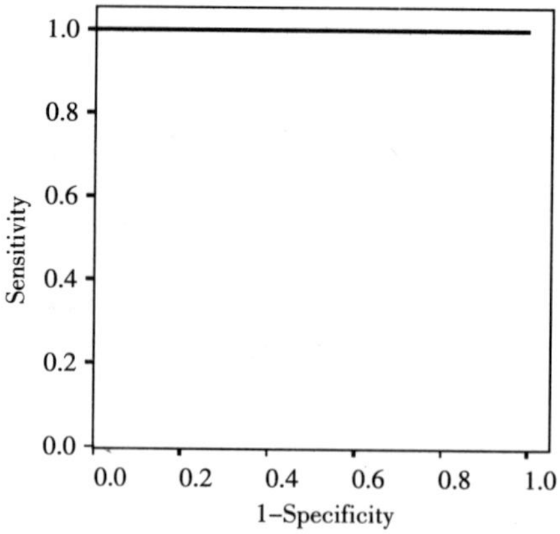

附图 19 福建省模型的 ROC 曲线

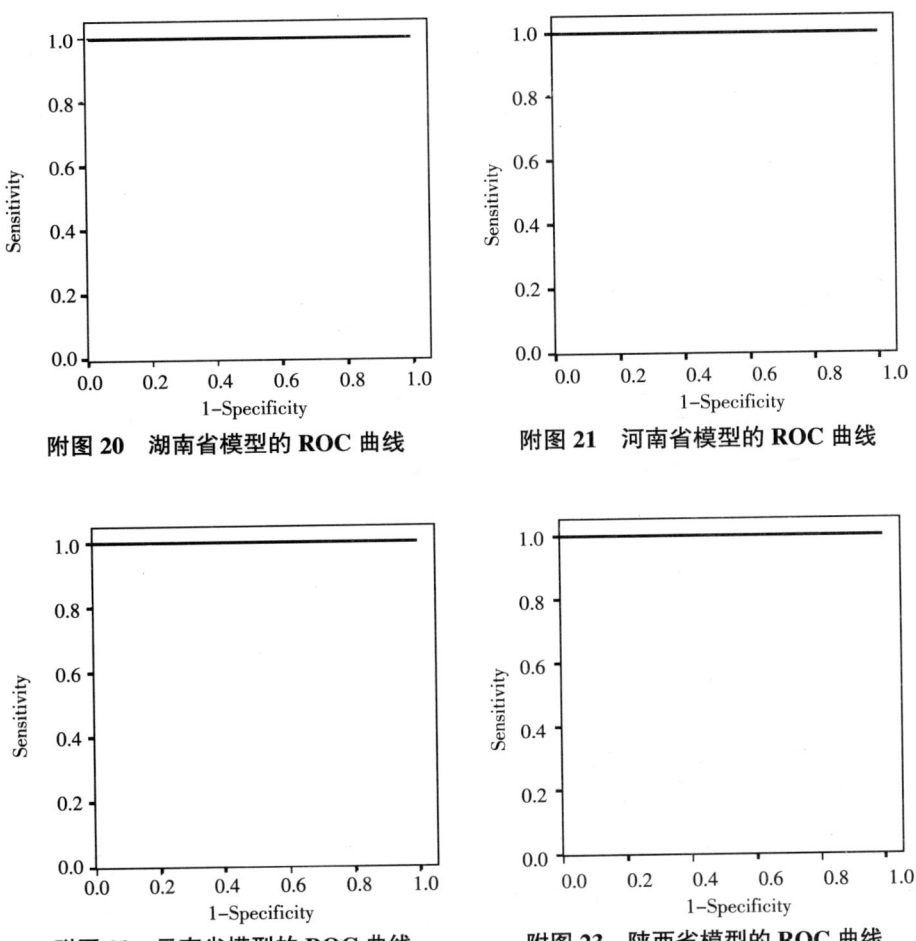

附图 20　湖南省模型的 ROC 曲线

附图 21　河南省模型的 ROC 曲线

附图 22　云南省模型的 ROC 曲线

附图 23　陕西省模型的 ROC 曲线

参考文献

Philippe Jorion：《风险价值 VAR》，中信出版社 2005 年版。
阿诺·德·瑟维吉尼、奥里维尔·雷劳特：《信用风险——度量与管理》，中国财政经济出版社 2005 年版。
巴曙松：《巴塞尔新资本协议研究》，中国金融出版社 2003 年版。
曹道胜、何明升：《商业银行信用风险模型的比较及其借鉴》，《金融研究》2006 年第 10 期。
迪迪埃·科森、于格·皮罗特：《高级信用风险分析》，机械工业出版社 2005 年版。
高鹤：《中国银行业不良资产生成机制：基于经济转型的分析框架》，《经济科学》2006 年第 12 期。
管七海、冯宗宪：《违约概率测度研究：文献综述与比较》，《世界经济》2004 年第 11 期。
管七海：《建立我国贷款企业违约率测度的多维度分析体系研究》，《金融论坛》2005 年第 8 期。
韩岗：《国外信用风险度量方法及其适用性研究》，《国际金融研究》2008 年第 3 期。
何忠洲：《十年央企大变身》，《南方周末》2009 年 8 月 20 日。
华晓龙：《基于宏观压力测试方法的商业银行体系信用风险评估》，《数量经济技术经济研究》2009 年第 4 期。
贾海涛、邱长溶：《宏观因素对贷款企业违约率影响的实证分析》，《现代管理科学》2009 年第 2 期。
江曙霞、罗杰、黄君慈：《信贷集中与扩张、软预算约束竞争和银行系统性风险》，《金融研究》2006 年第 4 期。
靳凤菊：《基于 CPV 模型的房地产信贷信用风险的度量和预测》，《金融论坛》2007年第9期。

景维民、孙景宇：《经济转型的阶段性演进与评估》，经济科学出版社2008年版。

李萌：《Logit模型在商业银行信用风险评估中的应用研究》，《管理科学》2005年第4期。

李文泓：《关于宏观审慎监管框架下逆周期政策的探讨》，《金融研究》2009年第7期。

李志辉：《现代信用风险量化度量和管理研究》，中国金融出版社2001年版。

梁世栋、郭众、李勇：《信用风险模型比较分析》，《中国管理科学》2002年第2期。

林毅夫、李志赟：《政策性负担、道德风险与预算软约束》，《经济研究》2004年第2期。

迈克尔·王：《内部信用风险模型——资本分配和绩效度量》，南开大学出版社2004年版。

曼努·埃尔阿曼：《信用风险评估——方法·模型·应用》，杨玉明译，清华大学出版社2004年版。

米歇尔·科罗赫、丹·加莱、罗伯特·马克：《风险管理》，中国财政经济出版社2005年版。

莫易娴、周好文：《CPV模型研究产业集群的经济周期性风险》，《经济管理》2006年第1期。

莫易娴、周好文：《我国集群的地区维度信用风险实证分析》，《世界经济与政治论坛》2006年第1期。

彭建刚、吕志华：《基于行业特性的多元系统风险因子CreditRisk+模型》，《中国管理科学》2009年第3期。

彭建刚、屠海波、何婧、周颖辉：《有序多分类logistic模型在违约概率测算的应用》，《财经理论与实践》2009年第4期。

彭建刚、易宇、李樟飞：《商业银行贷款违约概率的测算方法探讨：贷款违约表法》，《管理学报》2008年第6期。

彭建刚、张丽寒、刘波、屠海波：《聚合信用风险模型在我国商业银行应用的方法论探讨》，《金融研究》2008年第8期。

彭建刚：《商业银行管理学》（第二版），中国金融出版社2009年版。

秦晖：《中国转型之路的前景》，《战略与管理》2003年第1期。

深圳证券交易所综合研究所：《股权分置改革的回顾与总结》，研究报告第 0147 号，2006 年 12 月。

施华强、彭兴韵：《商业银行软预算约束与中国银行业改革》，《金融研究》2003 年第 10 期。

施华强：《中国国有商业银行不良贷款内生性：一个基于双重软预算约束的分析框架》，《金融研究》2004 年第 6 期。

石晓军：《Logistic 违约率模型最优样本配比与分界点的模拟分析》，《数理统计与管理》2006 年第 6 期。

唐纳德·范·戴维特、今井贤志：《信用风险模型与巴塞尔协议》，中国人民大学出版社 2005 年版。

万柏坤、薛召、李佳等：《应用 roc 曲线优选模式分类算法》，《自然科学进展》2006 年第 11 期。

王广谦：《中国经济改革 30 年——金融改革卷》，重庆大学出版社 2008 年版。

王胜邦、陈颖：《新资本协议内部评级法对宏观经济运行的影响：亲经济周期效应研究》，《金融研究》2008 年第 5 期。

王一江、田国强：《不良资产处理、股份制改造与外资战略——中日韩银行业经验比较》，《经济研究》2004 年第 11 期。

卫海英：《SPSS10.0 for Windows 在经济管理中的应用》，中国统计出版社 2003 年版。

魏杰：《30 年中国对外开放战略的变革》，《理论前沿》2008 年第 10 期。

吴敬琏：《当代中国经济改革》，上海远东出版社 2004 年版。

吴世农、卢贤义：《我国上市公司财务困境预测模型研究》，《经济研究》2001 年第 6 期。

武剑：《商业银行经济资本配置与管理——全面风险管理之核心工具》，中国金融出版社 2009 年版。

鲜文铎、向锐：《基于混合 Logit 模型的财务困境预测研究》，《数量经济技术经济研究》2007 年第 9 期。

肖北溟：《宏微观分析相结合的信贷风险预测模型研究》，《金融论坛》2004 年第 10 期。

谢赤、徐国锻：《银行信用风险度量 CreditMetricsTM 模型与 CPV 模型比较研究》，《湖南大学学报》（自然科学版）2006 年第 2 期。

易宪容：《中国利率市场化的未来发展》,《中国经济时报》2004年12月2日。

于立勇、詹捷辉：《基于Logistic回归分析的违约概率预测研究》,《财经研究》2004年第9期。

詹原瑞：《银行信用风险的现代度量与管理》,经济科学出版社2004年版。

张杰：《制度、渐进转轨与中国金融改革》,中国金融出版社2001年版。

张文锋：《地区信用评级方法研究》,《上海金融》2007年第6期。

张宗益、胡纯：《基于行业分类的商业银行信用风险的度量》,《统计与决策》2006年第6期。

章政、田侃、吴宏：《现代信用风险度量技术在我国的应用方向研究》,《金融研究》2006年第7期。

赵健梅、王春莉：《财务危机预警在我国上市公司的实证研究》,《数量经济技术经济研究》2003年第7期。

赵先信：《银行内部模型和监管模型》,上海人民出版社2004年版。

钟伟、宛圆渊：《预算软约束和金融危机理论的微观建构》,《经济研究》2001年第8期。

周小川：《关于改变宏观和微观顺周期性的进一步探讨》,《中国金融》2009年第8期。

Alan Greenspan, *The Age of Turbulence: Adventures in a New World*, London: The Penguin Press HC, 2007.

Allen, Aaunders, *A Survey of Cyclical Effects in Credit Risk Measurement Model*, BIS Working Paper No. 126, 2003.

Amogh Deshpande, Srikanth K. Iyer, "The CreditRisk+ Model with General Sector Correlations", *Central European Journal of Operations Research*, Vol.17, No.2, 2009.

André Lucas, Pieter Klaassen, Peter Spreij, Stefan Straetmans, "Tail Behaviour of Credit Loss Distributions for General Latent Factor Models", *Applied Mathematical Finance*, Vol.10, No.4, 2003.

Anil Bangia, Francis X. Diebold, Andre Kronimus, Christian Schagen, Til Schuermann, "Ratings Migration and the Business Cycle, with Application to Credit Portfolio Stress Testing", *Journal of Banking & Finance*, Vol. 26, No.3, 2002.

Bank of Japan, *The Framework for Macro Stress-Testing of Credit Risk:*

Incorporating Transition in Borrower Classifications, Financial System Report, 2007.

Basel Committee on Banking Supervision (BCBS), *Fair Value Measurement and Modeling: An Assessment of Challenges and Lesson Learned from the Market Stress*, Basel Committee Report, No.137, 2008.

Basel Committee on Banking Supervision (BCBS), *International Convergence of Capital Measurement and Capital Standards: A Framework, Comprehensive Version*, Working paper, 2006.

Basel Committee on Banking Supervision (BCBS), *Supervisory Guidance for Assessing Banks Financial Instrument Fair Value Practice*, Basel Committee Report, No.153, 2009.

Bens S. Bernanke, Cara S. Lown & Benjamin M. Friedman, *The Credit Crunch*, Brookings Papers on Economic Activity, 1991.

Black F., Scholes M., "The Pricing of Options and Corporate Liabilities", *Journal of Political Economy*, Vol.81, No.3, 1973.

Brunnermeier, Crockett, Goodhart Persaud, Shin, *The Fundamental Principles of Financial Regulation*, Switzerland International Center for Monetory and Banking Studies, 2009.

Buch A., Dorfleitner G. Coherent Risk Measures, "Coherent Capital Allocations and the Gradient Allocation Principle", *Insurance Mathematics and Economics*, Vol.42, No.3, 2008.

Carey, M. and Michael B. Gordy, *Measuring Systematic Risk in Recoveries on Defaulted Debt I: Firm-Level Ultimate LGDs*, U.S. Federal Reserve Board, 2004.

Castren, Olli, Fitzpatrick, Trevor, Matthias Sydow, *Assessing Portfolio Credit Risk Changes in a Sample of EU Large and Complex Banking Groups in Reaction to Macroeconomic Shocks*, ECB Working Paper, No. 1002, 2009.

Credit Suisse Financial Products, *CreditRisk+: A Credit Risk Management Framework*, Credit Suisse, 1997.

Crouhy, M., D. Galai, and R. Mark. *Risk Management*, New York: Mc-Graw-Hill, 2001.

Denault M., "Coherent Allocation of Risk Capital", *Journal of Risk*, No.

4, 2001.

Dewatripont, Mathias & Eric Maskin, "Credit and Efficiency in Centralism and Decentralized Economics", *Review of Economics Studies*, Vol.62, No. 4, 1995.

Dimitrios Kavvathas, *Estimating Credit Rating Transition Probabilities for Corporate Bonds*, AFA New Orleans Meetings Working Paper, 2001.

Donald R. van Deventer, Kenji Imai, Mark Mesler, *Advanced Financial Risk Management*, New York: John Wiley & Sons, 2005.

Edward I. Altman, Brooks Brady, Andrea Resti, Andrea Sironi, "The Link between Default and Recovery Rates: Theory, Empirical Evidence, and Implications", *Journal of Business*, Vol. 78, No.6, 2005.

Emilios Avgouleas, *Financial Regulation, Behavioral Finance and the Global Financial Crisis: In Search of a New Regulatory Model*, School of Law, University of Manchester Working Paper, 2009.

Financail Stability Forum (FSF), *Report of the Financail Stability Forum on Addressing Procyclicality in the Financial System*, Working Paper, 2009.

Financial Services Authority (FSF), *A Regulatory Response to the Global Banking Crisis*, Working Paper, 2009.

Fiori, Foglia and Iannotti, *Beyond Macroeconomic Risk: The Role of Contagion in the Italian Corporate Default Correlation*, San Paolo: Annual Seminar on Banking, Financial Stability and Risk, 2008.

Frye J., "Depressing Recoveries", *Journal of Risk*, No.11, 2000.

Giese Gotz, *Enhancing CreditRisk+*, Risk, Vol.16, 2003.

Goovaerts M J, Borre E V D, Laeven R J A, *Managing Economic and Virtual Economic Capital within Financial Conglomerates*. http: www.ssrn.com, 2005.

Gordy M. B., "A Comparative Anatomy of Credit Risk Models", *Journal of Banking & Finance*, No.24, 2000.

Gordy M., Howells B., "Pro-cyclicality in Basel II: Can We Treat the Disease without Dilling the Patient?", *Journal of Financial Intermediation*, Vol.15, No.3, 2006.

Gourieroux C., Laurent J. P., Scaillet O., "Sensitivity Analysis of Values at

Risk", *Journal of Empirical Finance*, No.7, 2000.

Haaf H, Reiss O, Schoenmakers B., *Numerically Stable Computation of CreditRisk+*, Technical Report, 2003.

Hierry Ane, Cecile Kharoubi, "Dependence Structure and Risk Measure", *The Journal of Business*, Vol.76, No.3, 2003.

Hyman Minsky, "The Financial Fragility Hypothesis: Capitalist Process and the Behavior of the Economy", at *CharlesP.Kindlberger and Jean-Pierre Laffargue. Financial Crises*, Cambridge: Cambridge University Press, 1982.

Hyman Minsky, *Stabilizing an Unstable Economy*, New Haven: Yale University Press, 1986.

International Monetary Fund (IMF), *Lessons of the Financial Crisis for Future Regulation of Financial Institutions and Market and for Liquidity Management*, Working Paper, 2009.

J. Ayuso, D.Pérez, J. Saurina, "Are Capital Buffers Pro-cyclical? Evidence from Spanish Panel Data", *Journal of Financial Intermediation*, Vol.13, No.2, 2004.

J. Williamson, "Regional Inequality and the Proces of National Development", *Economic Development and Culture Change*, No.4, 1965.

Jacobson T., Lindé J., Roszbach K., "Credit Risk versus Capital Requirements under Basel II: Are SME Loans and Retail Credit Really Different?", *Journal of Financial Services Research*, Vol.28, No.3, 2005.

Jean-charles Rochet, "Pro-cyclicality of Financial Systems: Is there a Need to Modify Current Accounting and Regulatory Rules?", *Financial Stability Review*, No.12, 2008.

Kalkbrener M., "An Axiomatic Approach to Capital Allocation", *Mathematical Finance*, No.15, 2005.

Kass R., Goovaerts M. J., Dhaene J, et al., *Modern Actuarial Risk Theory*, Lundon: Kluwer Academic Publishers, 2001.

Kornai, Janos, *Economics of Shortage*, Amsterdam: North-Holland, 1980.

Kornai, Janos, Maskin, Eric and Gerard Roland, *Understanding the Soft Budget Constraint*, Working Paper, UC Berkeley, 2002.

Kregel J. A., "Margins of Safety and Weight of the Argument in Generating

Financial Fragility", *Journal of Economics Issues*, Vol.31, No.2, 1997.

Krishan Nagpal, Reza Bahar, "Measuring Default Correlation", *Risk*, No. 3, 2001.

L. Andersen, J. Sidenius & S. Basu, "All Your Hedges in one Basket", *Risk*, No.11, 2003.

Laeven R. J. A., Goovaerts M. J., "An Optimization Approach to the Dynamic Allocation of Economic Capital", *Insurance Mathematics and Economics*, No.35, 2004.

Laeven R. J. A., Goovaerts M. J., Hoedemakers T, "Some Asymptotic Results for Sums of Dependent Random Variables, with Actuarial Applications", *Insurance, Mathematics and Economics*, No.37, 2005.

M. Crouhy, D. Galai, R. Mark, "A Comparative Analysis of Current Credit Risk Models", *Journal of Banking and Finance*, Vol.24, No.5, 2000.

Martin D., "Early Warning of Bank Failure: A Logit Regression Approach", *Journal of Banking and Finance*, No.3, 1977.

McNeil A., Frey R., Embrechts P, *Quantitative Risk Management*, Princeton University Press, 2005.

Merton R. C., "On the Pricing of Corporate Debt: The Risk Structure of Interest Rates", *Journal of Finance*, Vol.29, No.3, 1974.

Michael B. Gordy, D. Jones, *Capital Allocation for Securitizations with Uncertainty in Loss Prioritization*, Washington DC: Federal Reserve Board Discussion Paper, 2002.

Michael B.Gordy, "A Risk-Factor Model Foundation for Ratings-Based Bank Capital Rules", *Journal of Financial Intermediation*, Vol.27, No.12, 2003.

Michael B.Gordy, "Saddlepoint Approximation of CreditRisk+", *Journal of Banking & Finance*, Vol.26, No.7, 2002.

Milne A., Onorato M., *Apples and Pears, the Comparison of Risk Capital and Required Return in Financial Institutions*, Working Paper, 2007.

Nicolaas Groenewold, Jiangang Peng, Guanzheng Li, Xiangmei Fan, "Financial Liberalisation or Financial Development? Tests Using a Delphi-Based Index of Liberalisation for China?", *International Journal of Banking and Finance*, No.1, 2008.

O. Vasicek, *Probability of Loss on Loan Portfolio*, KMV Corporation, Technical Report, 1987.

Pamela Nickell, William Perraudin, Simone Varotto, "Stability of Rating Transitions", *Journal of Banking & Finance*, Vol.24, No.1, 2000.

Panetta, F. and Angelini, P., et al, *Financial Sector Pro-cyclicality: Lessons from crisis*, Bank of Italy Occasional Paper, No.44, 2009.

Paul H. Kupiec, "A Generalized Single Common Factor Model of Portfolio Credit Risk", *The Journal of Derivatives*, No.1, 2008.

Paul H. Kupiec, "Capital Allocation for Portfolio Credit Risk", *Journal of Financial Services Research*, Vol.32, No.1, 2007.

Paul H. Kupiec, *How Well Does the Vasicek-Basel Airb Model Fit the Data? Evidence from a Long Time Series of Corporate Credit Rating Data*, FDIC Working Paper Series, No.1523246, 2009.

Pesaran, M. Hashem, Til Schuermann, Bjorn-Jakob Treutler and Scott M. Weiner, "Macroeconomic Dynamics and Credit Risk: A Global Perspective", *Journal of Credit, Money and Banking*, Vol.38, No.5, 2006.

Philipp J. Schönbucher, "Factor Models for Portfolio Credit Risk", *Journal of Risk Finance*, Vol.3, No.1, 2001.

Piergiorgio Alessandri, Prasanna Gai, Sujit Kapadia, Nada Mora & Claus Puhr, "Towards a Framwork for Quantifying Systemic Stability", *International Journal of Central Banking*, Vol.5, No.9, 2009.

Pierre Collin-Dufresne, Robert S., "Goldstein Do Credit Spreads Reflect Stationary Leverage Ratios?", *Journal of Finance*, Vol.56, No.5, 2001.

Repullo, R., Saurina, J. and Trucharte, C., "Mitigating the Pro-cyclicality of Basel II", in *Macroeconomics Stability and Financial Regulation: Key Issues for the G20*, London: Center for Economic Policy Research, 2009.

Saurina, Trucharte, *An Assessment of Basel II Procyclicality in Mortgage Portfolio*, Banco de España Working Paper, 0712, 2006.

Schroeck G., Risk *Management and Value Creation in Financial Institutions*, New York: John Wiley and Sons Press, 2002.

Siem Jan Koopman, Andre Lucas, Pieter Klaassen. *Pro-Cyclicality, Empirical Credit Cycles, and Capital Buffer Formation*, Tinbergen Institute Discussion Papers No. 02107, 2002.

Stoughton N M, Zechner J., "Optimal Capital Allocation Using RAROC and EVA", *Jounal of Financial Intermediation*, No.16, 2007.

Susanne Emmer, Dirk Tashe, "Calculating Credit Risk Capital Charges with the One-factor Model", *Journal of Risk*, Vol.7, No.5, 2004.

Tasche D., *Capital Allocation for Credit Portfolios with Kernel Estimators*, Fitch Ratings Working Paper, 2007.

Til Schuermann, Yusuf Jafry, *Measurement and Estimation of Credit Migration Matrices*, Wharton School Center for Financial Institutions, University of Pennsylvania, Center for Financial Institutions Working Papers 03-08, 2003.

Vandendorpe A., Ngoc-Diep H., Vanduffel S. et al., "On the Parameterization of the CreditRisk Model for Estimating Credit Portfolio Risk", *Insurance, Mathematics and Economics*, Vol.42, No.2, 2008.

Vasicek O., "Loan Portfolio Value", *Risk*, Vol.15, No.12, 2002.

Vasicek. O, *Probability of Loss on Loan Portfolio*. New York: KMV Corporation, 1987.

West David, Neural Network Credit Scoring Models, Computer & Operations Research, Vol.27, No.1, 2000.

Wilson Thomas, "Portfolio Credit Risk", *Risk*, Vol.10, No.9, 1997.

Zaik E., Walter J., Kelling J. G., "RAROC at Bank of America: From Theory to Practice", *Journal of Applied Finance*, No.9, 1996.

索 引

C

CPV 模型　4, 6, 10, 11, 14, 33, 35, 36, 89, 90, 91, 92, 93, 97, 178, 184, 199, 200, 201

CreditRisk+模型　6, 7, 10, 11, 12, 14, 33, 38, 40, 135, 155, 156, 157, 161, 185, 200

D

对外开放　3, 5, 6, 32, 61, 71, 72, 75, 78, 84, 85, 86, 87, 93, 94, 96, 103, 104, 126, 145, 146, 149, 150, 152, 183, 201

H

宏观审慎　2, 60, 160, 161, 170, 185, 200

宏微观相结合　4, 5

J

金融脆弱理论　6, 25, 41

金融体系改革　5, 6, 48, 61, 71, 72, 75, 78, 79, 81, 83, 84, 93, 94, 103, 143, 145, 149, 152, 166, 183

经济转型　3, 4, 5, 6, 7, 8, 16, 27, 28, 29, 30, 31, 32, 33, 60, 61, 62, 64, 65, 66, 72, 79, 84, 87, 89, 90, 91, 93, 94, 96, 99, 100, 101, 103, 109, 114, 117, 120, 122, 124, 125, 130, 131, 140, 142, 146, 147, 148, 149, 150, 152, 153, 164, 166, 183, 184, 185, 199, 200

经济资本　4, 5, 6, 7, 20, 41, 55, 56, 57, 58, 59, 60, 82, 116, 135, 143, 157, 158, 160, 161, 163, 167, 169, 170, 171, 172, 173, 174, 175, 176, 177, 178, 179, 185, 201

K

跨周期模型 5,6,7,41,43,45,47,60,183

M

"MM"管理法 4,5,7,163,185

Q

企业产权制度 5,6,61,62,66,67,69,71,93,94,140,143,148,152,183

S

SRF 模型 4,6,7,89,90,92,96,97,99,100,101,104,105,109,131,135,151,161,164,165,166,167,184,185

SR-Logistic 模型 4,5,6,7,105,106,109,110,113,114,115,117,119,120,122,123,124,125,127,128,129,130,131,132,133,135,153,161,163,164,167,177,178,179,180,181,182,184,185,189,193,196

三阶段模型 6,85,86,183

顺周期 5,6,7,13,41,45,49,50,51,52,55,57,58,59,60,160,161,163,167,168,169,170,185,202

X

系统性风险 2,3,4,5,6,7,9,10,11,12,14,15,16,17,20,21,23,24,25,27,33,35,36,37,38,40,41,51,53,61,62,71,79,81,83,84,85,87,89,90,91,92,93,96,97,98,99,100,101,102,104,105,106,108,109,110,114,117,119,120,124,125,126,128,130,131,132,133,135,137,140,147,150,151,152,153,160,161,163,164,165,166,167,170,171,172,173,174,175,177,178,180,181,183,184,185,199

系统性风险压力测试 7,163,177,180

系统性风险因子 3,4,5,6,7,9,10,11,12,14,15,16,21,24,33,35,36,37,38,40,51,53,89,90,91,92,93,96,97,98,100,101,102,104,105,106,108,109,110,114,117,120,124,125,126,128,130,131,132,133,135,140,147,150,151,152,153,160,161,163,164,165,166,167,178,180,181,184,185

信用风险 1,2,3,4,5,6,7,8,9,10,11,12,13,14,15,16,17,18,19,20,21,24,25,27,28,29,30,32,33,35,36,41,43,44,45,46,47,49,52,55,56,57,58,59,60,61,67,69,70,71,74,76,77,79,80,81,82,83,84,85,86,87,89,90,91,

92，93，96，97，98，102，103，104，
105，107，108，109，116，117，118，
119，120，122，125，129，130，131，
133，135，143，145，146，147，149，
151，152，153，155，160，161，163，
164，165，166，167，168，169，174，
177，178，179，180，181，182，183，
184，185，199，200，201，202

Y

预算约束硬化　6，29，79，80，143，
183

Z

资本约束硬化　6，79，81，84，143，
183

后　记

本书是我在湖南大学 10 年求学、赴西澳大利亚大学访学以及在招商银行博士后科研工作站从事两年研究工作积累所得的成果。历经 13 载，我已从一个怀揣着"书生意气，挥斥方遒"的激情叩开岳麓山门的懵懂少年，变成了一名在金融学的浩博天地中负笈前行的探索者。本书正是我 13 年间成长的见证，同时也凝聚着众多老师、学友及同行对我的教诲、关爱与帮助。

我选择商业银行系统性风险管理作为研究课题，首先要感谢博士生导师彭建刚教授。在彭教授门下 7 年，他带领我从"中国中小金融机构发展研究"这样的宏观命题走到了"商业银行经济资本配置研究"这一银行界最前沿、精细的微观研究领域。彭教授极具纵贯性的研究格局深刻地影响了我的知识结构以及思维方式，更塑造了本书的研究风格。师母周一平教授给予了我母亲一般的关怀，特别是在我人生中最寒冷的冬天给我送来了温暖，给了我继续前行的动力，让我毕生铭记。借此书付梓之际，谨向彭老师及师母致以最衷心的感谢与最诚挚的祝福！

西澳大利亚大学的 Nicolaas Groenewold 教授作为我在西澳大学访学期间的联合培养导师，让我接触到了国际前沿的金融学理论，并深刻领会到学术研究所应有的严谨及规范，不仅影响了本书的研究风格，更让我终生受益。感激之情，不胜言表。

招商银行博士后科研工作站给我提供了一个零距离接触商业银行风险管理的平台，以前略显飘渺的理论在这里得到了验证、实践和提升，对我完成本书的贡献十分重大。合作导师李浩副行长严谨务实的作风以及虚怀若谷的胸襟让我深深钦佩；特别是推崇"数据分析、科学决策"的思想让我折服，更对本书的研究影响颇深。另一位合作导师周松总监对我的研究给予了最大的支持与帮助，让我从银行风险管理实践的视角去审视和修正此前的一些纯理论观点。博士后站主任罗开位总经理建立的博士后培养制度实现了企业博士后的科研目标与实践要求的协调统一，让我在站期间得以取得一系列的研究成果，并成为本书的重要内容。罗总更以父爱之心向我们传授了众多宝贵的科研、工作及人生经验，我已珍藏他的点滴言语，在以后的人生道路上不断参悟。衷心感谢李浩副行长、周松总监和罗开位总经理！

同样的感谢献给众多研究生、博士后同门，以及进行过学术交流的同仁，在此不一一言表。你们在我 13 年的学习及研究生涯中留下了很多思想碰撞的火花，本书也有你们的诸多贡献。你们是我一生永恒的财富，愿我们相互扶持一路前行。

本书的研究得到了国家留学基金委员会"建设高水平大学"项目、中国博士后科学基金的资助；《中国社会科学博士后文库》评审专家对本书进行了细致评审，在此一并表示感谢！

感谢父母的养育之恩，儿子不会辜负你们的期望！最后，谨以此书献给挚爱的清云。

李关政
2013 年 3 月 18 日于深圳南山